中国通史

近代史

段昌国◎著

傅乐成主编　张鸣序荐

九州出版社
JIUZHOUPRESS

图书在版编目(CIP)数据

近代史／段昌国著．—北京：九州出版社，2009.11
（中国通史／傅乐成主编）
ISBN 978-7-5108-0063-4

I．近… II．段… III．中国－近代史 IV．K25

中国版本图书馆CIP数据核字（2009）第206732号

近代史

作　　者	段昌国 著
出版发行	九州出版社
出 版 人	徐尚定
地　　址	北京市西城区阜外大街甲35号(100037)
发行电话	(010) 68992190/2/3/5/6
网　　址	www.jiuzhoupress.com
电子信箱	jiuzhou@jiuzhoupress.com
印　　刷	三河市汇鑫印务有限公司
开　　本	720毫米×1000毫米　16开
印　　张	14.75
字　　数	121千字
版　　次	2010年1月第1版
印　　次	2010年1月第1次印刷
书　　号	ISBN 978-7-5108-0063-4
定　　价	36.80元

简体版序

张　鸣（著名人文学者）

英国哲人培根说，读史使人明智。对中国人而言，读史能否使人明智倒在其次，主要是可以使人愉快。古代的中国人，文学和历史是分不大清的，因此大量被中文系视为文学作品的东西，当初作者和读者都是当历史来看的。四大名著中最受欢迎的《三国演义》，其实就是在讲史。而最像小说的《红楼梦》，其实当初倒不那么受老百姓待见。

经过一百多年的折腾，中国人毕竟已经迈进了现代社会。老黄历不用再提，至少受过教育的读书人，知道了什么是历史，什么是小说。小说、电视剧里胡编和半胡编的历史故事，看了过瘾之余，有时候也想看点“历史的真实”。更有野心的历史爱好者，一般都想通过读史，最好是系统地读史，了解历史的全貌。这时候就用得着通史了。很多爱好者，只要读史，首选往往就是通史。真正专门化的历史研究，其实跟其他学科一样，没有点专业训练，还真不一定读得懂。其实，就算一般文科类的学科，如果学校不那么功利，似乎也应该给学生们开一两门通史课，当然，首先是开中国通史课。前些年，博士生面试的时候，经常能碰上号称把中国历史都读通了的考生，一问才知道，他们所谓的“读通”，无非是看了一套中国通史而已。

不过，中国人尽管喜欢通史，但以往的积习却很难全然改掉。写通史尽管不一定要写成通俗历史故事，但还是要通俗易懂才好，否则，读者面就受限制。中国史学界有一种说法，说是20世纪出产的中国通史，有两部半著作值得称道：一是钱穆先生的《国史大纲》，一是吕思勉先生的《中国通史》，半部是张荫麟先生的《中国史纲》（未完成）。其实，如果按我的看法，还有三部通史也相当不错，一是夏曾佑先生的，一是缪凤林先生的，还有就是范文澜先生的。其中夏曾佑先生的著作，原是为中学做教科书的，写得相当有见地，而且是中国人做西洋式通史的第一部。缪凤林先生的通史比较扼要，但很有特点。范文澜先生的大作，是最长的，也是按唯物史观写通史诸大作中，最足观的一套。

但是，作为一般爱好者而言，上述的所有通史，都有一个毛病，就是不够通俗晓畅，对于史学爱好者来说，都有点难度。1949年之后，中国史学界分为大陆和台湾两大块。由于台湾学界相对比较平静，没有那么多折腾事儿，因此，成就斐然。为一般爱好者书写的通史，也大有可观。开放之后，我通过各种渠道，见过一些台湾史学家编写的中国通史，大体叙事都比较清楚，文字干净。特别优秀的，不仅通俗易懂，而且文辞优美。每个章节，都有历史随笔的味道。比较起来，大陆史学界尽管开放之后，研究方面有了长足的进步，但通史写作，却在开倒车。某些长篇巨制，块头虽大，但不仅内容杂芜，优劣不一，而且文字干瘪，味同嚼蜡。面向市场的所谓图文本通史，主编者名头虽响，但具体编写则是一群毫无研究的学生，等于是书商为了挣钱临时找人凑出来的，不仅毫无见地，而且有大量的常识错误。至于各个大学开这门课的学者，为了评职称各自为战、画地为牢编出来的通史教材，则更是不忍卒读。

傅乐成先生主编的这套七卷本的《中国通史》，是我所看到台湾同类著作中，比较出色的一部。傅乐成先生，是傅斯年先生的侄子。傅斯年先生虽然长期主持"中研院"史语所，自认是"二流人才"，但其实早在北大读书期间，就是一位连老师都不敢小窥的牛学生。胡适先生回国在北大讲中国哲学史，如果不是得到作为学生领袖的傅斯年先生的支持，是根本站不住脚的。傅斯年先生的史学著述虽然不多，但大气磅礴，独树一帜。傅乐成先生从小得家学真传，名儒熏陶，不仅通经史，而且于文学和绘画，也有相当造诣。西南联大毕业之后，他立志史学，在秦汉史和隋唐史方面建树颇多。去台后，更是一步一个脚印在史学界耕耘，在台大历史系做教授多年，是位政学两界任何人都无法忽视的人物。

傅乐成先生主编的这部通史，是由他牵头、组织五位台湾史学界第一线的青壮年俊彦编写的。每个人都是学有专攻的史学家，按自己的研究领域，撰写自己精熟的那部分，最后由傅乐成先生统稿。每本都是名副其实的著作，不像我们这边仅仅是编写。应该说，这套通史的作者，个个文笔俱佳，学、才、识三者足备。书成之后，在话语圈里，影响巨大，长期以来，既是爱好者的案头书，也是大学的常用教材，甚至一些研究者，也能从中得到教益。有人说，这套书保留了文言文的古意，因此，读来如饮醇醨。其实，在我看来，这套书最大特点，是有见地，不人云亦云；简单、干净，能把很复杂的事情，三言两语道个明白。不在史料里浸润多年，看过不知成亿字的资料，断不能为此。

傅乐成的通史来了，说实在的，对于大陆史学爱好者而言，这比台湾著名的娱乐节目"康熙来了"，更像是福音。

2009年7月29日于京北清林苑

原书序

傅乐成（著名历史学家）

这部《中国通史》是我和几位年轻朋友的集体著作，也是一项大胆的尝试。

我早有这么一个想法，邀集几位年轻朋友，每人分写一部分，合编成一部《中国通史》。因为写通史不是件容易的事，由一个人来写，极其吃力；尤其是上了岁数的人，不但力不从心，而且于对许多问题会考虑再三，有时简直无法下笔。但年轻人精力足且有胆量，有自己的想法、看法和写法，写出来可以使沉闷的史学出版界添几分生趣。

直到去年春天，这个想法才因长桥出版社的赞助有了实现的希望。当时我邀集了几位年轻朋友，商讨此事。他们也都是我从前或现在的学生，分别是萧璠、邹纪万、王明荪、姜公韬、段昌国诸棣。其中除了邹君现仍在台大历史学研究所就读外，其余四棣都毕业于台大、政大等校研究所，现任台湾、中兴、东吴等大学的讲师。他们在校时是读书勤奋的好学生，在各校教书也都是优秀的教师。他们各有专长，而且沉潜于史学的研究，历久不懈，都曾有不少的论文发表。在我的敦劝下，他们都答应参加这个工作。

商讨的结果，我们把中国历史分成七段，每人各就所长，撰写一段或两段。由萧璠棣写上古部分，邹纪万棣写秦汉和魏晋南北朝部分；隋唐五代部分，因一时找不到人，由我承乏；宋辽金元、明清两部分，由王明荪、姜公韬两棣分担；近代部分则由段昌国棣担任。并由我兼任主编，负责内容的审查和文字的修润。同时接纳长桥的意见，每段的文字，以不超过十万字为原则，用语体文撰写，文字以简洁生动为主。此外并尽量搜罗有关各代的历史图片和地图，以求“图文并茂”。

据我审阅的结果，各部分的内容大致完备，取材也颇审慎，文笔大体清顺，若干地方还有些新颖的见解。但就这部书的整体来说，每部分的字数不算平均，有的部分尚能按照规定，在十万字左右，有的则超过规定两三万字，但这还不算大缺点。最大的疏失，在于章节编排的繁简不均。因为此书成于多人之手，最初也没有硬性规定每部分须分若干章，因此有的部分多至二十章，有的则仅有四、五章，读来有不调和之感。这些要请读者原谅。

总之，这部书的各位作者，除我之外，都是年富力强勤勉有为的历史学者。年轻人写的书，大半新颖可爱，当然也难免有错误缺失之处。我主编这部书，主要目的也是在给予他们一种磨练和鼓励。他们的成就在将来，这部书只是他们此后长期历史工作的一个开始和尝试。还望读者不吝指教！

1978年10月于台北

目录

第一章

近代中国的顿挫

第一节　绪　言

近代中国历史好比世界乐团所演奏的一首民族风交响乐，从低音符缓慢地展开序奏，逐渐和上打击乐器，澎湃有如千军万马，忽而低沉有力，忽而响彻云霄……在中国的音乐厅中，激起了听众百姓不同程度的反应。

就中国历史来看，近代中国无疑已成了在世界舞台上演出的一出戏里的受害者，而不同于以往中国在亚洲历史舞台上所扮演的纵横捭阖的角色。因之，世界各角落的风吹草动，都或多或少影响了中国，中国势必要调整步伐来适应新环境的演变，她不能再在传统北据长城、南面大海的优越环境中，重温万邦来朝的旧梦。然而，新环境的挑战，也不同于传统中国所遭遇的外患。西方挟坚船利炮以为新帝国主义的利器，远比塞外少数民族更为凶猛猖狂，他们采用一条中国生疏的侵略路线——从东南海疆侵入。这种惊天动地的大转变，中国政府先则茫然无知，继则手忙脚乱，疲于应付。但中国人民以民族主义立场所从事的英勇反抗，虽先则缓慢而零星，后则汹涌壮阔，可歌可泣。这首民族风交响乐跳跃的音符中，显现了中国传统社会在不和谐中逐步调整音律的过程，也使得阻挡草原民族南侵的长城从升记号逐次变为休止符；同时，更显现了传统中国在欧式演奏下的几声怒吼；中国人民在亘古以来的忧患意识的叠声下合唱出了新长城谣——师夷长技以制夷的自强运动、戊戌维新变法运动，最后是结合广大国民心声的革命运动。

中国近代史所要探讨的，便是中国在世界舞台上的角色问题，而不同于一般仅以朝代兴替循环为研究对象。要了解这一段中国的民族风交响乐在世界乐坛上奋斗演出的历程，必须先从中西文化的接触和比较说起。

第二节　西方世界的勃兴

乾隆五十七年（1792），清朝统治下的中国已经远落外人之后了。闭关自守、昧于世界大势，加上箝制思想，一切都抱残守阙。

那一年，英使马戛尔尼（Earl of Macartney）到中国来，看到清军穿着宽衣大袖，拿着刀枪矛矢；而护送他的政府高级官员竟然不知道打火机的发明，他不禁惊讶地说："余知中国国民科学及科学知识，甚

◉《万国来朝图》（局部），清姚文瀚等绘。

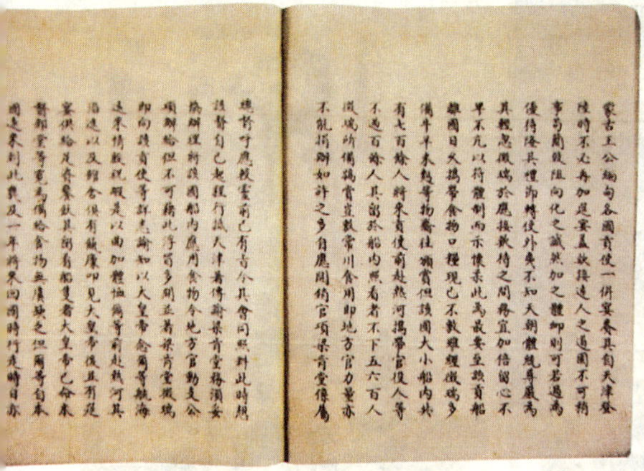

蒙古王公緬甸各國貢使一併宴賚其自天津登
陸時不必再加筵宴蓋款接遠人之道固不可稍
事苛簡致阻向化之誠然加之體卹則可若過為
優待隆其禮節轉使外夷不知天朝體統尊嚴為
其輕忽徵瑞於應接款待之間務宜加倍留心不
卑不亢以符體制而示懷柔此為最要至該貢船
離國日久攜帶食物口糧現已不敷難徵瑞多
備牛羊米麵等物齎往補賞但該國大小船內共
有七百餘人將來貢使前赴熱河攜帶官役人等
不過百餘人其留於船內照看者不下五六百人
徵瑞所備犒賞豈敷賞用即地方官力量亦
不能捐辦如許之多自應開銷官項梁肯堂係屬

總督呼應較靈前已有旨令其會同照料此時想
該督自已起程行抵天津著傳諭梁肯堂務須妥
協辦理將該國船內應用食物令地方官動支公
項辦給但不可稍此浮冒多開並著梁肯堂徵瑞
即向該貢使等詳悉曉諭以大皇帝念爾等航海
遠來情殷祝嘏是以曲加體恤爾等前赴熱河其
留於以及鄉舍俱有航廩即見大皇帝後且有筵
宴供給及各賞衣其留看船隻者大皇帝已命本
督部堂等寬為備給食物無虞缺乏但爾等自本
國遠來則此費及一年將來回國時行走時日亦

乾隆帝在乾隆五十八年（1793）接见英国使臣马戛尔尼时发布的上谕（上左）

19 世纪中期，欧洲农业化机械已普遍使用。（上右）

劣于他国。”事情的糟糕，恐怕还要超过他的想象呢！

1763 年，英国人瓦特发明蒸汽机，欧洲走上了动力时代；到 1796 年，已有三百具蒸汽机应用于工业，其后又被用来革新水运，1790 年已有汽船可以载客。英国早在 16 世纪就执世界贸易的牛耳，到了 18 世纪，农业也走向资本化，累积的资本被用来投资工业，造成了震古烁今的工业革命。19 世纪下半叶，革命性的发展更如脱缰野马。拿工业革命的两大标记——煤铁来说，不到二十年间（1788 ~ 1806），铁产量足足增加了五倍；四十年之中（1816 ~ 1856），煤产量也增加了四倍。

当中国还留恋南船北马的时代（19 世纪下半叶）时，英国已完全步入非动物能源的世纪了。到 1870 年左右，建造了 1.53 万英里的铁路，宛如蜘蛛网，深入各角落。海运发展更是惊人，四十年之内（1830 ~ 1870），总吨位从 3 万吨跃为 110 万吨，船数也从 300 艘增为 3 200 艘。1869 年苏伊士运河开放，更刺激英国的海上扩张，向世界各地大肆推销商品，普天之下，从远东到南美，无不沦为英货市场。

英国曼彻斯特纺织工厂女工

珍妮纺织机

工农业的飞跃发展，随之而来的是人口的剧增。一个世纪之间，英国人口像神话一般增长了四倍。人们像赶集似的全涌向城市，水涨船高，城市也如雨后春笋一样涌现出来。1785年，全英国超过5万人口的城市只有3个，七十年以后，超过了31个。原来破落的城市也枯木逢春，最典型的是曼彻斯特，1772年仅有2.5万居民，1851年增至45.5万人，成为全世界最大的纺织中心。

以工业力量为后盾，加上坚船利炮的军力，英国乃得大展鸿才，以印度为中心，向亚洲腹地全速推进，逐步从清人手里劫取庞大利益。

英国以外的西方列强，如俄、法、德、美，也亦步亦趋追随英国相偕而来。法国宣称为天主教的保护者，传教的外衣下暗藏炮弹，与英国狼狈为奸。德国素与英法不和，在1870年前相争于欧洲，以后又在中国，各据一方，互别苗头。俄国最是阴骘狠毒，与英国的冲突面几乎占全世界纬度的三分之一，一在南，一在北，直如一丘之貉。至于美国，在1870年以前的国际竞猎场上，尚属边配，像小媳妇一样笼罩在大英帝国阴影下，但婆媳之间矛盾重重。美国急于摆脱英国的经济控制，一面积极发展国内工业，一面消极抵制英国海外势力，多年后熬出头，对中国的煎迫，自是后来居上。

这些野心勃勃的强国来到东方，各有一套正大光明的说辞，最直截了当的就是"经济需求"。欧洲事实上只是欧亚大陆的一个半岛，又处高纬度区（北纬35°～55°），一些民生必需品，如棉花、糖、稻米、香料等无不仰赖进口；而亚洲，特别是中国，物产丰饶，自给自足。因之欧亚间的贸易，自古以来对欧陆即不可或缺，而对东方则可有可无。中古以后，商人兴起，骇人的利润诱使阿拉伯人、威尼斯人、葡萄牙人等络绎于途。在近代资本主义发展下，这种"一边倒"的贸易成为官方的大事业，国王、权贵莫不汲汲于海外拓殖。商业的贪婪性再加上政治的强暴性，特别是执牛耳的英国，在印度积有剥削殖民地的经验，对老大破败的清帝国大肆蚕食鲸吞，是势所必然的。

西方人来到东方的另一个原因，是传播基督福音。欧陆基督教国家向来对东方的非基督世界深怀戒心。5世纪时，匈奴人曾经蹂躏东欧；8世纪时，阿拉伯人侵入法兰西；接着是蒙古人，在13世纪时横行欧洲，搅得天翻地覆；然后又有土耳其人于1453年灭了东罗马帝国，对西方基督教世界构成绝大的威胁。到了1492年，西班牙与葡萄牙好不容易赶走了摩尔人，他们满怀宗教热忱，远飏海外，企图感化东方异教徒，这使得欧洲产生一种憧憬，盼望藉基督福音来对抗东方；更产生了一种野心，企图传播基督教，以改变东方——尤其是中国的传统信仰。他们幻想能像童话里的基督王约翰（Prester John）统治回教国那样，再来统治远东。

清末在华主教合影旧照

还有一个重要原因，是民族主义与个人主义的扩张。15世纪以来，西方逐渐形成民族国家，政府与人民更团结，对民族自尊、国家荣誉的要求更高。在这种政治形态下，商业利益取代了旧有的封建伦常秩序，列国间勾心斗角，战乱频仍，国防费用大幅增加。皇室的奢侈开销，城市商人的竞相浪费，使得贸易益趋繁荣，规模更加庞大，成为野心日炽的国王与投机冒险的商人挥霍的凭藉；各国也争先恐后到东方掠夺殖民地，垄断贸易。这种“商业民族就是游牧民族”（斯宾格勒：《西方的没落》）的政治基础，支持了欧洲国家扩张侵略的政策，养成了欧陆人士的个人冒险思想，也巩固了新帝国主义的贪婪残暴性格。那些不得志于欧洲本土的人士纷纷来到东方，传教士立志把基督福音传播到蛮荒世界，学者专家深入亚、非不毛之地去考察研究，甚至一些亡命之徒也希望远渡海外闯出字号以扬眉吐气，这些都是个人主义的产物。这班人在东方夺财掠地，回国后居然成为民族英雄；传道者在东方占据了地盘，回去可以一赎滔天大罪，再度成为上帝

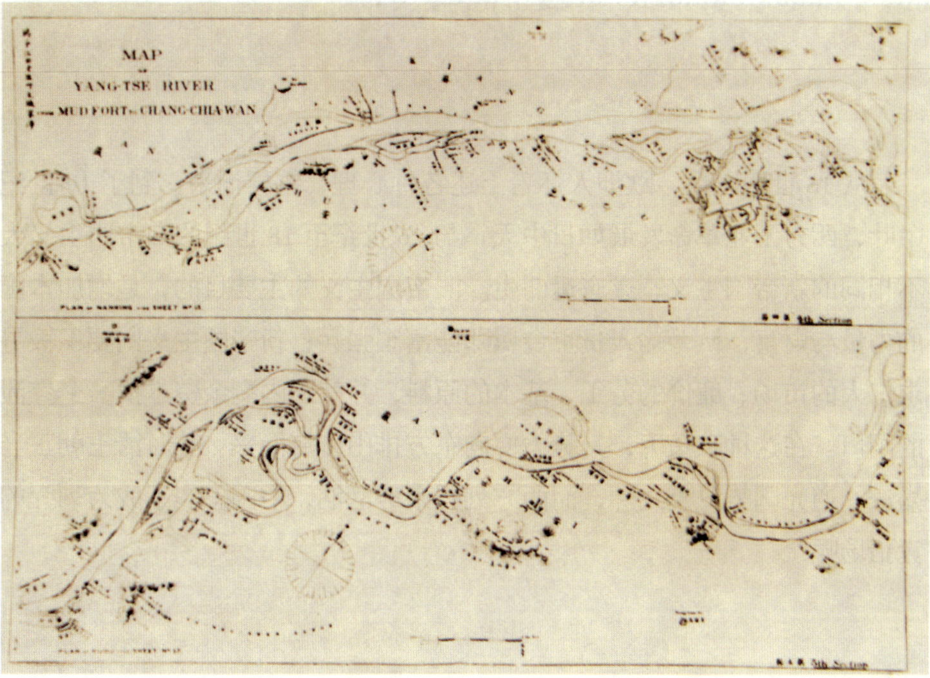

传教士柏锡福绘制《长江全图》

的忠实信徒；狡诈的投机商人在东方巧取豪夺之后，回去竟然摇身一变成为上流人。任何在东方闯出名堂来的人，回去都可以成为国王的忠臣、民族的志士；那些在地理上有新发现的人，回去后更是名留青史、永垂不朽了。

然而，驱使西方人来到东方的最荒谬想法，莫过于文化的优越感。欧洲人以帝国主义的姿态，挟持科技文明的产物坚船利炮，对东方实施经济掠夺，对被征服地区予取予求后，遂自信不仅在物质层面超越东方，就是文化方面也凌驾其上。这种推论取代了早先马可·波罗时代仰慕东方文物的心理，坚信东方是老大破败的异教世界，开发那些落后区域，把欧洲文明移植到亚洲、非洲，教导非欧民族，是欧洲人士无可旁贷的崇高责任。英国人鼓吹所谓的“白种人负担”，法国人宣扬的“文明使命”，都是同样的论调。再加上社会达尔文主义（Social Darwinism）强调“优胜劣汰，适者生存”，这种文化上的优越感所造成的所谓“使命感”，居然也成了鼓动欧洲列强前来东方的另一股力量。

从16世纪以后，欧洲人怀着上述各种心理，乘桴而来。到了19世纪中叶，西方工业革命发展如日中天，与16世纪至18世纪的旧帝国主义大不相同的新帝国主义，遂应运而生。旧帝国主义的主要目的，是增加本国的力量与财富，认为输入贵重金属即能富国强兵；新帝国主义则要积极寻求广大的市场、廉价的劳工、基本的原料，并替国内剩余资本找一个宣泄的闸口。在这种政策下，其势力便向东方排山倒海而来。其时清王朝正当嘉庆、道光国势日衰之际，而西方列强来势汹汹，中国怎能不成为列强的竞猎场呢？

第三节　清朝政治的腐败

当乾隆皇帝沉醉于十全武功、光被四表的旧梦时，法、德争雄于欧陆；英国则已取得“日不落国”的海上霸权，在远东设立东印度公司，总揽东

1757年，英国东印度公司占据印度鸦片产地孟加拉邦后，强迫当地农民大面积种植，并获得在印度的鸦片专卖权。随后以之为基地，将鸦片源源不断地输入中国。图为东印度公司孟加拉邦鸦片制造厂仓库旧照。

满汉对译《三国志》书影

方的侵略事业。世界大舞台上，中国已呈偏处一隅之劣势，西方列强则纵横四出。其中英国尤为得逞，是商品主要输出国，因此必须打开中国大门，使大英帝国的棉织品在中国市场上取得必需品的地位，方能大量倾销。然而传统的中国社会一向是小农经济与手工业结合的男耕女织形态，广大农村中用的是价廉而耐穿的土布，高阶层则着丝织品，英国显然不能得其门而入。为囊括中国这个理想市场，英国不惜用各种凶蛮无耻的伎俩。而看守传统中国大门的正是日益腐败的清王朝，它对近代世界的进步视若无睹，对传统中国的政治文化却蓄意破坏。

大清统治下的中国社会，是畸形不健全的。论文化，相当落后幼稚；论人口，总共不过数百万人。因之，清人入关后，为了消弭华夷界限，处处讲求汉化，以学习中原文化为标榜。当时满人以通晓汉文、吟诗弄词、侪身士林为荣。但以后矫枉过正，汉化日深，满洲旧俗反不能保存。开国时代，所有谕旨文告，满汉并列，先满后汉，康熙、雍正两朝以后，满文满语渐被遗忘，甚至皇室也不能避免，满文诏书无人能看，更无人能写。乾隆帝为了遏抑这种现象，曾经增补《清文鉴》，翻译《西厢记》《金瓶梅》为满文，以强调满语的权威；又编纂《满洲源流考》，以提醒满洲文化的渊源，但都阻挡不了汉化的潮流。

至于政治地位，为了预防统治权力的旁落，清政府在政治上设立了许多藩篱。朝廷的长官名义上满汉并用，但汉人品低，多任事辛劳，满人则品高，且掌握实权。地方长官，巡抚以下，间或任用汉人，但实际上执掌军政权柄的总督一职，绝不放开。用人的标准是种族而不是能力和学识。可是满人入主后，骄恣自安，不仅无治平之才，更多的是脑满肠肥的贪官污吏。

对士大夫阶层，清廷压制更甚。从康熙以后，文字狱即层出不穷，而且文网严密，偶有细故，便株连无数，以致人人自危。例如康熙时，戴名世、吕留良、曾静都被满门抄斩，祸延九族。这还只是统治者害怕反清复明思想复燃的自保行为，到后来更变本加厉，牢骚遣怀之作，也被加上忌讳的罪名，动辄得咎。乾隆时，盛京侍郎世臣所作诗稿中有“霜侵鬓朽叹途穷，秋色招人懒上朝”，“半轮明月西沈夜，应照长安尔我家”，皇帝以为他自比东坡谪居黄州，过分哄抬身价，且位居堂官，何来途穷之叹，因此把他充军到黑龙江。这样吹毛求疵，难怪士大夫们要相率章句训诂，以求全身避祸，对于古来经世济民的大学问都束书不观，闭口不谈，以致后来变乱丛生时，清廷除了一班顽固守旧的考生文吏外，竟没有几个能振奋人心、平灭骚乱的志士豪杰。

清朝皇帝大权独揽，中央与地方都听命于他一人。中央的军机大臣，只能提供意见给皇帝参考，叫作“票拟”，没有裁夺政务、发布命令的权力。六部尚书与侍郎都可直接上奏，相互牵制；意见相左，候皇帝裁决；指挥行政，必须奉准谕旨。皇帝高高在上，中央大小官都奉他一人意旨行事。

地方的督抚，也是相互监视，各有上奏咨请的权利，行政裁夺仍由皇帝把持。至于田赋、漕运、盐税，统归中央，地方无权占用，因之形成头重脚轻的现象。京城拥赀自重，地方府库空虚，一旦京城有失，全国立刻陷入瘫痪。

对于被统治者，大小官吏根本不知有廉耻这回事，搜括民脂，各有名目。例如，百姓纳税缴银附加折损费称“火耗”，民间有诗嘲讽道：“州县一分耗，便称是好官”。又如各省漕粮，折算银钱时的“漕折”，提解库款，百两扣去六线称作为“平余”。总之，就是赋上加赋，捐上加捐。俗谚说，“三年清知府，十万雪花银”，可见官吏的贪黩。甚至台宪官都，可像拍卖似的用钱买缺。乾隆时和珅擅权，每当他赴署上班，朝士拥立道旁，等候买官，称作“补子胡同”。当时有人写诗嘲讽：“绣衣成巷接公衙，曲曲弯弯路不差。莫笑此间街道窄，有门能达相公家。”投下血本，放缺时自然要本利双收，那更是无所不为，无恶不作。例如嘉庆十一年（1806），有二十四州县管库的与管文案的勾结舞弊，假造印信，重领冒支，共盗银三十一万六百余两，而且互相讲明，每冒领一万两，给管文书的二三千两不等。工部每年修护工程，常捏造大员姓名，向户部重复领款，嘉庆年间查出十四起，得款数目不下千万两，甚且侵蚀灾粮，乾隆年间牵连出大小官员七十余人。大官吃小官，小官当然要吃百姓。嘉庆时甚负文名的毕沅任湖广总督，满人福宁为巡抚，陈准为藩司，三人朋比为奸，百姓形容他们：“毕如蝙蝠，身不动摇，惟吸所过虫蚁；福如狼虎，虽人不免；陈如鼠橐，钻穴蚀物，人不知之。”有学养的人，尚且贪污如蝙蝠，可知当时狼鼠之辈更不知有多少。他们相互结合在一起，把清廷的椽子栋梁啮蚀一空，道光三十年（1850），曾国藩上奏不得不老实说出“外面完全而中已溃烂”的话。

这种腐朽入骨的政权，一靠官僚，二靠军队支持。官僚贪钱而腐化无能，军队自入关以后，太平了多年，早忘了怎样打仗。加上朝廷纵容豢养，驻防在内地繁华都市，时日一久，也不愿意打仗了。八旗军官都是世袭的公子哥儿，吃喝嫖赌，无所不精，更懂得克扣军粮，冒吃空缺，以及欺压百姓，当年那种纵横关外、叱咤风云的骁勇之气，已经完全不见了。康熙时三藩之乱，一位著名的八旗将军勒尔锦驻守在荆州，自己划定长江为界，声明与吴三桂等互不侵犯，每天但知索取地方上督抚的“孝敬”，等到听说吴氏出兵称乱，吓得他把大炮埋在土中，拔脚先逃；嘉庆时，最负声名的两营八旗兵奉命征剿川楚教乱，七十里路竟然走了两天才到。

八旗不能用，代之而起的是绿营。绿营本是入关后，清廷“以汉治汉”组成的军队，也曾效犬马之劳。康熙时平定三藩之乱，便是绿营之功。但到了乾隆时代，也逐渐腐化，征伐大小金川时，三千兵马仰攻一碉堡，遇敌数十人，一阵枪声从上而下，军士便纷纷作鸟兽散。当时人上条陈说绿

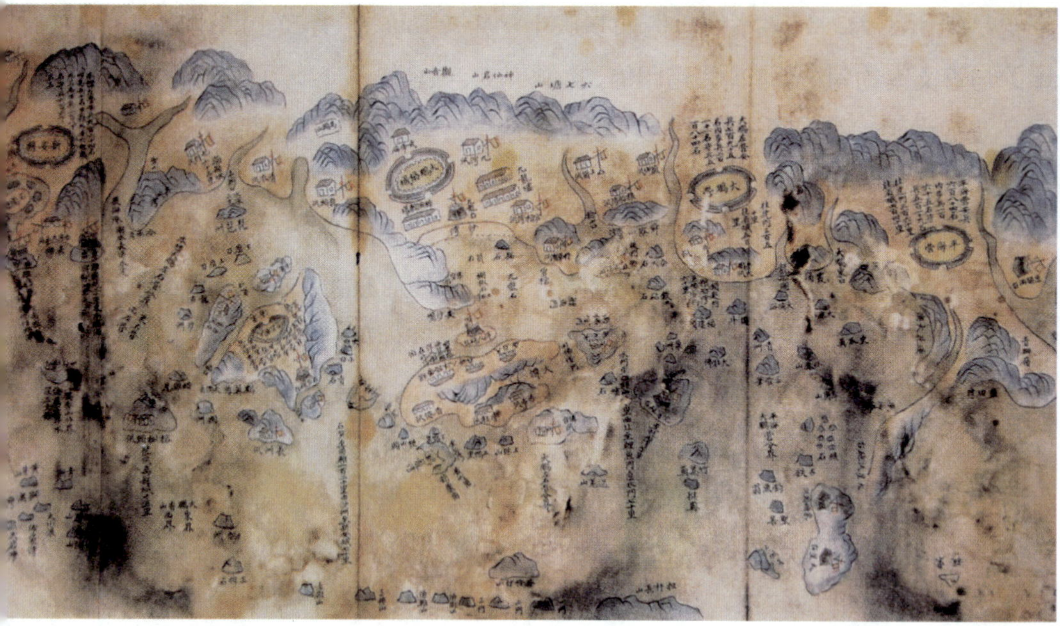

广东省濒临南海，为了缉捕走私、海盗，很早就开始使用近代军舰，但由于不受朝廷重视，经费短缺，广东省的舰船有一个很显著的特点，即多、小、乱，舰艇数量虽多，但吨位很小，只能用于近海和内河作战。图为清人所绘《广东水师驻防图》。

营将领“晏起偷安，将士不得一见，不听人言，不恤士卒，军无斗志”，像这样暮气沉沉，到咸同以后已经完全不成军队了，他们比百姓更胆小怕事，别说是抗拒外敌，就连维持治安也谈不上。欺压良民，更甚于盗贼，因此地方上各自组织乡勇，渐渐走上武力私有化之途。

但清朝国势最衰落的征象还在于海防的空虚。大清统治者半游牧民族的背景，使得它向往于陆上霸权的追求，而无意于继承明朝海外拓殖的声威。开国初期，虽曾组织一支海军，那是为了对付郑成功，而且多半是就地利用明末降将。康熙二十二年（1683）攻占台湾后，便偃旗息鼓，并没有在海上扩展。因此清政府向来偏重传统的塞防，对海防则掉以轻心，沿海各省只有小型船艇巡弋，分别辖属各省督抚，既未组成统属国家的海军，也不曾训练联合作战的方略，听凭各自为战。嘉道以后总算组成海军，然而每艘船只有三百吨重，一百尺长，当时的西洋各国军舰，少说也在一千吨以上。清廷甚至下令禁造大商船，为的是怕超过兵船。因之中国沿海数千里几乎是不设防的疆界，海上侵略者随时可以长驱直入。

再加上经济的危机，清帝国就更日暮途穷了。清帝国跟以往各朝一样，是靠田赋过日子的，入关后，拿定养鸡吃蛋的主意，对农民说不上怎样优厚，倒也没有大肆敲剥。乾隆以后，中国人口激增，从雍正末年的两千七百余万，到乾隆末年突增至三亿，六十年之中，人口增长达到十倍以上。这一方面是因为保甲制度的实施，使得人口普查更精确，便于控制；但更重要的原因是新作物的引进。以往中国吃米为生，然而可耕地有限，米又娇贵，天时地利不对头，稻种就发不了芽，若再碰上蝗灾、荒歉及瘟疫，往往尸横遍野。中西交往后，番薯、玉蜀黍、花生等大量引进，在硗薄的山地上，较高纬度的湿寒气候下，照样可以种植；何况米下种要一百五十天才成熟，玉蜀黍只要五十天就够了。粮食的丰裕与人口的增长，关系自然密切。人口的突增和财政的压力，关系更是密不可分。

乾隆时，国库还很富足，时时加恩农民，民间诵诗道："免钱粮、免钱粮，四次两次看誊黄。今年诏下恩犹厚，普免正供由万寿。"但他是好大喜功的君主，南征北讨，军费消耗了一亿两千万两以上，用兵结果，版图虽然扩大了，但每年要增加三百万两的军费负担，更增加财政的困窘。他又是一个穷奢极欲的君主，南巡北狩，挥霍高达数千万两以上；定期赐筵六十岁以上老人，由子孙扶掖入席，号称"千叟宴"，写诗自夸道："祖孙两举千叟宴，史册饶他莫并肩。"每逢庆典，大肆铺张，各省竞相奉献，自西华门而入十余里，三步一楼，十步一阁，"每数十步，间一戏台"，极尽奢侈。他晚年更纵情声色，便是有大好产业，也入不敷出了。

收入不够用度，只好加紧发行通货。清朝货币，是以银两为本位，以制钱为辅币，以官府发行的纹银为标准，流通民间后，多有成色上的消耗，但交易时仍以十足纹银来核算。因此百姓在对内缴税纳赋时，显然是吃亏的；对外贸易，以银易货，表面上看似政府吃亏，事实上真正吃亏的还是百姓。特别是以后变成以货易银，不法外商把内地足色银两私运出洋，改成低色又运回来，欺蒙商贾，从中牟利，使得内地银两短绌，自然银贵钱贱。16世纪后，中南美发现银矿，大量白银进口，这种情形更是严重。起初一银元（约合纹银六七钱）值钱六七百文，道光时，值钱一千二三百文，太平天国时期，飞涨至一千九百文，几与银两同价了。币值猛跌，相应的物价则飞涨。清初，米一石值银一两；咸同以后，涨到四两一石，而布一匹也不过三四十文；乾隆时，涨了四五倍，要二百文才行。换句话说，乾隆以前，一人之力可养活十口之家，嘉庆以后，则只能勉强养活自己。民穷财尽了，清廷又任命刮钱好手来当官，盐官、河工只要有门路，无不敛财自肥。上下交征中，百姓的苦难就更深了。

被逼得走投无路，百姓们只好扛着锄头，拿起镰刀，在各地掀起反抗行动。严格地说，从清军入关起，一直到太平天国起义，这一百五十余年中，

◉ 乾隆后期，白莲教在楚、川、陕三省迅速发展，规模日渐壮大。大清王朝意识到这一巨大威胁的存在，于嘉庆元年派重兵围堵，这张布防图就可以反映出当时计划的严密周详。

人民的反抗一直没有停止过。从郑成功起兵复国几次失败、南朝诸王的百折不回，到天地会，这些反抗，数不清，说不完，较著名的有乾隆三十九年（1774）的山东王伦之乱，四十六年（1781）的甘肃回叛，五十一年（1786）台湾的林爽文起义，六十年（1795）的湘苗事件。反抗的怒火燃遍大江南北，最后终于引发多年的隐疾——白莲教起事。白莲教供奉弥勒佛，期待将来弥勒出世，世界便成净土。每在现实政治最使人民失望时，弥勒出世的宣传就自然不胫而走，宗教的预言最后酿成政治的革命。自五代到宋元，历史上写满了白莲教造反的记录。嘉庆时，川陕湖北一带纷传弥勒转世，民

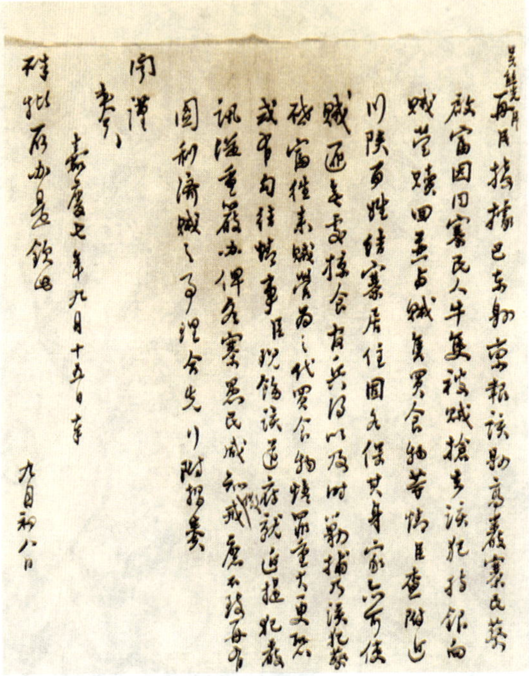

白莲教农民起义爆发后，由于起义宗旨表达了受压迫人民的心声，因而受到群众的热烈拥护。这是嘉庆七年（1802）九月十五日，湖广总督吴熊光奏报川陕白莲教起义的奏折，其中反映了当地百姓帮助起义军的情况。

众群起响应，从四川到河南，像无数条火龙，蜿蜒夭矫，烧红了西南半边天。同时，东南海疆，天理教也纷然而起。清廷费了九牛二虎之力，勉强镇压成功，但这种不满现实的思想革命是永不会屈服的，失败了，再起来反抗。清廷也只能暂时压制天理教、白莲教这一类幼稚的初期“思想革命”，想压制更成熟的太平革命以及久经锻炼的国民革命，就无能为力了。

清政府对内贪污残暴，掐住人民的脖子；对外则守旧自大，先拒后抱列强的大腿。传统中国对外关系是建立在朝贡制度上的，天朝恩威远播四海，边属小国献表上贡；中国则始终信守“招携以礼，怀远以德”的原则，赏比贡多，和平很容易维持。严格说来，这只是“天下”的观念，并非“国家”观念。清王朝幻想继承长久以来的传统，把 19 世纪以降的欧美列强也幻想成隋唐时代的日本、朝鲜，依旧要他们叩头朝贡，结果却完全不同了。

经济上的守旧，支持了清政府传统的闭关政策，外交上的守旧，也养成了清政府顽固昏聩的思想。这种政策和思想反过来又造成了清朝统治下中国社会政治的停滞不前。即使是最负时望的曾国藩也认为："自古善驭外国，或称恩信或称威信，总不出一信字。"这种道义为主的传统外交，是绝对无法对抗 19 世纪以来讲究利害关系的国际外交。西方列强讲的是"强权即公理"，任何经济、政治、宗教、文化的行动，都可印证这一点。中国在 19 世纪及其后所遭遇的许多悲剧，主要原因就在此。

第二章

鸦片战争

鸦片战争是新帝国主义对中国发动的第一次侵略战争。中国一向的经济形态是闭关自守、自给自足，新帝国——尤其是英国——的商品，当然不能得其门而入。为了打开中国大门，满足贪欲之心，英国不惜进行恶毒的鸦片贸易与凶横的炮舰外交。

清朝统治者对鸦片欲迎还拒，鸦片大量进口，白银也大量流出，最后为了禁烟不得不一战，结果屈服在大英帝国炮火下，不仅鸦片化暗为明，中国也四门大开，向次殖民地的深渊迈出了第一步。

第一节　嗜利的英国

英国是有史以来最大的鸦片走私国，18 世纪中叶，它更知道了鸦片贸易是对中国实施经济侵略的不二法门，对英国是扭转赤字的万应灵药。

下表有助于明了战前（1790 ~ 1833）中英贸易的概况（单位：千两）：

	中国对英输出额	英国对华输入额
1790 年～ 1794 年（乾隆五十五至五十九年）	5 844	5 008
1800 年～ 1804 年（嘉庆五年至九年）	7 557	7 716
1820 年～ 1824 年（嘉庆二十五～道光四年）	6 525	9 816
1830 年～ 1833 年（道光十至十三年）	7 335	9 950

上表内中国输出品，主要是茶；英国输出品，在 18 世纪前主要是棉布，很明显的中国是出超国。但 19 世纪后，英国却一反劣势，成为出超国了。这个扭转的关键在于 1800 年到 1804 年中，英国政府从鸦片贸易赚得的腌臜钱，突然激增至 124 万两左右。鸦片在英国国际贸易取得决定性的地位。换句话说，英国人对华贸易上，受了近百年的窝囊气，只有仰赖鸦片才得

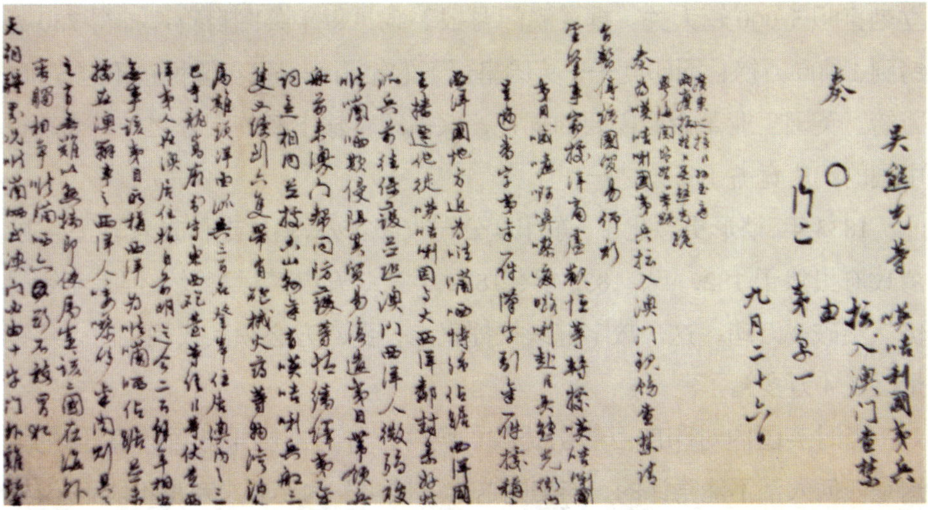

18 世纪末以来，东印度公司发现进行鸦片贸易可以牟取暴利，便强迫孟加拉农民种植鸦片，并垄断鸦片贸易，用走私的方法，将鸦片大量运送到中国，从中攫取巨额利润。这是两广总督吴熊光发现英国商人的不良目的后，上奏清廷暂停英国贸易的奏折。

出了这口气。他们在印度挖起棉花树，疯狂地改种罂粟花，鸦片输华额也依其疯狂程度而逐年激增，由下表可看出（单位：千元）：

	箱数	鸦片值
1821 年	5 459	9 566
1824 年	12 434	20 640
1832 年	21 985	36 495
1838 年	40 200	66 732

上表中虽也包括了荷兰、葡萄牙、美国的鸦片，但除了英国获利外，其他各国仍居于不利的地位。1757 年，英国东印度公司占据鸦片产地——印度孟加拉省，1781 年取得垄断中国贸易的特权，鸦片便随着工业革命而空前成长。那时东印度公司还不敢公开贩卖，只暗中通知辖下各船，除了运“本公司”鸦片外，不准运其他国家产品，这样偷偷摸摸年销 2 000 箱到 3 000 箱左右。1816 年在暴利引诱下，终于不顾廉耻的公开倾销，数量立刻直叩 5 000 箱大关。据《澳门月报》载：每年英国自鸦片抽得 750 万镑到 1 000 万镑；而印度——英国皇冠下的钻石——每年缴税也不过 5 000 万镑。英国工业革命最需要的棉花，仅占印度输出额的四分之一，而输往中国的鸦片竟占了二分之一！

1833 年，情形更恶化了。东印度公司收归官办，鸦片走私成为国营企业，清政府虽然于 1829 年、1832 年、1834 年三令五申禁运禁吸，但是年销量仍然突破 2 万箱，这个数字继续扶摇直上，到双方必须兵戎相见时，年销量已在 4 万多箱了。

当时英国内对印度百般引诱改种鸦片，外对中国千方百计疯狂倾销，这是任何人都不能隐讳的，连美国这样“诚实”的兄弟之邦也不能不承认：英国正在从事使历史蒙羞的“滔天大罪的贸易”（nefarious traffic）。事实上若要从“利”字而言，英国以往种种对华贸易也并非无利可图。从 1666 年英国人学会喝茶后，就对茶大感兴趣，据乾隆四十七年（1782）粤海关的报告说，这年欧人自广州运茶共达 1 463 万磅，英国约占三分之一。嘉庆十三年（1808）后，每年平均运出 2 600 余万磅。据英人威廉·亨德（William C.Hunter）记录，当时英国一磅茶，值 2 先令 6 便士到 60 先令不等，可是最上品的武夷茶在中国也不过 6 便士一磅，可知英商中间所获取的暴利！但英国却贪得无厌，仍要进行恶毒的鸦片贸易，中国难道不该一战吗？英国为了阻止中国的自救行动，藉口改善中英商务关系，坚决发动武装攻击，来维持其罪恶滔天的鸦片贸易；事实上除了新帝国的贪残卑劣性，任何理由也不能说明他们必须这样做的原因。

第二节 烟毒的泛滥

烟毒泛滥全国，是清政府与大英帝国狼狈为奸的杰作。

清人入关时，鸦片贸易由葡萄牙人控制，每年不过一百箱，到乾隆中叶，吸食者才逐日增多，清政府曾严令重罚，但鸦片入口却益发猖獗。嘉庆即位重申前令，反使鸦片转为秘密买卖，除了数量与价钱更高外，并不发生禁阻效果，甚至愈禁愈多。主要的原因是，外国商人也知道清廷有一套“完备的贿赂制度”，英国躲在幕后，贿买官府，实际进行走私的是中国商人。据美国作家丹涅特（T.Dennett）观察：“中国官吏上下无不受贿，大量的烟土从伶仃洋的趸船上，由插着高级官吏旗帜的船只，运到岸上，其中包括粤海关监督与两广总督在内”，爱国的林则徐也毫不隐讳地说，这些走私船“所过地方，水师官均已受贿放过”，鸦片所以畅通无阻，愈禁愈多，中国自己要负更多的责任。

事实上，鸦片走私贩不仅与地方官直接勾结，与中央朝廷也有间接联

林则徐（1785~1850），福建侯官（今福州闽侯人）人，字元抚，又字少穆、石麟，晚号俟村老人、瓶泉居士等。清朝后期政治家、思想家和诗人。曾任湖广总督、陕甘总督和云贵总督，两次受命为钦差大臣。因其主张严禁鸦片、抵抗西方的侵略、坚持维护中国主权和民族利益而深受敬仰。史学界称其为近代中国“开眼看世界的第一人”。

系。乾隆时，广东的粤海关、太平关、北海关三关，年献 65 万两税。嘉庆、道光以后，单单粤海关便跃增至 200 万两。海关监督例由内务府旗人充任，形同皇帝私人账房，监督收成。嘉庆前每箱纳 3% ~ 5% 的手续费，称为“正税”（东印度公司后来每箱又加征 40 元），此外又勒索贿赂，称为“规费”，比正税还多。甚至公然卖官，依捐款（称为“报效”）多少而定官秩，一得利，一得名，贯通双方的便是鸦片的暴利。这些黑钱，英人摩尔斯（H.B.Morse）早已看穿是“用于贿赂首都的王公显宦”，这正是英国敢放手卖烟的重要原因。在这样皇帝敲索监督、监督敲索公行、公行敲索洋商的恶性循环下，自然使鸦片愈益泛滥。

道光十八年（1838）黄爵滋在奏稿中忧心地说，吸烟者起初不过纨绔子弟，以后上自官府搢绅、下至工商优隶，无不横床直卧，似生似死，转相煽诱下，各阶层者包括妇女、僧、尼、道士随在吸食，甚至娼妓也不例外，秦楼楚馆都成了烟鬼窝。广州是鸦片的集散地，烟鬼冠绝全国，流风所及，直隶也不逊色，“计督抚以下，文武衙门上下人等，绝无食鸦片者甚属寥寥”。最使清政府恐慌的是八旗兵丁也染上芙蓉癖，正如林则徐所警告的：

"若犹泄泄视之，是使数十年后，中原几无可以御敌之兵！"根据鸦片战前一年，清政府公布的卅九条查禁章程，更可明显知道：以京城为中心，充斥着宗室觉罗、王公大臣、太监、官弁、兵丁、旗人等形形色色的鸦片鬼，而衙门中的幕友、官亲、长随、书办、差役，以及百姓阶层的工、商、优、隶、僧尼、道士、娼妓、乞丐等亦多染好此癖，全国上下，几乎成了烟霞窟。

假使以每年四万箱计算，熬煮成膏可获五成，约 1 350 万斤，以每人日吸烟膏二钱推算，全国吸烟者有 280 万人。这些鸦片鬼，以衙门中人最多，而且都是"力能包庇贩卖之人"（林则徐语），他们衷心盼望的是"香飞海舶关津裕，力走天涯货贝通"，在烟瘾、分肥的诱逼下，便有意无意地成了烟毒流布内地的忠实帮凶。

走私之鸦片多先存于伶仃岛，然后由快蟹船、扒龙船或明或暗偷运至省城，交给大窑口（广州烟铺）行销内地。其行销路径分两途：一为水路，翻过大庾岭沿赣江北上至九江，往北再经大运河至天津（后来海路兴起，南运至厦门北上）；一为旱路，由各省私贩、快蟹包送，"串同各衙门蠹役，

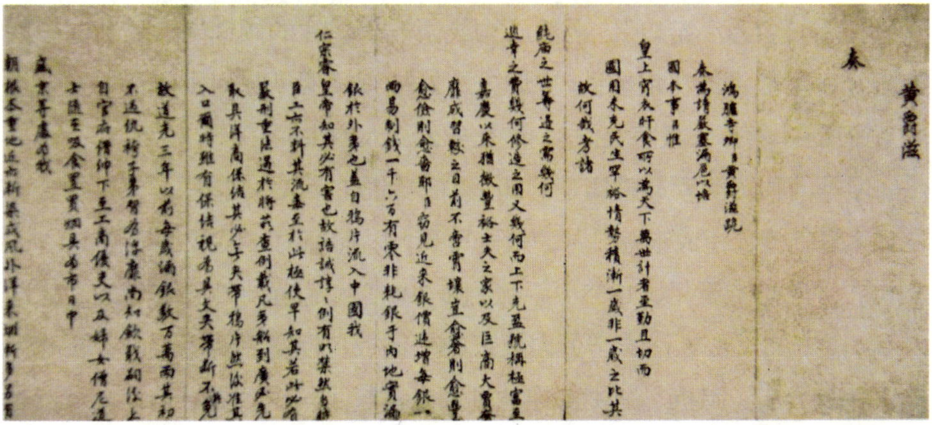

面对鸦片走私逐渐失控的局面，有人向道光帝建议，把鸦片贸易合法化，于是形成了严禁派和弛禁派的对峙。道光十八年（1838）四月，时任鸿胪寺卿的黄爵滋义正词严上书《请严塞漏卮以培国本疏》，奏请道光帝严禁鸦片，建议对吸食者一年不戒的治以死罪。道光帝采取了黄爵滋的大部分建议。

国人吸食鸦片旧照。咸丰八年（1858），中英《天津条约》的签订使鸦片贸易合法化，其后，洋商们便可以把鸦片堂而皇之地运到各个贸易口岸了。天津、上海等中外贸易中心，仅进口鸦片一项，就占进口洋货总值近一半。鸦片的大量涌入，给中国人民带来了极深重的灾难。

开设私局，名为小窑口”。显然已构成了一个鸦片的倾销网。随着这个网的张开，皇帝也诚实地招认，“烟馆随处皆有，烟具陈列衙前”，“各处城乡市镇所在多有”（宣宗上谕）。这是多么骇人的毒网！

但是清朝统治者最感痛楚的却是财政漏卮的问题。鸦片入口，相应地白银大量外流，造成银荒日甚，银价日高，以前每两纹银可以换铜钱 1 000 文左右，道光十五年（1835）年涨到 1 300 文，道光十八年（1838）竟增加到 1 600 文。百姓终岁辛劳，换来的是铜板，但缴税要用银两，在吃人的火耗上又加了暗折，穷困得连油灯都点不起了。据黄爵滋估计，从道光三年（1823）到十八年，漏银达三万万六七千万两，这个数字容或有出入，也足以使清政府大为恐慌。数年以后，奏销怎么办？税课怎么清？而使爱国的知识分子更恐慌的是，银根日紧，严重破坏了经济生产力。林则徐暗访苏杭两湖一带的行商铺户，发现原先的畅销货普遍疲降半数，商人只好把剩余的资金都转买最抢手的鸦片烟了。烟毒侵入财赋重地，经济市场的萧条可想而知。中上层社会濒临破产边缘，更下层的农民除了流亡外，只有被迫改种鸦片。以福建为例，"烟草之植，耗地十之六七"。据邵正笏的报告，浙江的鸦片称作台浆、葵浆，福建、云南、四川者称作建浆、广浆、芙蓉膏，这说明了烟毒已扩大到了中国社会的根本——农业，国民生产力的萎缩自是不堪设想。林则徐再也不能沉默了，他向清政府警告：吸食鸦片者，每日除衣食外，至少须另费一钱，每年就另费三十六两，照户部统计的全国人数百分之一抽食鸦片来算，每年漏卮不止万万两。如果任由这种情况恶化下去，数十年后，中原几无可以充饷之银！道光皇帝知道林则徐并非危言耸听，他也不能再筑室道谋，光说不练了。

第三节 林则徐严厉禁烟

英国人贩毒杀人，中国人服毒自杀，白银大量外流，生产遭受严重摧残，鸦片问题遂成为 19 世纪 30 年代广大中国人民注意的焦点，禁烟的要求也逐渐获得了一些知识分子与官吏的响应。其实，禁烟是旧调重弹，早在雍正时就已有人提及，只是前后的着眼点不同。道光前，着眼在道德方面——鸦片毒化风俗人心；道光后，着眼在经济方面——鸦片破坏国计民生。

清政府内部原来可分为弛禁派与严禁派，彼此争论激烈，相持不下，但最后胜利的却是既得利益的现实主义派。

弛禁派主张"以毒攻毒"，对鸦片妥协，以太常寺卿许乃济为首。他在 1836 年上奏说，严刑峻法并不能禁绝鸦片，历次禁烟失败就是明证，因为道高一尺，魔高一丈；徒法不能自行，何况还要“绝市”，总不能为禁一国往来，而其余各国都禁了。再者，沿海数十万人赖通商为生，一旦绝市，如何安置？中国海疆又这么辽阔，禁不胜禁。因此不如开禁，准鸦片烟照药材纳税进口，只可以货易货，不得用银买卖。百姓可以吸食，但文武官员、兵丁、壮勇除外。这就是妥协。同时并准许内地种植土烟，以广东为例，九月晚稻收成后，种罂粟；二三月收浆后，再种早稻，并不妨碍农事，而且对农民大有助益。这样“内地之种日多，夷人之利日减，迨至无利可牟，外洋之来者自不禁而绝”，这就是以毒攻毒。弛禁派公然宣布禁官不禁民，牺牲百姓让权贵继续从鸦片分肥，道光皇帝自然十分感动，广州的烟贩尤其兴高采烈，以为将来可以堂而皇之进口鸦片，不必再摸黑偷运了。就连英国的商务监督也不禁得意忘形，这一年进口的鸦片，又增加了一万箱（1835 年只有两万余箱），算是报答许乃济。弛禁派这种荒谬的主张，立刻遭到严禁派的合力围剿，在群情激奋下，许乃济革职休致，“以示惩儆”。严禁派表面上取得了胜利。

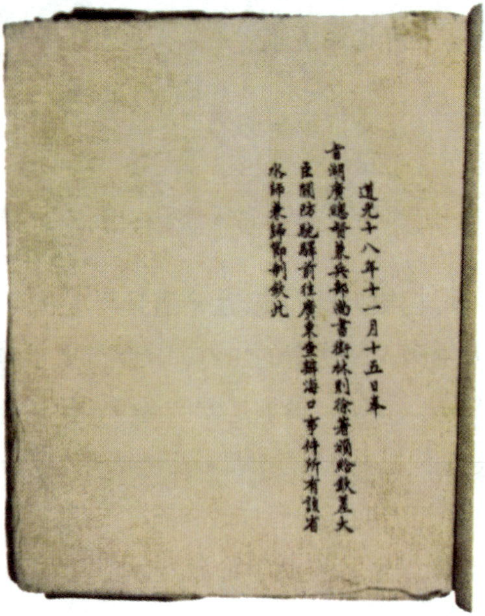
道光十八年十一月十五日奉
旨湖廣總督兼兵部尚書林則徐著頒給欽差大
臣關防馳驛前往廣東查辦海口事件所有該省
水師兼歸節制欽此

道光十八年（1838）十一月十五日，道光帝命湖广总督兼兵部尚书林则徐为钦差大臣，赴广东全权统揽禁烟重责，并节制广东水师，林则徐从此身兼禁烟重任。图为当时《任命林则徐为钦差大臣谕旨》。

林则徐是严禁派的掌钵龙头，主张“拔本塞源”，彻底禁绝烟毒。他在 1838 年的奏稿中自认“十余年来，目击鸦片烟流毒无穷，心焉如捣”，拟具禁烟办法六条，表现禁烟决心。上奏时他正在湖广总督任上，配制大量禁烟丸，强迫吸毒者戒绝，这就是拔本。而后雷厉风行查拿烟贩，收缴烟枪，这就是塞源。他的苦口婆心，也同样使道光皇帝感动，上奏后一年，受命为钦差，派往首毒之区广州去查禁鸦片。喧腾百多年的禁烟命令，终于要付诸行动了。

林则徐要到广州禁烟的消息，英商与中国烟贩早就知道了。他们对钦差大臣的印象，跟过去二十年来受贿的其他高官一样，以为不过是虚应故事，丝毫不放在眼里。相反的，林则徐在未出京前，即密派干探先行赴粤，查缉最著名的毒枭——混号“铁头老鼠”的英商查顿；同时调查烟贩、官吏、差役、员弁纳贿纵私的行为。对那些兴贩各路的奸民、护送快艇的头目、包买的窖口、说好的孖毡（指商人），则派便衣干员，乘其不备搜捕归案。这先声夺人的气势，吓得查顿赶紧先溜回国。伶仃洋一带，英美的鸦片流动仓库——趸船，有二十艘（每艘载鸦片千箱），见势不佳，也纷纷扯帆逃归。林则徐在未到之前，已先开列了要犯十四名、待拿的次要人犯四十名及武弁五名的罪状资料，预示出将来必会雷厉风行一番。

但是林则徐查办鸦片的命令，却使得一批盘踞在北京的权贵深感不安，这些人以穆彰阿、琦善为首。他们反对弛禁，因为阻碍了鸦片走私的暴利；更反对严禁，因为剥夺了依附鸦片的一切利益。这些人贪婪而又有多年官场经验，对林则徐领导的群众性禁烟运动，抱着极恐惧的心理，一刻也不肯放弃暗中破坏的机会，是势所必然的。林则徐的好友龚自珍建议他彻底禁烟，不要被广东的僚吏、幕客、游客、商贾说动，林则徐感慨地说，恐怕多口并不在那边啊！他虽预知穆彰阿等必将伺机破坏，但在举国上下的厚望下，只好“如履如临，曷能已已”前去一试。

林则徐就是在这样的心情下，于 1839 年 3 月 10 日到达广州。他的禁烟决心，立刻得到两广总督邓廷桢的拥护，放弃弛禁的旧主张，与林则徐合力同心除却大患。抵粤的第八天，即严正声明：限三日内，缴烟具结，

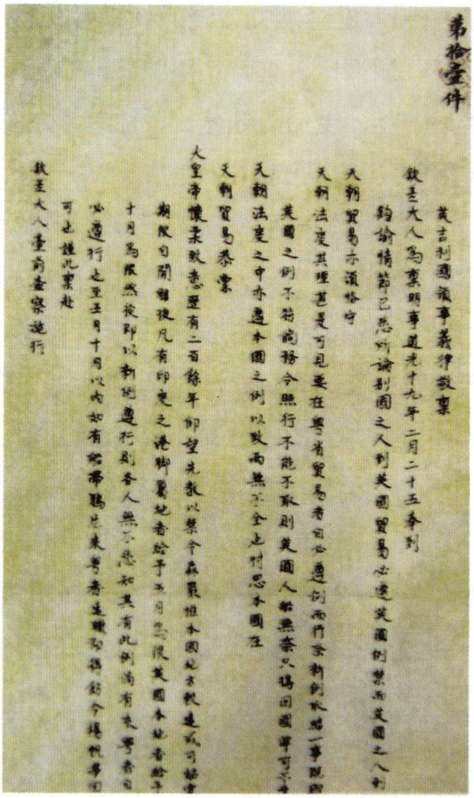
第拾壹件
英吉利國領事義律敬稟
欽差大人爲稟明事道光十九年二月二十五奉到
鈞諭情節已悉[illegible]諭到國之人到英國貿易必遵英國例禁而英國之人到
天朝貿易亦須恪守
天朝法度其理甚是可見要在粵省貿易者自必遵例而行[illegible]
英國之例不符[illegible]今照行不能不致則英國人[illegible]
天朝法度之中亦遵本國之例以致兩無[illegible]本國在
天朝貿易恭[illegible]
大皇帝懷柔致意歷有二百餘年即望先[illegible]
期限自開[illegible]
十月爲限[illegible]
必遵行[illegible]
可也[illegible]
欽差大人查[illegible]

林则徐受命钦差大臣到达广东后，要求洋商交出鸦片，并责令他们立下永不私带鸦片的保证。但是禁烟道路遇到重重阻力，英国商务监督义律敷衍延宕，一再拖延，图为义律请求林则徐延缓禁令的文书。

否则，将该商择尤正法，抄产入官，以昭炯戒。林则徐斩钉截铁地说："若鸦片一日未绝，本大臣一日不回，誓与此事相始终，断无中止之理！"英商大惊，方知林则徐不是过去习见的赃官，无法徼幸，遂缴出一千余箱。这个数目与库存量相去甚远，林则徐拒收，并且擒贼擒王，加紧追缉大鸦片商颠地（L.Dent）。留在澳门观望的英国领事义律（Charles Elliot），知道躲藏不过，只好来到广州。从此，鸦片事件变成两国政府官吏面对面的交锋了。

义律来时，在广州城外埋伏军舰，庇护颠地连夜逃亡，企图撤回财产。林则徐布下天罗地网，截回颠地，围守洋馆，封锁对外交通，切断其与港外军舰、趸船的联络。义律大窘，陆续交出二万余箱。包藏祸心的义律，开出收据给英商，甚至美商鸦片也由他报缴，他这样上下其手暗中弄鬼，是想把价值数百万英镑的鸦片一股脑儿推到英政府头上，诱使烟贩逼促英政府老鬼现身，同时诱骗忠正的林则徐把查缉走私毒品的帐直接算到英政府身上，这个奸滑的盎格鲁撒克逊人，阴谋埋下了两国必须一战的种子。

3 月中，林则徐率同邓廷桢、水师提督关天培收缴鸦片，严拿烟贩，

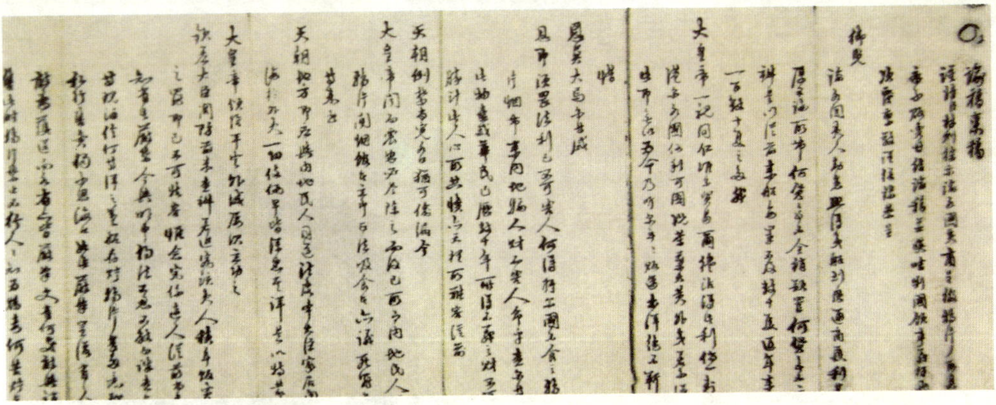

林则徐在禁烟令难以执行的情况下，下令逮捕烟商颠地。在义律的保护下，颠地得以逃脱。林则徐立即下令封锁黄埔港内外的外国商船。在林则徐的不断施压下，义律无奈交出了所有鸦片。于是林则徐上书道光帝奏报缴获鸦片的喜讯。图为林则徐的奏折。

整顿海防，惩处受贿放行的水师官兵，深得人心。各省禁烟行动立刻跟着响应，从 4 月到 6 月，共收缴了两百数十万斤。从 6 月 3 日至 6 月 25 日，林则徐在虎门滩掘坑，将鸦片与石灰共煮，再引潮水冲尽，围观的英商亲眼见到“将烟土烧毁，冲入大海去了”。这次行动，是林则徐代表中国向国际最大贩毒集团，严正而坚决的迎头痛击。他不但一偿为国除害的宿愿，而且洗刷了中国多少年来贪官污吏所造成的羞辱。近半世纪来，日益泛滥的鸦片终于局部地暂时地受阻了。这是严禁派的一大胜利，然而北京的权贵却渐感不安，想要从中阻挠了。

林则徐禁烟得到空前胜利，道光皇帝要从优酬庸，穆彰阿等人暗中嫉恨他禁烟也禁了他们的利薮，仅拟个加一级的奖赏。林则徐心中明白，仍然坚持到底，一面恳请颁定禁烟条例，一面促令外商出具“永不夹带鸦片，如有带来，一经查出，货尽没官，人即正法，情甘服罪”的甘结。义律深知“缴烟系一时之事，具结乃长远之事”，当然不敢具结，连一千余箱抵偿的茶叶也拒绝接受，鸦片问题只剩下武力解决一途了。

◉ 邓廷桢(1776~1846)，字维周，又字嶰筠，晚号妙吉祥室老人、刚木老人。江苏江宁（今江苏南京）人。嘉庆年间进士。道光时因受严禁派影响，且目睹鸦片祸害严重，遂力主禁烟，积极协助林则徐查缴鸦片，整顿海防。任闽浙总督期间，英舰进犯厦门，亲督水师击退侵略军，因投降派诬陷，被革职充军。后被起用，道光二十六年（1846）卒于任上。善时文，犹精音韵。有《双砚斋诗钞》。（上左）

◉ 关天培（1781~1841），字仲因，号滋圃，江苏山阳（今江苏淮安）人，行伍出身。积功提升，曾任苏凇镇总兵，署江南提督。道光十四年（1834），任广东水师提督。十九年（1839），积极协助林则徐查禁鸦片，训练水师，加强海防，屡挫英国侵略军的挑衅。道光二十一年（1841）二月，英舰攻虎门，他即向两广总督琦善请援，不允，遂率部死守横档、永安、靖远诸炮台，二十五日，英军从横档登陆。次日，他在靖远炮台奋力抗敌，创痕遍体，血透衣襟，壮烈牺牲。有《筹海初集》。（上右）

义律拒绝具结，躲在澳门，仍然大干鸦片走私的勾当，得取暴利，根本不愿回广州，反将做正常贸易的英船三十余艘，阻在尖沙咀一带，不准入港。义律知道鸦片贸易是英政府的重要财源，远东贸易更是英政府的命根子，遂把鸦片走私扩大为商务问题，迫使英政府出兵。林则徐却不知道鸦片暴利是清廷权贵的独占利薮，更与千千万万贩烟、吸毒者的生活息息

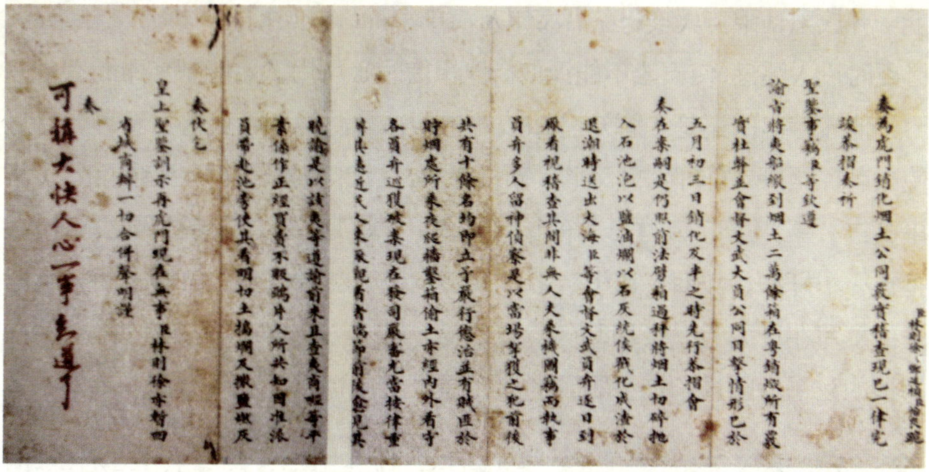

奏為虎門銷化烟土公同覈實稽查現已一律完
竣恭摺奏祈
聖鑒事竊臣等欽遵
諭旨將夷船繳到烟土二萬餘箱在粵銷燬所有覈
實杜弊並會督文武大員公同目擊情形已於
五月初三日銷化及半之時先行恭摺會
奏在案嗣是仍照前法督令通將烟土切碎拋
入石池泡以鹽滷繼以石灰俟其化成渣於
退潮時送出大海臣等會督文武員弁逐日到
廠看視稽查其間非無人夫乘機偷竊而執事
員弁多人留神偵察是以當場拏獲之犯前後
共有十餘名均即立予嚴行懲治並有賊匪於
時烟走所乘夜從牆鑿箱偷土亦經內外看守
各員弁巡獲破案現在發司嚴審先當按律重
[illegible]甚近又人來[illegible]觀看者滿[illegible]前[illegible]見其
[illegible]是以該夷等遠涉前來且查夷商[illegible]
書係作正經買賣不敢鴉片人所共知固准派
員帶赴池旁使其看明切土攪烟又撒鹽燬灰
奏伏乞
皇上聖鑒訓示再虎門現在無事臣林則徐亦將回
省與商辦一切合併聲明謹
奏
可稱大快人心一事[illegible]

虎门销烟结束后，林则徐等人把销烟经过上书奏报道光帝，道光阅毕文书，挥笔蘸墨用红色大字批道：“可称大快人心一事”。图为《林则徐邓廷桢怡良等奏虎门销烟一律完竣折》。

相关，绝不是那么轻易就能彻底禁绝的。出兵对英国来说，虽无理却有利；对清政府来说，自然是绝对有理却有害的。林则徐后来给其妻郑夫人的家书中说：“予明知禁烟妨碍奸夷大利，必有困难，而毅然决然不敢稍存畏葸之心者，盖以身许国，但求福国利民，与民除害，自身生死尚且付诸度外，毁誉更不计及也。”他这个“生死付诸度外”的决心，鸦片战争时是完全实现了。

义律继续贩毒获利，向英政府公然宣称：头可断而结不能具。林则徐则积极布防、筹备战守。他查看海口形势，安设木排铁链，试放大炮、火箭、排枪，演练攻首尾、跃中船的战法，军心大振；同时召募善泅者，让他们驾驶火船，乘机纵放，然后派舟师追击；又采用以奸治奸、以毒攻毒之策，知道夷人畏惧沿海枭徒及渔船蛋户，于是召募了五千人为水勇，每人月给赏银六圆，赡家银六圆，取平时所装大小火船，每船领以一二兵弁，教他们如何驾驶，如何点放，然后先赴各洋澳，分设埋伏，看看风潮皆顺，就一齐放出，乘势火攻；在沿海岸及海中小岛，派兵把守，携带大量毒药，必要时投入溪泉，使夷船不能汲取。他相信民心可用，“足能制其命而有余”。

他最特出的还是了解知己知彼的重要，魏源说他：自去岁至粤，日日使人刺探西事，翻译西书，又购其新闻纸，如《澳门月报》《澳门新闻纸》《华事夷言》等。《澳门新闻纸》的记者曾说：“他预备几个最善翻译之本地人，指点……奸细、洋商、通事、引水二三十位，在四方各处打听，将打听出来的事写在日记上，按日期呈递，登于簿上。”另外一个英国人也说，他“指挥他的秘书、随员和许多聪明的人，搜集英国情报，将英方商业政策、各

◉ 魏源（1794~1857），原名远达，字默深，湖南邵阳人。清代杰出的思想家、学者，经世致用思潮的积极倡导者和实践者。代表作有《海国图志》，率先介绍西方各国历史地理状况。主张学习西方先进的科学技术，提出“师夷长技以制夷”的口号，是中国近代寻求救国真理的先行者之一。（下左）
◉《海国图志》书影（下右）

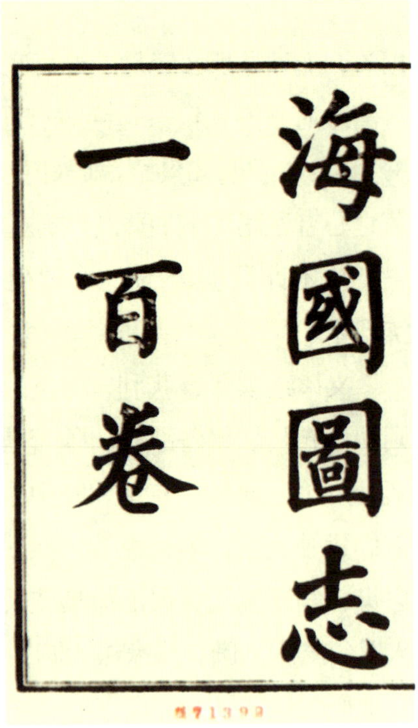

部门详情，特别是他所执行的政策可能产生的效果、如何赔偿鸦片所有者的损失，都一一记录。他们尤其关心英俄是否已在作战”。根据这些记录，再看林则徐自己说的“必须时常探访夷情，知其虚实，始可定控制之方”，就知道他跟盲目办外交者大不同。

清军广东水师战船模型

他曾翻译了慕莱的《地理全书》，又搜集许多材料编成《四洲志》，后来交给得力干部魏源编成《海国图志》（这本书二十年后影响了同治洋务自强运动，但其更早即对日本明治维新产生了更大的影响）。同时又译了一部分《万国公法》。这是清廷以夷制夷的萌芽，后来的官员依样画葫芦，只知以民制夷而号称外交专家，难怪晚清外交愈办愈不像话；而人民反帝反列强的情绪倒愈来愈高。这点，林则徐早有预见，说“所有沿海村庄，不但正士端人衔之入骨，即鱼舟村店亦俱恨其强梁”，林维喜案发生后，果然证明了他的预见。

7 月 7 日，尖沙咀居民林维喜被英国水手用棍打死。义律表面上悬赏缉凶，暗中包庇凶手，违抗不交，林则徐大怒，下令逐其出澳。义律逃亡海上，从印度调来兵船窝拉疑号（Volage），出其不意向九龙山偷袭，中国水师奋勇反击，互轰五时之久，英军败逃。这次成功的反抗，以林则徐为代表，向帝国主义表示中国人民反抗侵略的决心。在这个决心面前，就是一向善于妥协的道光帝也表示："既有此番举动，若再示以柔弱，则大不可。"鸦片战争还能不打吗？

11 月，英国商船遵令具结入港，义律急命士密上校（Captain H.Smith）率舰拦阻，关天培也派船护航。英船首先开炮，关天培亲督弁兵回击，激战一时后，士密船上，帆倾旗坠，且战且逃。据当时参战的一位英国军官记录说："中国师船每只都于放一两炮后，就急速离开，唯有水师提督的战船和其余几只船，仍据原地，猛力对我方进攻，实出乎我们意料之外。"这次穿鼻海战，中国旗开得胜，到 12 月间，又接战六次，中国每战皆胜，英军只得退离尖沙咀。

林则徐志在禁烟，未必要战，下令封关也只是要杜绝鸦片，不是杜绝商务。但是九龙穿鼻战无不胜，使得道光帝相信外夷畏惧天朝，在虚骄心的驱使下，他断然下令：将英吉利贸易停止，所有该国船只尽行驱逐出口，不必取具结。封关之后，茶叶、大黄源源出口，中国立即成为出超国，至 11 月底，有六十二艘洋船具结进港（美国独占四十五艘），带来洋钱二百万的收入，使得道光帝相信封关有百利而无一害，他的贪鄙心驱使他反对林则徐"坚垒固军""制炮造船"的做法，说那不是"经久之谋"。至于封关后英国会采取什么行动，这个木偶皇帝想都没有去想。封关后，英国货烟两绝，损失惨重，道光的轻妄，无异赐给英国大胆挑衅的口实，英以维护商务之名，堂皇宣战。

1840 年 6 月 21 日，由懿律（George Elliot）率领的东方远征军出现在广东口外，往来游弋不定。林则徐暗中观察，发觉他们"日则暗放舢板，分运烟土，引诱奸民，零星贱卖；夜则抛锚寄碇，支更瞭望，此外别无动静"，可见所谓远征军还是为了贩卖鸦片。林则徐痛恨之至，下令一旦英船进入内河，人人皆可持刀痛宰，同时定下赏格，杀黑白夷人有不同赏金。

虎门销烟激怒了英国政府，决定出兵中国。道光二十年（1840）五月二十二日，英国舰队直指广东，第一次鸦片战争爆发。在林则徐的坐镇指挥下，英军无从侵入广东，最终北上厦门。图为清人所绘的广东海岸地理形势图。

英国知道不能贸然闯关，7 月初，移船北上，驶入定海洋面。定海总兵张朝发认为“夷船被风吹来……无足惊讶”。三日后，毫无防备的定海即告失守。林则徐早就飞咨各省，严查海口，协力筹防，但是上至道光，下至督抚，毫无戒心。别说是定海，即以捍卫京畿的天津海口来说，存兵只八百名，沿海之大沽、海口、葛沽等三营，只设兵一百余名，毫无防备可言。

大英帝国的兵船大炮打垮了道光帝的自大心理，从 8 月起，他开始退缩了。这个一眼虽看到鸦片流毒，另一眼却看到鸦片暴利的皇帝，为了找寻退缩的藉口，唯有怪罪林则徐。他对林则徐建议严行烟禁的奏折这样批示：“外而断绝通商，并未断绝；内而查拿犯法，亦不能禁，无非空言搪塞。不但终无实济，反生出许多波澜。思之曷胜愤懑，看汝以何词对朕

◉ 英舰进攻定海图

也！”林则徐给夫人的家书中说：“外间悠悠众口，都谓我激起夷衅，殊不知实出圣躬独断，屡颁圣旨，谓不虑诸臣操之过切，只愁诸臣畏之过甚耳。”他这个“圣躬独断”应该是对道光帝最好的回答，但在君权时代，他这番苦衷只有诉诸历史来见证了。在同一封家书中他又说：“而今英夷兵船来华，既不能在粤得逞，必然改窜他省，他省海口皆无设备，苟有疏失，则该督抚必然诿罪于余之惹启夷衅焉，则是非亦只可听之公论而已。”他曾建议“以通夷之银，量为防夷之用，从此制炮必求其利，造船必求其坚”，他这样苦口婆心，那些高度妥协的既得利益集团能听得进吗？道光帝批个“一片胡言”，穆彰阿乘机倾轧，这个刚萌芽的海防计划便告早夭了。林则徐确是当时中国第一个走到世界舞台上的人物，他对待天朝以外的世界，自然还脱不了“以夷制夷”的窠臼，但多少在实际事务中体现出某种程度的进步，据夏燮说，连西洋人都称赞他“留心外国事务，足见其学识长进”，这是由衷的评价。但在最大贩毒吸毒集团的联合抵制下，他的努力最后还是失败了，这不是个人的失败，而是整个清政府在世界舞台上首次露面的失败，从此一步又一步，失败到底。

9 月 28 日，道光下旨责斥林则徐误国病民，糜饷劳师，命其进京。五天后，正式革职。惨淡经营年余的禁烟运动于焉结束。

第四节 清政府卑屈求和

定海失陷，懿律继续北上。直隶总督琦善仓皇失措，急调各省援兵，加上原来的可用之兵，还不满三千人。山海关的几尊大炮，是匆忙中从报废的部料中捡回的，还是前明的古物，蒸洗后勉强备用。这种防备，“形

◉ 第一次鸦片战争形势图。1840年6月，英国舰队驶入广东海面，进行武装侵略。第一次鸦片战争爆发。林则徐、邓廷桢在广东、福建沿海已布防，英军无隙可乘。7月，英舰北上攻陷定海，8月初，侵入天津白河口，英方向清政府提出割地、赔款要求。清政府派琦善谈判。9月，英军开始南撤。10月初，林则徐、邓廷桢被撤职查办。11月底，琦善到广州后，撤除防御工事，裁撤水师。1841年1月，中英签订《穿鼻草约》，割让香港。不久，清对英宣战，命奕山赴广州主持战事。2月底，英军猛攻虎门炮台，关天培率众抵抗，但终因寡不敌众，全军覆没。5月26日，英军从四方炮台炮击广州，奕山投降，遂签订《广州和约》。此后，英军在广州城郊烧杀抢掠，遭到三元里人民的奋起抗击。8月，英军再次侵入广州海面。26日强行攻占厦门。10月，定海、镇海、宁波相继失陷。清政府不敢再战，决意投降。次年4月，耆英赴浙向英乞降议和。为逼迫清政府接受和谈条件，英军继续向北入侵。5月，江浙海防重镇乍浦陷落。6月，吴淞、宝山、上海失陷。7月，镇江被攻占。至8月《南京条约》签订，鸦片战争结束。

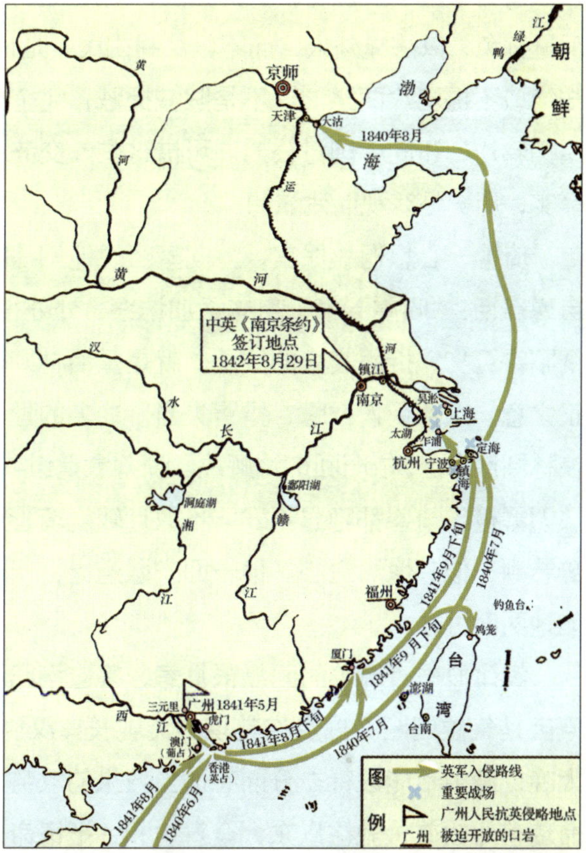

同木偶”。偶一不慎，“惟该督是问”，便会落得个像浙江巡抚乌尔恭额那样“撤惩”的下场。老于官场的琦善自不敢螳臂当车，因此极力主张妥协。这个提议正中道光下怀，皇帝怕的也就是演成兵临京畿的危险，加上广大的烟民烟贩鼓动说合，妥协的气氛弥漫一时。

1840 年 8 月 11 日，懿律到达白河口，琦善早在塘沽等候多时。懿律的投文据琦善说，是因屡遭广东攻击，无从上达天聪，故特来北京伸雪。事实上英国照会咄咄逼人，强辞夺理指责林则徐残害“在粤省依赖大清国家实信之英人”，凌辱“大英国家特委管理领事宪职”，同时质问清廷：外人被清廷官员示鼓包庇，引诱犯法，就强迫治罪，而官宪违法，包庇鸦片，反见宽免，以法绳外人，而不依法绳内民，是何道理？因此提出五项要求，却绝口不提鸦片两字。这不是贼喊捉贼，完全颠倒是非吗？明明他用武力逼销鸦片，还问中国讨公道。可惜这些外交辞令还是掩盖不住武装卖毒的事实，历史是客观而残酷的。

琦善一心想退敌保官，就向皇帝说他们是昭雪来的。不料道光也同样自说自话：“昭雪冤抑，自应逐加访察，处处得实，方足以折服同心。”这个昭雪冤抑，折服其心的法子，就是重治林则徐“不能仰体大皇帝大公至正之意，以致受人欺矇，措置失当”罪名的理由，把战祸与弭兵的责任推在林则徐身上，依旧回广州解决。琦善愈是谦恭，懿律愈是跋扈，嬉笑怒骂，飞刀舞枪，琦善都隐忍不发，不敢计较。琦善还跟道光打诓语，说英夷言辞恭顺，似有愧悔之心。他一面安慰道光，一面安抚懿律与义律，竭尽所能地两面讨好。

懿律似乎对琦善的回复很复意，答应南归。事实上，英船撤离的根本原因是气候问题。据亲临其境的英舰长宾汉说：“其中最大理由是季节已太晚，湾中不能进行充分而有适当效果的攻势。”但是道光颇感嘉悦之至，命琦善为钦差，驰往广东，全意主和，把请命自愿前往收复定海的林则徐

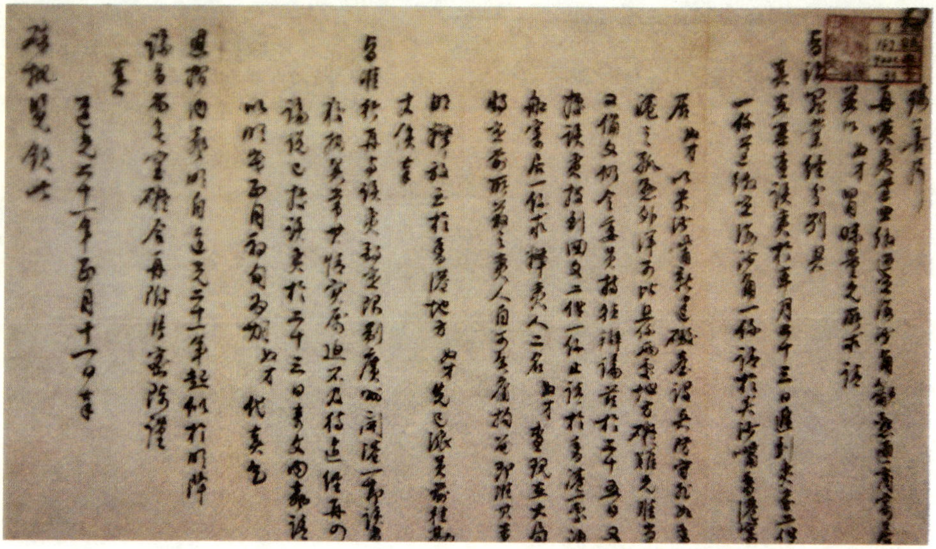

义律拟定了包括割让香港岛的条款后，琦善不敢擅自做主，呈报奏折给道光帝。图为琦善呈报的《琦善奏英人愿交还定海在香港岛定居折》。

交部严议。

琦善到广州后，发觉事情不是那么简单，懿律态度强硬，丝毫不让，琦善只有查办林则徐以博取好感。但“欲求林则徐罪不可得”，也行不通，只好先撤散水勇，拔去水中埋伏，裁减大量兵船，表示罢战，再卑辞邀英使开会，尽泄底牌。总之，他是事事反前任所为，尽量讨好英国欢心。

英国坚持要琦善答应高价赔偿，割让岛屿，开放商埠。琦善却巴望撤防后，垂手可得和平，闭门家中，外人非召不得见，只相信从北平带来的哼哈二将——千总白含章与八品参员鲍鹏。鲍鹏原是英国毒贩颠地的狗腿子，被林则徐查缉，逃到山东，摇身一变成为琦善的左右手。他的身份很可疑，据英舰长宾汉的说法，他似乎与义律有勾结。让他来作谈判的桥梁，注定琦善失败。

在大沽口会谈时，双方争执的焦点在烟价，琦善好说歹说，开了一张

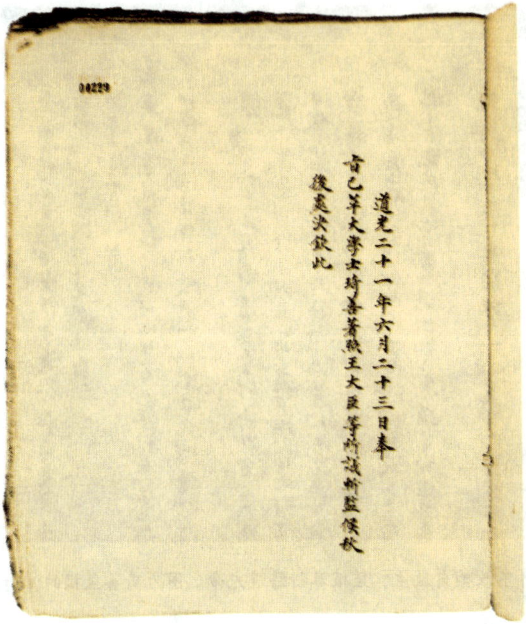
00229

道光二十一年六月二十三日奉
旨已革大學士琦善著照王大臣等所議斬監候秋
後處決欽此

"斩监后"又称"斩候决"，明清时的刑律之一，将判处斩刑的犯人暂时监禁，候秋审、朝审后再决定是否执行。由于"擅与香港，擅准通商"，道光二十一年（1841）六月二十三日，钦差大臣琦善便收到道光帝《命将琦善斩监后秋后处决》的一纸上谕。

远期支票到广州求兑。在广州的会谈，争执焦点在海岛的割让，琦善已经施展不出什么法宝，只想拖下去，义律不由分说，十五天限期满，即行开火，琦善只有立即请和，连夜派遣"通晓番语的鲍鹏"往穿鼻，秘密签订割香港、赔烟价、开放广州、两国公文平等往来的《穿鼻草约》。当时广东人谣传"打得快，和得快"，英军深通其道。

琦善一手遮天，把割让改成寄居，赔款改成暗盘交易，蒙住皇帝。广东巡抚怡良终究有几分良知，在林则徐授意下，结结实实参他一本。道光怒不可遏，革职拿问抄家，琦善只落得一命尚存。清廷在不甘赔钱又赔地的情况下，终于决定下诏宣战，时间是 1841 年 1 月 27 日。

义律得知琦善被撤，和谈无望，便先下手为强，2 月 23 日炮轰虎门。不久，镇远、威远、靖远各炮台相继陷落，水师提督关天培阵亡。英国舰长贺尔回忆说："关老提督……是在亚良鞋炮台抵抗时，前胸被刺刀刺伤而死……白兰汉舰鸣放礼炮，向他致敬。”从海战打成肉博战，战况的惨烈可以想见。林则徐苦心经营的广东海防，这一战也尽化乌有。

虎门战败，道光归罪战将不行，大胆启用剿回有功的老将杨芳。圣上的厚望，广东百姓不敢怀疑，也倚之长城。杨老将不负过去威名，“传令甲保，遍收妇女溺器”，准备迎头痛击。拿对付教匪的法子来对付船坚炮利的英军，结局不问可知。

继任的是将军奕山，他小心翼翼地到广州查访敌情，上了惊人的奏折给皇帝，“患不在外而在内”，因为“自兵丁以至千把，无不包庇鸦片以为生理，用兵以来，于夷惟恐不胜，于烟禁惟恐不弛”，因之，他的策略就是“防民甚于防寇”。

从各处增援的大军有一万八千余名，声势不小，却都是乌合之众，谁

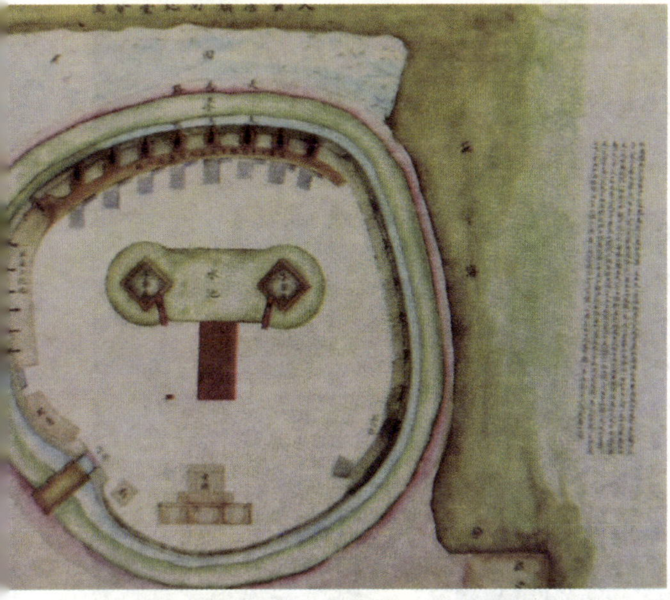

大黄窖炮台是广东海面的炮台之一，虎门大战时，清军在此与英军进行了殊死搏斗，终因力量对比悬殊而失陷。图为清代的《大黄窖炮台分图》。（上左）

关天培指挥广东水师作战时使用的望远镜，镜筒上刻有“水师提督关天培”字样。（上右）

也不想驻扎城外首当其冲，个个躲到城内百姓家中高卧，夹杂散处，布满内城，因之，营官根本不知兵住何地，同住何人，只记下名籍总数，逢征召时，拿着队旗，沿街市招呼。那些兵士当然害怕调上前线，非到领饷期绝不轻易现身。这些杂牌援兵，就是要来对抗四千精锐的英军的。义律得知奕山接防，立即给他下马威。5 月 23 日，英军攻进虎门，势如破竹。三天后，广州知府代表又求投降。英国提出赔款六百万元作为退兵条件。奕山奏说英军进城是“有苦情上诉”，所谓苦情，他说就是商欠。奕山拿商欠做幌子，实际上付的是赎城金。他逼迫洋商认捐一百廿万两，其余就搜刮粤海关税银垫付，然后自鸣得意说“夷船张白旗”，现在是“兵息民安”。余音未了，三元里事件就爆发开来。

5 月 30 日，英军一支散兵游勇，窜经萧关三元里时，大肆掳掠，又

三元古庙

英军窜出广州城，在三元里一带骚扰。三元里人民在村北古庙集合，将庙里的三星旗作为“会旗”，对旗宣誓抵抗英国侵略者，约定以三星旗为号，旗进人进，旗退人退。图为三星旗。

轮奸一妇女，村民闻讯，四处鸣锣，联合了数千人，高张“平英团”的旗帜，把英军团团围住。适逢大雨，枪弹失灵，英军官兵二十余人被殴死伤（奕山奏报是二百余人），充分反映了百姓仇英的心理。

这时，赔款付清了，英军也不愿再提三元里的丑事，怏怏而退。清廷以为战事已了，裁撤海防官兵，广州则酌留兵士“弹压土匪，暂壮声势”，其余各营，分起撤归。可是，英国政府认为《穿鼻草约》不符所求，将义律免职，另派朴鼎查率大军北上。清军解甲时，英军却大肆蠢动，准备扩大战场到闽浙方面。

8 月，朴鼎查从澳门升火出发。这时的广州，一人得道鸡犬升天，奕山着实保举了数百官员，正在那里发藏香、谢海神；而朴鼎查大军已到了厦门海外。闽浙总督颜伯焘，意气勃发，反对琦善和谈，也反对邓廷桢守而不攻，造舰五十余艘，募新兵数千，要跟英兵一较长短。可惜朝廷一片和意，只希望撤兵省费，颜老总的船是空船，炮是空炮，形同玩具。8 月，英军进犯厦门，奸淫掳掠无所不为。接着，占领鼓浪屿，大兵撤离厦门。颜老总退守同安县，说失地（即厦门）收复，但对鼓浪屿的英兵只字不提。道光还是怒不可遏，革职颜总，再战。

9 月，战火又烧向定海。两江总督裕谦向来对杀英夷有兴趣且经验独到，英人将来，裕谦赶紧奏报，道光振振有辞地说，哪有先行泄露调兵消息的道理，分明是空穴来风，反要裕谦裁兵，不必为浮言所惑而糜饷劳师。裕谦忠心耿耿，暗中决定要与城共存亡。12月，英军从镇海登陆，轻易攻下定海。裕谦跳入泮池自杀，成全了他“城亡人亡”的誓愿。

定海陷落，宁波接着失守。英军竭尽所能破坏一阵，扬长而去。道光还在做剿夷的梦，任命宗室奕经为扬威将军，准备反攻。从陕西、甘肃、四川等九省调来大军，定下十面埋伏之计，不想情势完全出乎意料之外，“官兵虚实，逆夷无不尽知”，结果当然惨不忍睹，奕经仓皇逃回杭州，沿路丢弃一切辎重，唯恐英军追及。事实上，奕经玩的是“空城计”，英军第二天才进占大营，道光本以为能梦想成真的浙东反攻计划是完全失败了。

反攻失败，道光徘徊在和战两难的十字路口。英人凶焰愈胜愈高，中国士气愈挫愈馁，事实很明显，不能再打了。但是如果不打，赔钱又失地，这个羞辱的上国体面往哪里放呢？想来想去，也计较不出一条决策，只好私下里偷偷派遣使“逆夷感戴”的伊里布及使“逆夷倾服”的张喜跟随新钦差耆英试探乞和。奕经要求援，拿个“必能保其成功乎”的大帽子压下去，耆英想真和，道光仍未忘情相机进剿，说还是要“徼幸一试”，试什么呢？英军早看破道光心事，不容中国喘息，1842年5月自动放弃宁波，进陷乍浦，东南财赋跟着受到威胁。道光急急调回耆英主持和局，同时把伊里布连升三品，要他出面乞和。

耆英画像旧照

不想英军水涨船高，扬言“现已集兵，

不得不战”，除非接受其约，不然纳降无望。道光忧愤难当，杀掉撤退的余步云作替罪的羔羊。英军依计进攻上海。新调任的两江总督牛鉴，身负防守漕运的大任，战战兢兢，深恐一个不好，步上余步云的下场。传说他曾携重金求英人退兵，英将拒而不见，在官位面前，老官僚是什么事都做得出来的。6 月，英舰二十四艘进攻吴淞口，江南提督陈化成率军死守。牛鉴坐着轿子前来观战，被英军瞧见，飞炮进攻，牛鉴仓皇丢了鞋帽，找一小卒伪装他坐上轿子，自己则混入军中逃走。陈化成奋战不懈，奈何无援，腹背受敌，身中炮弹，喷血而死，英军乘胜进击宝山，牛鉴前脚从西门偷偷溜走，知县后脚跟着弃城逃跑。没几天，上海就丢了。6 月 21 日，英军进攻镇江，那样一个形势险固的要地，清军只守了两小时。英军进城，大肆屠杀。东南财路被拦腰截断，道光无路可走，只有乞降。

第五节　可耻的《南京条约》

林则徐被革职后，清廷战无不败，朝廷动荡，地方不安，全国濒临崩溃边缘。浙江巡抚刘韵珂指出：就今天下大势而论，文官爱钱而又惜死，武官惜死而又爱钱，加以兵无斗志，民有乱心，帑藏空虚，脂膏竭尽，战亦败，和亦败。这种破落残败的景象，就是当时真实的写照。道光想战而不能战，想和而不情愿和，进退完全失据。朴鼎查公然宣称不接受全部条约，开炮即轰，悍然执行以战逼和的策略。穆彰阿、耆英、伊里布哭求投降，道光才恍然大悟，“江南数百万生灵，一经开仗，安危难保”，假惺惺说要以民为重，“姑允所请”。

这个“姑允所请”当然是清廷自找台阶的门面话。朴鼎查丝毫不让步，要钱、要地、还要特权，于是订立了中国有史以来第一个不平等条约。这里所谓不平等，不但指的是条约本身的不平等，而且指的是知识上的不平等，西方用中国所不知的国际外交谈判观念来巧取豪夺，而这些都是站在污秽的鸦片上达成的，所以是可耻的不平等条约。

1842 年 8 月 29 日，《南京条约》正式签订，清政府接受英国的全部要求：一、开放广州、福州、厦门、宁波、上海五口通商。二、割让香港。三、赔偿烟款六百万元，商欠三百万元，军费一千二百万元，共二千一百万元。四、进出口税，新定则例。五、文书平行往来，废除行商。

这次战争因鸦片而起，条约内却不提鸦片一字，等于承认鸦片是合法贸易，更疯狂的是“今货物有税，烟土无税，是得小遗大……烟土遂为各行之首业”，从更广泛的五口源源而入。林则徐禁烟时，鸦片的流布年不过四万箱，战后二年便恢复旧观，八年后飞增到五万三千余箱，毒害情形更严重，如浙江黄岩县，“无不吸烟，昼眠夜起，杲杲白日，阒其无人，月白灯红，乃开鬼市”，两年的干戈扰攘，换得的就是这样的下场。

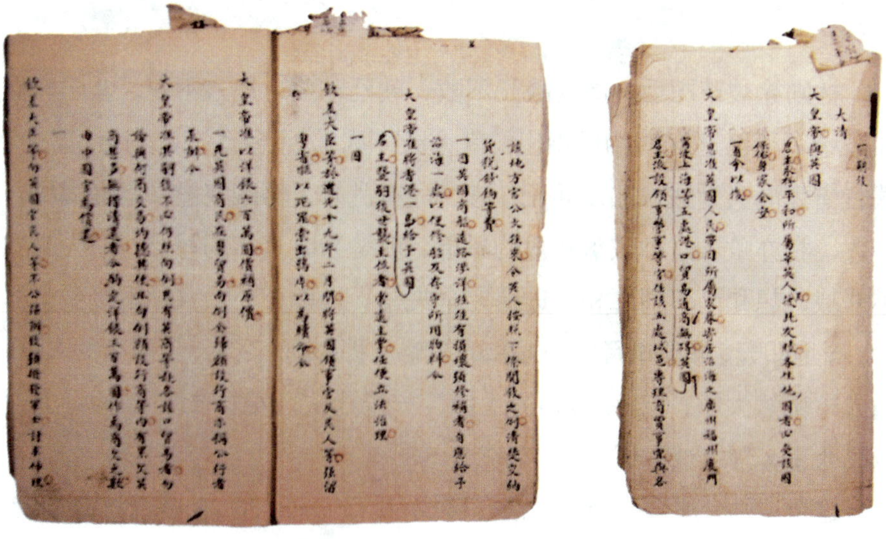

《南京条约》抄本（局部）

五口通商后的上海港

《南京条约》后，英国的贪欲并未满足，又签订了《五口通商章程》。按照章程规定，英人有罪由英国处置。事实上就是由领事裁判，领事又是由商人充任，驱虎入市，非常明显。鸦片战后，凡有华英纠纷，地方官大都“执民以媚夷”，英领事则大玩掩耳盗铃的手法，在这样狼狈为奸下，百姓广泛发起反满反英的群众运动。战前广东民谣唱道，“百姓怕官，官怕洋鬼”，战后改唱道，“官怕洋鬼，洋鬼怕百姓”。零星的反抗，终于发展成全国性的太平革命。

其余如五口内可以携眷自由居住，逐渐发展成日后的租界。在这种区域内，英国可以任意行事，不受中国干涉。英人作奸犯科，可以避祸此地，汉奸卖国贼，也可在此获得包庇。协定关税使得英货可以大量倾销，例如棉毛织品的输入量在战后二年内增加了五倍，正如刘韵珂说的：“我设关而彼收税。”两广地区自给自足的小农经济受害无尽，人民生活愈益穷困。这种政治上领土主权不完整、经济上关税货品不自主的殖民地情况，是从《南京条约》展开的。

但是道光最忿恨的却是天朝体面受损。“藐兹丑类”的英国打破了“我朝定鼎二百年来，臣服遍于四海”的局面；赔款二千一百万两，相当于宋朝向金人纳的“岁帑”；开五口通商，便是“割地请和”；更不可忍的是约上还要盖御宝，好比“欠债写负约，卖产者立文契”，“忠义之士闻之，谁

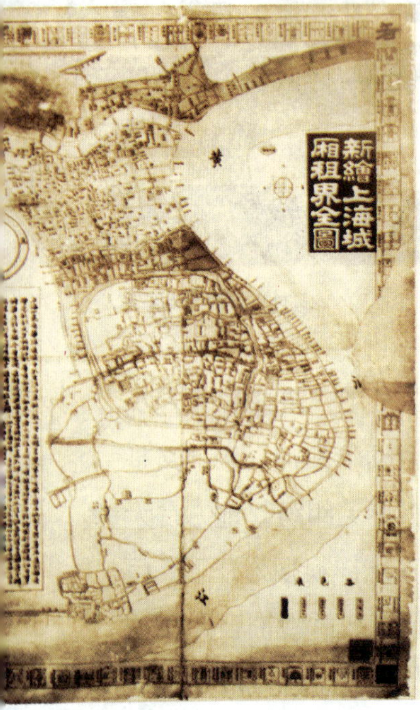

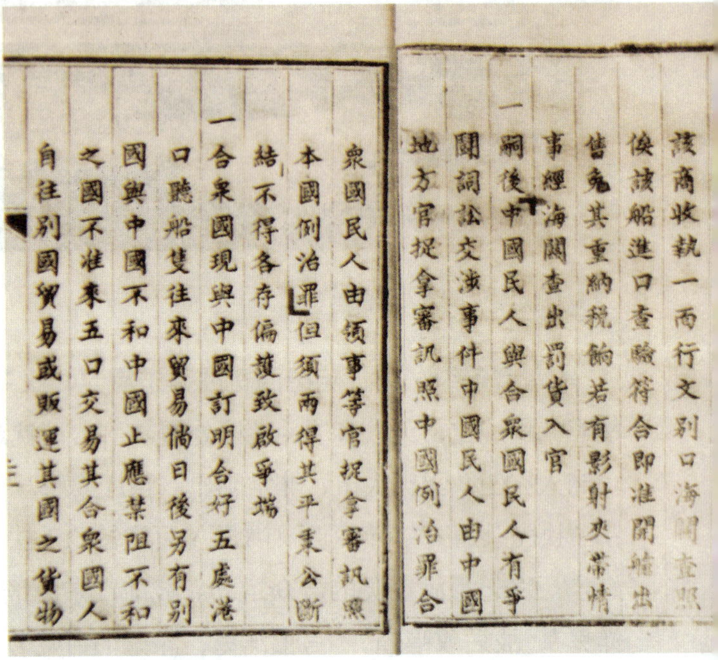
該商收執一面行文別口海關查照
俟該船進口查驗符合即准開艙出
售免其重納稅餉若有影射夾帶情
事經海關查出罰貨入官
一嗣後中國民人與合衆國民人有爭
鬪詞訟交涉事件中國民人由中國
地方官捉拿審訊照中國例治罪合
衆國民人由領事等官捉拿審訊照
本國例治罪但須兩得其平秉公斷
結不得各存偏護致啟爭端
一合衆國現與中國訂明合好五處港
口聽船隻往來貿易倘日後另有別
國與中國不和中國止應禁阻不和
之國不准來五口交易其合衆國人
自往別國貿易或販運其國之貨物

《新绘上海城厢租界全图》，出版于19世纪末。上海历史博物馆藏。自开埠以来，帝国主义国家凭借不平等条约强行在上海跑马圈地，租地建屋，享受着种种特权。由于西人东来者日众，列强就强迫清政府划出专门地段供西人居住，且中国法律不适用于这些地段，是为“租界”。（上左）

中美《望厦条约》抄本（局部）（上右）

不愤恨？四海属国闻之，谁不轻中国乎？”他这个“谁不轻中国乎”的预见，鸦片战争后完全应验了。

美国、法国相继援例订立《望厦条约》与《黄埔条约》，紧跟着西洋各国无不虎视眈眈，恰如当时一位士大夫说的，“自此边境多事矣”。列强的侵略势力逐渐登堂入室，操刀杀伐而不可遏抑，但是，满身伤痕的百姓反清朝统治、反侵略的情绪也日渐高涨，特别是南中国逐渐在撼动中了。

第三章

东南半壁的大动乱

太平天国革命是鸦片战后中国一次划时代的群众运动。自从订立《南京条约》，政治、经济、社会各种并发症交相迭乘，清廷已是风烛残年，摇摇欲坠，再加上西方列强的贪残剥削，使得大江南北民怨沸腾，动荡不安，零星的小变乱层出不穷，这些都预示着一个大变动将要应运而生。

这个变动要先从人口的压力说起。乾隆五十九年（1794），中国人口将近三亿二千万，低层人民终岁惶惶，难得温饱，已有人预言，再逢天灾那班不满现状的人将会揭竿起事。果然不出三年，白莲教作乱，扰攘九年，虽被压制，神话中的希望却已深植人心，每当内外煎迫，现实政治使人失望时，弥勒重现的宣传就不胫而走，跟着竹竿锄头变乱丛起。嘉庆帝就是在内乱扰攘中，忧愤而死。道光十三年（1850），中国人口突破四亿大关，民生益困，聚合了成千上万穷苦百姓的太平天国革命终于展开行动。

人口愈来愈多，可耕地却愈来愈少。乾隆时，每人平均分得三亩多田，嘉庆时少了一亩，道光年间只得一点八亩左右，而最低水准的生活也需田三亩，因此中下阶层哀鸿遍野，怨声四起。人多田少，地价猛涨，太平天国起事那年（1850），一亩田值二十两纹银，竟是康熙时的四十倍。米价自然随之腾涌，道光时米价高过乾隆时三倍有余，“天下无不食米之人”，米价飞涨，通货膨胀遂不可避免。

再加上帝国主义的经济侵略，百姓的苦难就更深了。《南京条约》签订后，鸦片贸易化暗为明，沛然莫之能御，从道光二十二年（1842）到三十年（1850），增加了一倍，达到五万余箱。战前吵嚷不休的白银出口危机，显然更甚，但这时清政府反而装聋作哑，噤口不言了。不料祸不单行，洋布倾销狂潮紧接而起。从鸦片战后到太平天国起事前八年中，英国棉毛织品至少在中国赚取了一万万四千万英镑，使得素负盛名的苏州布业也“无纱可纺，消减大半”，叫苦不迭。输出方面，丝茶虽有了飞跃的增长，但几乎都为外国人（尤其是英国人）所操纵，中国以往的出超主要即依靠丝茶，这时却开始仰赖外资。这样有进无出，银源愈益枯竭，人民愈益穷困。战前（1839），一两银值一千八百文，一石米卖三两银；战后（1843），一两银值二千二百文，一石米却只能卖一两五钱。清政府丝毫不体恤，仍然照收税赋，等于暗暗加了人民一倍的税额；缴纳不出，则“吏役四出，昼夜追比，鞭扑满堂，血肉狼籍”，百姓们不管劫数难逃的老话，纷传“在家做饥民，不如出外做流民”。这样把通货膨胀的重担完全加到百姓身上，无异逼他们走上造反的道路。

清政府又助纣为虐，百姓的不平之气，更加高涨。据曾国藩说：兵役皆与盗通，……或反借盗名，以恐吓村民，要索重贿，否则烧其房子，把他们关入牢里。这种衙门酷吏，简直与虎狼无异，因此一般百姓宁愿贼来，不愿兵来，因为“贼来如梳”，尚有剩余，而“兵来如篦”，反被搜括殆尽。百姓假使告到官里去，结果则是“累年不结，颠倒黑白，老死囹圄”，甚且“一家久讼，十家破产，一人沉冤，百人含痛”。如此是非不分，暗无天日，连曾国藩那一辈居高位的士大夫也“闻之发指”，更何况落魄在下层社会的一班读书人，如洪秀全呢?

民怨沸腾，上天也要降罚了。嘉庆以来，黄河屡屡溃堤，已有天象示警，咸丰时终于改道北流入海，泛滥了三省的地方，人民流离失所，苦不堪言。同时，清政府仰为漕运命脉的大运河，也遭波及，使得米麦杂粮不能充裕北运，朝命所在的北京嗷嗷待哺，不到几年功夫，便闹得鸡犬声稀，炊烟寥落，景象凋敝。黄河水患几与太平天国相终始，这江北与江南两大心腹之患使得清政府疲于应付，眼看就要日落西山了。

这些政治、经济、社会的并发症，最后引发了会党起义。以天地会为首的众家儿郎，不论他们打着什么旗帜（有官逼民反、替天行道、劫富济贫等等），散布何处（四川、河南、湖北等地），都是在“反清复明”这个总旗号下结合的。由下列事实可看出，天地会的起义，显然是太平天国反抗的源泉：

道光十五年（1835）：山西赵城县曹顺作乱。

道光十六年（1836）：湖南新宁人蓝正樽起兵。

道光十八年至廿一年（1838 ~ 1841）：贵州仁怀县、湖北崇阳县群起称兵。

道光廿七年（1847）：湖南新宁雷再浩、李沅发，道州的黄三，台湾嘉义的吴吮，纷纷起义。

道光卅年（1850）：爆发了由洪大全率领的大规模举事。

天地会接二连三起事，不啻给太平天国铺下了道路，他们屡仆屡兴，终于把八方风雨催到两广去了。

第一节 不夷不夏之教——拜上帝教

太平天国在两广地区掀起天翻地覆的大革命，绝不是偶然的。

第一，广西土瘠民贫，向来是各地落拓汉子潜藏的地方。道光年间，广西人口七百余万，平均每人得一亩多地，耕稼无以为生，一些争逐暴利者种植鸦片，更多的人去垦山开矿。这批拓垦者依山为寮（称为“寮民”），锻炼出强健的体魄，生活贫苦，斗志旺盛，但思想无依，因此太平天国的播种者冯云山到山中宣扬教义时，他们大为所动，欣然入教，成为太平军的忠实干部。

第二，广西土著向来由妇女耕作，男子游手好闲，因此多招客家人佃种（称为“来人”），如杨秀清、石达开、李秀成都是。他们刻苦耐劳，辛勤工作，几代后，愈发兴旺，已与土人强弱互易，彼此之间，早难相容。道光后，生计日难，冲突时起，又因婚嫁，发生械斗，来人究竟根浅不敌，便归附金田起义军，成为太平天国的主力。

第三，鸦片战前，广州是唯一的通商口岸，进出口货，大抵循两路运输：一路出大庾岭沿赣江北上，通江西；一路出南风岭沿湘江北上，通湖南。沿路数以万计的苦力、商贩、货船、旅店莫不赖此为生，秘密会党在此起了相当作用。但是战后上海开港，进出口货顺江上下，旧有两路顿形衰落，使得两广地区骤然增加了百万失业之众。濒临生存危境，他们便在会党领导下，铤而走险。这些失业游民遂成了太平军的开路先驱。

第四，两广得风气之先，与西方早有接触。洪秀全出生前，伦敦布道会已遣马礼逊牧师到广州传教，他所培植的第一个中国牧师梁阿发，在道光十二年（1832）写了一本《劝世良言》，对洪秀全起了思想领导的作用。

清政府对两广的控制却感力不从心：一则西方势力渗入，削减了清政府威权；二则两广是最后降清的地方之一，会党势力深入民间，稍有星火，便能燃起反抗火把。两广清军历经教训，多半驻在城内，经常“兵将不相见”，一旦望见夷船，急发空炮，卷包而逃，平日则在教场格斗，日有积尸，也无人究查。这样腐朽的军队，别说抵御外侮，就是维持治安也难能胜任。

洪秀全（1814~1864），原名仁坤。广东花县（今广州花都区）人。道光年间屡应科举不中，遂吸取早期基督教义中的平等思想，创立拜上帝会，撰《原道救世歌》等以布道，主张建立远古“天下为公”的盛世。道光三十年（1850）十月初十发动金田起义，建国号太平天国，自称天王。咸丰三年（1853）定都天京（今江苏南京）。颁布《天朝田亩制度》，又分兵西征、北伐。后所封诸王之间发生内讧，太平天国濒危。洪秀全重用陈玉成、李秀成诸将，自兼军师，又采取减赋和加强宗教宣传等措施，度过难关。同治二年（1863）冬，天京为清军围困，粮尽援绝。洪秀全拒绝李秀成突围的建议，固守天京。同治三年（1864）四月病卒。

但两广的民情高涨，却是现代民族主义诞生的苗床，鸦片战争前后表现得更为突出。三元里事件，入城冲突，慷慨激昂的民心，吓得英人畏葸中止，后来为太平军所用，成为他们横扫东南半壁的精神武器。

洪秀全就是会合了这些得天独厚的条件，脱出旧社会樊笼，起来革命的。

1813 年，洪秀全生于广东花县，距离广州仅十里。洪家随宋室南迁，离朝命所在虽远，求取功名的意念却不曾消减，因此对聪慧好学的洪秀全无不寄以能光耀门庭的厚望。

1829 年，洪秀全满怀自信第一次赴考，不幸未中。1836 年，再到广州应秀才试，仍然落第；无意中得《劝世良言》，那时他功名之念正殷，就把此书束诸高阁。1837 年，他二十四岁，三度赴考，竟然又名落孙山。眼见清政府应付鸦片走私的无能，失意悲愤齐上心头，因而得了一场大病，昏昏沉沉中，仿佛梦见无数人欢迎他，有一老妇来换心，一老翁赠剑，俯看芸芸众生的苦难，受命下凡来拯救世人。他大惊而醒，赋诗两首：“手握乾坤杀伐权，斩邪留正解民悬。眼通西北江山外，声震东南日月边……”“手持三尺定山河，四海为家共饮和。……虎啸龙吟光世界，太平一统乐如何！”

这两首诗充满真命天子、天下统归的观念，可见他受的封建科举遗毒何等深重。此后，他言谈举止大变，隐然有帝王之相。但他究竟是书生本质，还是不能忘怀学优入仕之途。1843年，四度赴试，依然落榜而归，终于下定决心，斩断功名之念。那一年正是鸦片战后的一年，清廷的庸弱暴露无遗，他把一腔失意的悲愤，都转到朝廷身上，开始探索另一条道路来实现他的旧梦。

他抛弃科举，重拾《劝世良言》一书，竟发觉与梦境十分相似，经过一番附会，那老翁便是上帝，老妇便是“天妈”，因此耶稣便是“天兄”，他便是上帝再度派来解救天下（其实就是中国）的使者。书中说“声闻全世”，全不就是指洪秀全吗？不就是说要与耶稣一样闻名于世了吗？这样一附会，自觉融会贯通，大彻大悟之下，他毁弃了孔子牌位，关闭了塾馆大门，开始倡言“天父复又发大怒，差生真主定乾坤”。

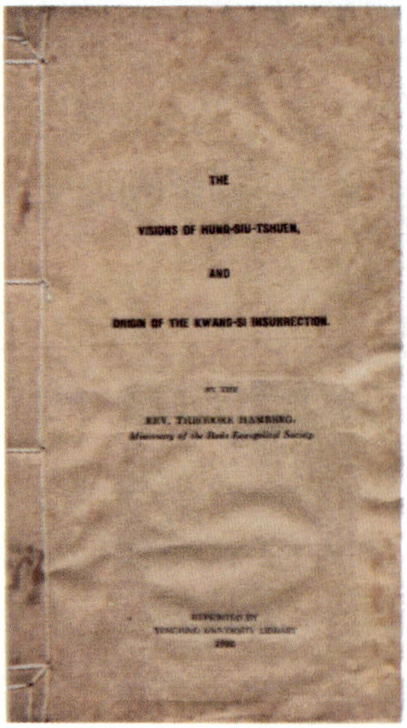

《太平天国起义记》英汉文本。洪仁玕口述，瑞典传教士韩山文撰，简又文译，咸丰四年（1854）出版于香港。原名《洪秀全之异梦及广西乱世之始原》。出版后，旋即在《北华捷报》分期转载。书中记述了洪秀全的身世、经历及思想等。对于其考试患病及异梦、革命思想的产生、拜上帝教的成立、赴广西传教经过及起义的发动等记载尤详。

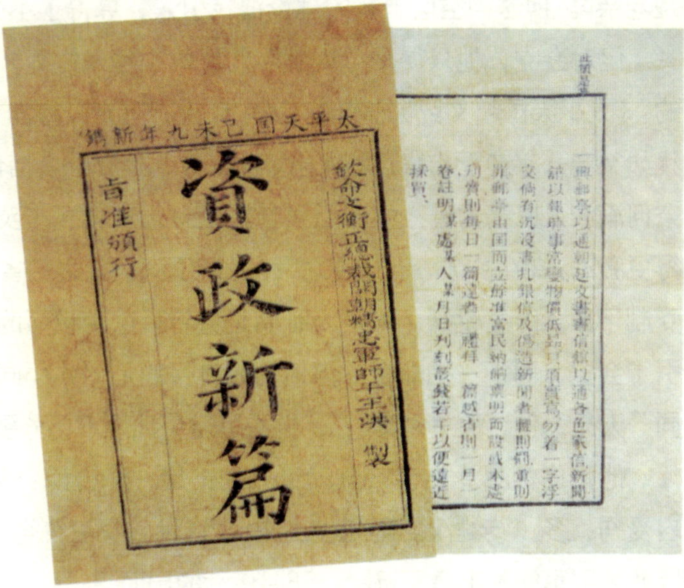

◉《资政新篇》是洪仁玕任干王时上奏天王洪秀全的一份陈述如何向西方学习而草拟的建国方案。

洪仁玕（1822~1864）为洪秀全族弟，曾在香港居住多年，1859年到天京（即江苏南京市），被封为军师、干王，一度总理朝政。《资政新篇》为其施政纲领主张学习西方，革新政治，在当时的中国算是先进的思想。

洪秀全最先感服了两人——冯云山与洪仁玕。他效法耶稣西行传道，与云山在 1844 年到广西传教。那时候天地会在广西势力极大，洪秀全入山拜把子认得了天地会首领洪大全，学到一些组织会众的方法。不断的传教，使他感悟教义的不足，1845 年，他回花县再研究，云山则深入紫荆山吸收寮民。

1845 年后的两年中，是洪秀全思想的成熟期，他写了《百正歌》《原道救世歌》《原道醒世训》《原道觉世训》等篇，作为建设天国的理论基础。《百正歌》教训世人邪难胜正，表达的是传统中国“修身、齐家、治国、平天下”的道理。《原道救世歌》有“摩西十诫”的影子，反复举用中国历史上戒淫、戒杀、戒赌、戒盗等例子，归根就底则在“上帝当拜”。《醒世训》与《觉世训》都可看出他企图璧合中西的居心——《礼记》说的“大道之行也，天下为公”与上帝平等博爱的精神是一样的，因此“上帝原来是老亲”。他这种空前未有的理论很吸引人，募得了不少徒众。

但对会党，他只得用“仇满”的反抗心理来拉拢，道理却是不中不西的。《太平天国起义记》记载他对洪仁玕说，“上帝以海洋为界划分世上各国，犹如父亲分家产于儿辈，各人当尊重父亲之遗嘱，各自保管其所得之产业，奈何满洲人以暴力侵入中国而强夺其兄弟之产耶？”《英杰归真》里，他说得更激动：弟生中土，十八省之大，受制于满洲狗之三省，以五万万之华人，受制于数十万之鞑妖，诚足为耻辱之甚者！这种激烈的仇满态度，的确吸引了会党，两下一拍即合。但他的最终目的是“共拜同一之天父，共崇敬同一天兄，世界救主之真道”，遂不可避免地埋下了分裂的隐患。

他又痛责鸦片之害来激动世人的情绪，作诗说：“烟枪即铳枪，自打自受伤，多少英雄汉。困死在高床。”这种感叹正符合了广大民众的心声，因此太平军能脱出清军重围，开展伟大的局面。

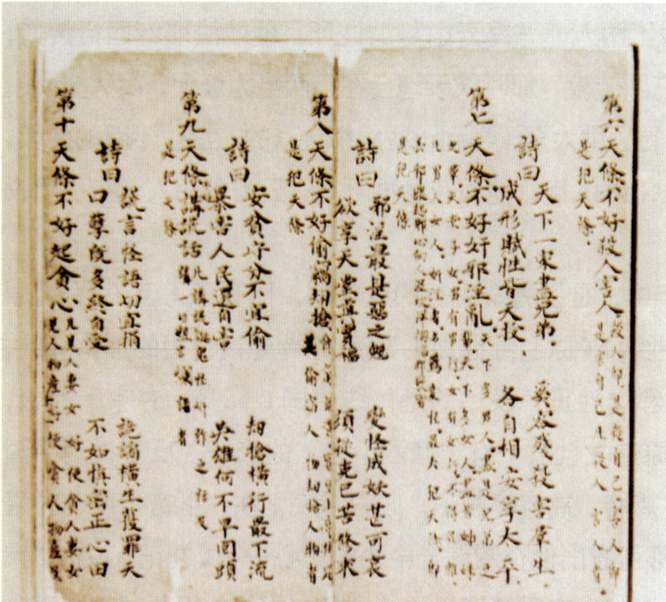

“十款天条”是拜上帝教的基本教义和戒律，是洪秀全、冯云山仿照基督教《旧约全书》中摩西所传上帝耶和华的“十诫”，并结合中国传统道德信条，在传教实践中加以总结提炼制定出来的。前四条属于宗教信仰；后六条是《原道救世歌》所举六不正的内容，平时当作拜上帝会会员的生活守则，战时则为军事纪律，违犯者重则立即处决，轻者枷杖。咸丰二年（1852），将此天条与太平天国宗教仪式合刻为《天条书》刊行，为太平天国军民的必读之书。

1847 年，他重回广西。这时的紫荆山经过冯云山筚路蓝缕三年经营，创立拜上帝会，已经拥有二千徒众，初具规模。洪秀全在这个大本营中，把他三年来穷思冥想的宗教真理付诸实现。他模仿“十诫”,制造天条十款，把悔罪的规矩、祈祷仪式，一股脑儿用在紫荆山上，再掺入中国旧习俗，如婚丧之礼、献牲祭祀、膜拜祷祝，变成了杂七杂八的拜上帝教，最后又使出“神迹”来巩固人心。这种不夷不夏的理论与方法，确实迷惑了那些胼手胝足垦山拓荒的客家人，吸引他们从四面八方涌向紫荆山朝拜慕道。

拜上帝教在洪、冯辛苦经营下，蓬勃扩张，象州、郁州、贵县、博白等地，都在洪秀全影响下。他打倒了象州的著名偶像甘王爷，镇压了六窝庙的神威，声势之大，连官府都吃了一惊，想要逮捕他们，谁知差役也是信徒。这时（1848）的广西已经难容洪秀全的野心，广西的土著也同样难容拜上帝教的嚣张了。

1848 年到 1850 年，拜上帝教与广西土著乡团冲突更形尖锐，盗贼四处出没，有军事组织的紫荆山成为逃难者的庇护所。盗贼多为客家人，被官兵追捕急了，无路可去，就投奔到洪秀全旗下，那些顺民们，在清兵迁怒之下，铺户被烧，财物被抢，也只得弃家避入拜上帝教中。总之，沿西江上溯，“无论老幼贫富，有势有财，秀才举人，一体挈眷而来”，洪秀全便凭着这支杂牌的乌合之众，在上帝名号下，要去干那“太平一统乐何如”的事业了。

第二节　不伦不类之国——太平天国

1850 年 6 月，洪秀全发布总动员令，要广西各县的教徒齐集金田村，“联合一体，共御公敌”。12 月，时机成熟，高举反清的旗帜，发难起义。这一年，

广西金田村。洪秀全于道光三十年（1850）二月二十一日秘密登基。十月初一日，杨秀清率领拜上帝会会众正式拥戴洪秀全为太平王。十二月初十日，各路人马齐聚金田村，恭祝洪秀全三十八岁生日，以明年为太平天国元年，公开举起了推翻清朝、武装夺权的义旗。

两广闹饥荒，积愤已久的百姓，不约而同扛着锄头，拿着镰刀，杀向吸血的清政府。数十股反抗队伍使得脑满肠肥的官兵疲于奔命，萧朝贵率众突围，大败清军，从此展开以紫荆山为中心，方圆二百三十里，为期八个月的立足战。

1851 年 8 月，洪秀全占领永安，正式建号“太平天国”，自立为天王，封杨秀清为东王、萧朝贵为西王、冯云山为南王、韦昌辉为北王、石达开为翼王，明定西王以下，俱受东王节制。同时急急颁行各种制度，立国规模粗具，但也潜藏了两重危机：一、杨秀清早已看破洪秀全用神迹惑人的伎俩，也伪称有神附体，代天父传言，连天王也不得不俯首听命。进而又夺取军政大权，种下后来大火并的种子。二、革命酝酿期中，洪秀全与天地会洪大全携手合作，而后并肩作战，但洪秀全与洪大全实同床异梦，各有怀抱。天地会以“反清复明”为宗旨，有自己的一套，洪大全讽刺拜上帝教说，妖术行为，古来从未有能成事的。洪秀全则想开创新朝，所谓“反转山河定太平”，并不是要恢复明室；而且会党的习俗与他拜上帝的信仰风马牛不相及，他更不愿长相为伍。金田发难后，天地会党呐喊响应，洪秀全却故意不联络，致其被官军各个击破，清政府才稍得喘息。等到洪大全被俘，双方合作也随之瓦解，造成太平天国一个致命伤。

1852 年 4 月，清军包围永安，太平军分三路突围，杀了四个总兵，向荣的江南大营退回桂林，乌兰泰中炮而死，但洪大全被俘。

永安突围后，太平军倒追向荣残兵，包围桂林，相持不下。洪秀全实施心战，发布讨满檄文，说要肃清胡氛，同享太平之乐。可惜清军都是八旗子弟，未起效用。清军用大炮还击，太平军只好北攻金川，乘胜进入湖南。冯云山

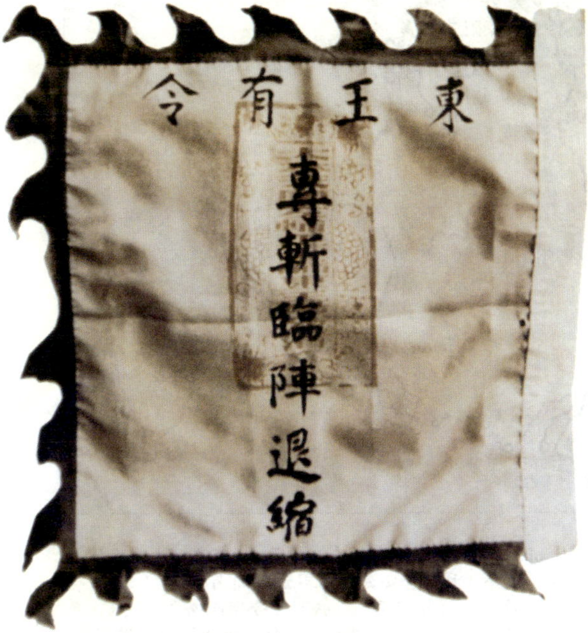

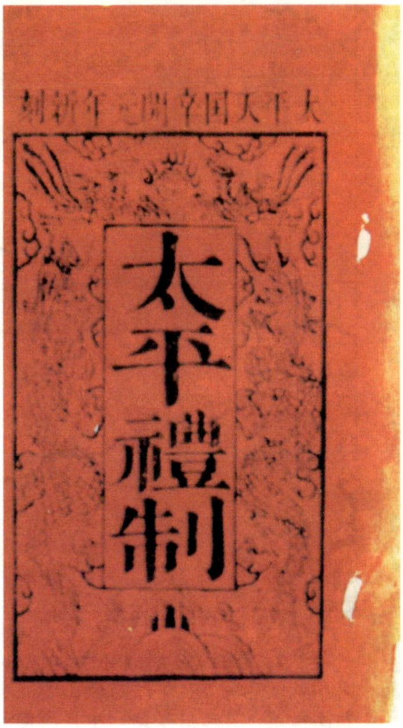

东王杨秀清颁发的战场法令旗（上左）

《太平礼制》。咸丰元年（1851）刻本。书中记载天王和东、西、南、北翼五王及丞相以下至两司马子女的称呼；天王和东、西、南、北翼五王的家族及亲属相互间的称呼等。咸丰八年（1858）后又修改再版，增添名称甚多，有幼天王、诸王嗣君等称呼的礼制等。（上右）

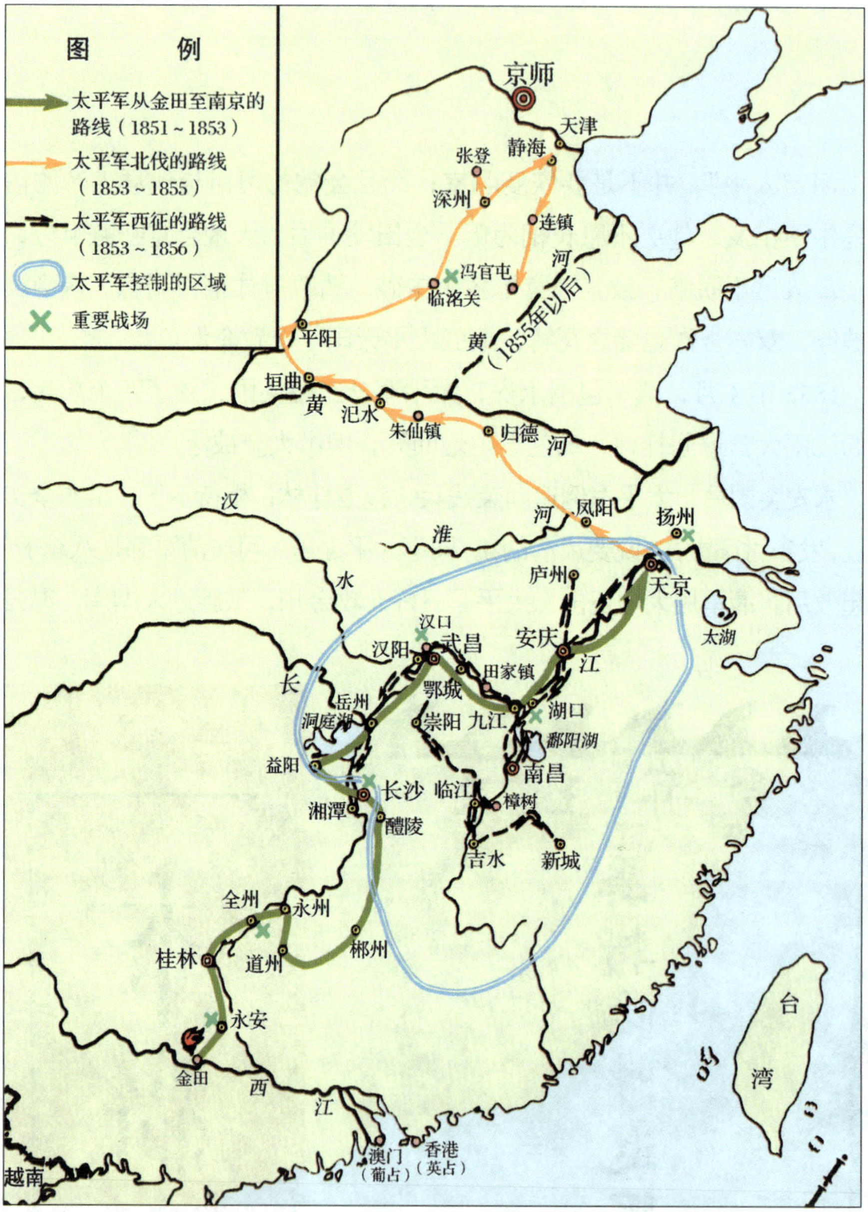

◉ 太平天国运动前期形势图。1851 年 1 月 11，金田起义爆发。洪秀全称天王，建立“太平天国”。同年秋攻占永安（今广西蒙山县），封王建制。次年 4 月自永安突围，6 月进入湖南省，连下道州（今湖南道县）、郴州等地。9 月，围攻长沙，久攻不下，转取益阳、岳州（今湖南岳阳）。1853 年 1 月攻克武昌。3 月攻占南京，改名“天京”，定为首都，遂展开北伐及西征。北伐军从扬州出发，长驱北上，10 月抵静海一带，直逼天津。由于孤军深入，后援不继，在清军的疯狂反扑下，于 1855 年 5 月战败。与此同时，西征军很快占领安庆、九江和武昌，1854 年进入湖南，与曾国藩领导的湘军展开激战。1856 年春，在江西大败湘军，克复江西八府五十四州县。西征取得重大胜利。

变更衣冠服制，在中国历来具有社会政治含义，往往是改朝换代的标志。“永安建制”的内容之一，即强令军民蓄发，回复汉民族蓄发的习俗，以对抗清政府剃发留辫的律令。图为太平军发式。

在蓑衣渡战死，太平天国折损了一员领导者，洪秀全更痛失一名左右手。11 月，转进长沙，萧朝贵战死城下。连番折将，太平天国受到巨大损失。

12 月，太平军改向湖北，攻破岳州，获得大量船只及器械枪炮，声势大壮，遂水陆并进，目标指向武汉三镇。1853 年 1 月，占领武昌，军威更盛，采用浙江才子钱江计策，改变西进四川的计划，决心进攻江宁。2 月，洪秀全率领艨艟万艘，“衔接百余里”，顺江而下，势如破竹，九江城“各门洞开”，安庆“未及准备”，当者披靡。3 月，抵达南京，先在城外心战喊话，宣扬教义，接着发炮攻城，一拥而上，南京城陷时为太平军所俘的谢介鹤说，“贼爬城，炮又发，石飞起打贼跌落，死伤甚多。贼亡命即踹贼尸上，接足而登”，可见太平军在革命的狂热下，那种舍死忘身的气概。不到十天，南京城下。

攻克南京，是太平天国的重大成就，但洪杨冲突也开始表面化。洪秀全欲用钱江之策，继续北伐；杨秀清却听信一个湖南水手说“河南河水小而无粮，敌困不能解”，“南京乃帝王之家，城高池深，民富足余”，因此想留守南京。洪秀全怕大权旁落，只好放弃北伐，定都南京（后更名为天京）。这个转变，埋下败亡的先兆。

洪秀全高举革命的大旗，自有一套高远的政治理想为蓝图，清廷军机首脑赛尚阿战败后感慨道，“此贼不是寻常的贼”，确是由衷之言，太平天

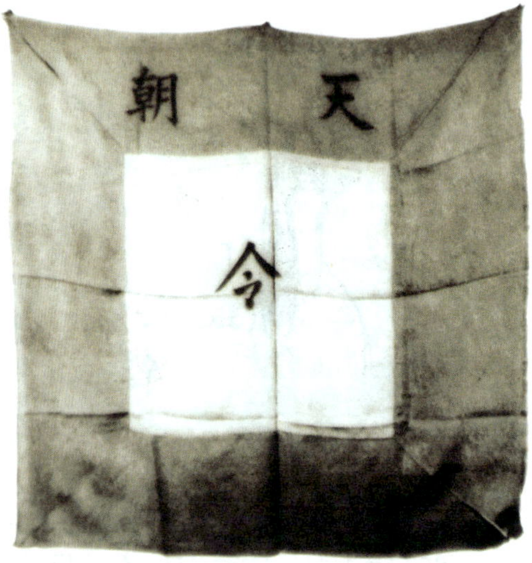

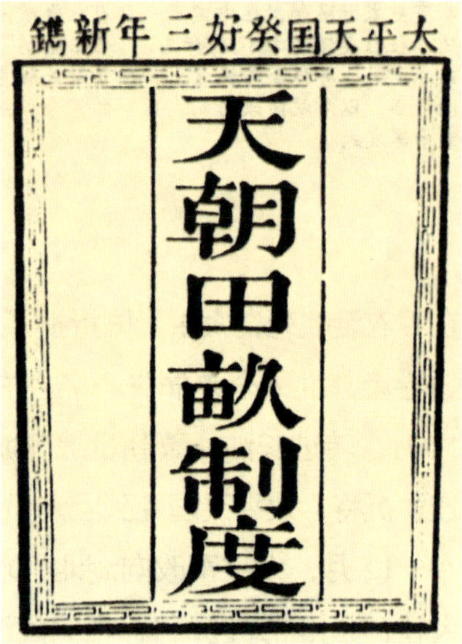

◉ 太平天国令旗。"天朝"及"令"字墨书。纵 71 厘米，横 75 厘米，浙江省博物馆藏。"令"字上端盖"太平天国天朝九门御林象山监军"长方形朱印，四周为红色花纹洋绸，中为黄色网纹洋皱。为象山县监军令旗。（上左）

◉《天朝田亩制度》书影（上右）

国的成就也因此能超出白莲教。但洪秀全究竟是书生之见，不知据地以守，最后还是落个昙花一现的命运。短短四年中，东南半壁江山几已张挂太平军旗，洪秀全美梦成真，顾盼自雄，"无志远出"。谁知清军悄悄跟上，南京城破十天后，向荣、张国樑率领的江南大营，在长江对岸扎起营帐，另一支由琦善率领，在扬州建立了江北大营，太平军一路攻下的长沙、九江、安庆，也被清军逐一收复。洪秀全在天京（南京）大行其道时，清廷惊魂甫定，慢慢从残军败垒中收拾整顿，得到一个卷土重来的机会。

洪秀全志在建国立教，革命初期气吞山河之势，也确有几分规模，最后虽不免覆亡之运，仍能名垂史册。

他的建国理想是以《天朝田亩制度》为蓝图，包括土地改革的均田制度与控制地方的乡政制度。

均田制度的目标是："有田同耕，有饭同食，有衣同穿，有钱同使，无处不均匀，无人不饱暖"。要做到这样，必须"人人不受私，物物归上主"，让天主来平均分配田亩，按照出产多寡把田分成九等，依人口多少来分田。收成除日常开支外，余归圣库，其他如布帛、鸡犬、银钱等莫不如此。这个制度根本上否定土地私有制，明确反应耕者有其田的渴望，理想不能说不崇高。但太平天国并无征收土地的办法，土地仍掌握在地主手中；何况军务倥偬，兵荒马乱，旧有的农村秩序纷然大变，如常州至无锡数百里地，人烟寥落，也无从实施。因之，均田制还是流于乌托邦式的空想。

太平天国前期官阶表（1851 ~ 1856）

等级	名目	官　爵	备　考
一等	一级	正、又正军师（东王、西王）	
	二级	副、又副军师（南王、北王）	
	三级	主将（翼王）	
二等	四级	天燕、天豫	国宗（天王及诸王家族成员）无阶位，在此两阶位浮动
	五级	天侯	
三等	六级	丞相	六官正副丞相
四等	七级	检点	
五等	八级	指挥	
六等	九级	将军	含正、副将军
七等	十级	总制	
八等	十一级	监军	
九等	十二级	军帅	
十等	十三级	师帅	
十一等	十四级	旅帅	
十二等	十五级	卒长	
十三等	十六级	两司马	

太平天国以军立国，设立军帅、师帅、旅帅、卒长、两司马等分级统率全军，兼摄民政，组织相当严密，连清廷都佩服，不得不承认这是“贼势”初期能迅速胜利发展的一个主要原因。定都天京后，这套控制手段更扩大到乡村。按照《天朝田亩制度》记载，有以下的特点：一、以宗教信仰控制乡民，尤其是重视儿童教育，从小即灌输拜上帝教。二、以二十五家为一区，便于统治。三、农民所得，缴送圣库，婚娶弥月由圣库负担，丧事则不闻问，使民无余财，自不能称乱。四、两司马是亲民官，集地方大权。

另外，乡土官有些由民选，由乡邻熟识之人推举为乡官，办理民务。这有点地方自治的意味，但并没有全面实现。

在城市里也废除财产私有制，由圣库供给生活必需品，男女分开，虽夫妇不能同居。男子除从军外，都要参加生产或到政府机关服役，女子也不能免。老弱残疾则编入牌尾馆，还把百工技艺按专长组织起来，设立“诸匠营”和“百工衙”，从事生产。

军中设有女营，“男有男行，女有女行”，男子在前方作战，女子则担

太平天国铜币。方孔圆钱，正面为“太平天国”四字，背面为“圣宝”二字，“圣”指上帝，表示万物均归上帝之意；或正面为“天国圣宝”，背面为“太平”；或正面为“太平圣宝”，背面为“天国”。种类较杂，大小不等，有小平、当五、当十和当五十等。

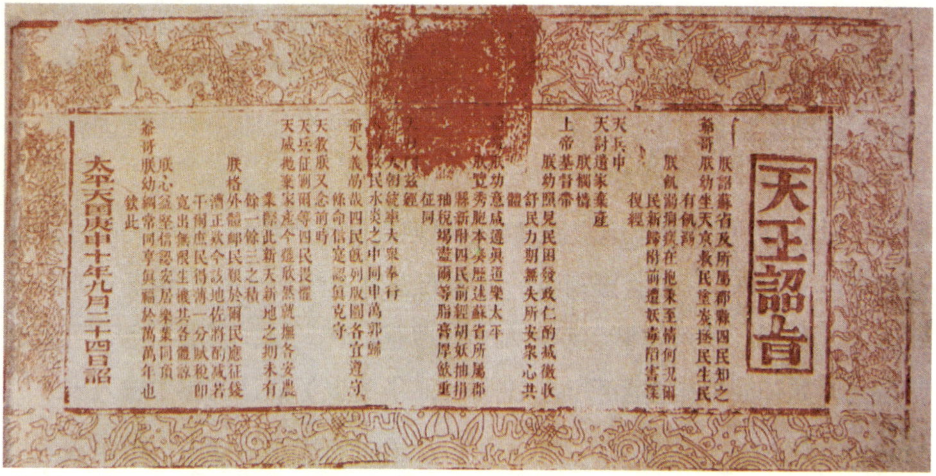

《天王减税诏旨》，为咸丰十年（1860）洪秀全发给苏福省的减税诏旨。苏福省为攻占苏州后建立的新省，又名苏馥省，以苏州为省会，辖区包括武进、宜兴、江阴、昆山、镇江、吴江、松江、吴县等郡县。

任后勤补给，甚至也上马杀敌。太平军强要妇女随营，有几个好处：一、家眷随行，可免后顾之忧。二、藉以系绊兵士，以防临阵脱逃。三、挟家属为人质，使其效死力战。四、防止奸淫之弊。最特别的是行军授令时，无论男将女将，都要“讲道理”，讲的无非是“升天是好事，胜败常事……务要放胆放草，自有天父看顾”。太平军初期，无论男女都拼死一战，绝不投降，正是这种宗教讲道的威力。

太平天国相当重视国际贸易，认为“百般贸易可俱做”，但是要照章纳税，不得偷漏，税法远较清政府良好，这样自然能促进商业发展。试看下面所引一位外国人林利的统计：

	茶（单位：十万磅）	丝（单位：千包）
1852 年	651	23
1854 年	772	62
1856 年	919	51
1860 年	860	70

这些从上海出口的丝、茶，绝大部分控制在天国手中，据林利观察，天国关税制度极为优良简便，货税只需缴纳一次，即可运输无碍，但若不纳税，则将船扣留。因此从芜湖到上海，船只往来如梭，太平天国着实发了一笔利市。

可是，鸦片贸易也同样急速发展。早期鸦片是严禁品，定都天京后，“烟酒禁物莫私营”，似乎官营则可。美国商人富礼赐在天京看到李秀成府中宾客人人抽烟，视为常事。苏州太平军搜获烟膏老枪，喜形于色，可见定都后已不如初期那样律己严谨，试看《北华捷报》估计的鸦片输入表（贮货地：吴淞）：

	单位：百箱	价值单位：西金万元
1853 年	242	14 400
1857 年	320	18 082
1858 年	331	19 510
1859 年	338	20 037

吴淞一地入口鸦片几占全国总数一半，跃居原来执牛耳的广州之上，等到军中也公然吸烟，“长官不禁，兄弟不怪”，天国的建设理想便在这毒雾茫茫中灰飞烟灭了。

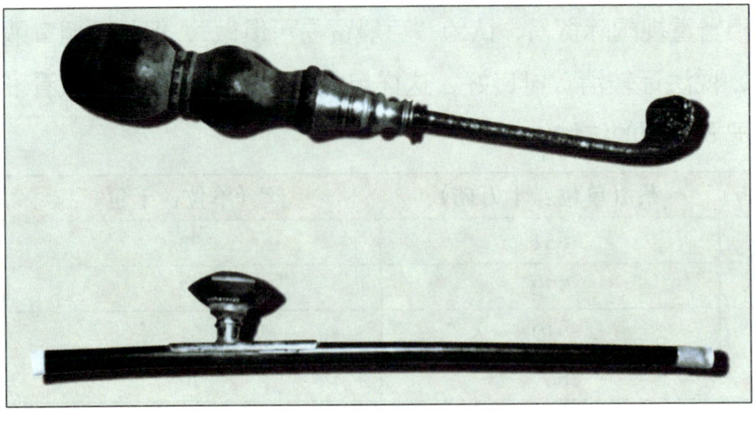

鸦片烟枪

第三节 洪秀全的败亡

1856年以后，太平天国逐渐陷于困局：一则内部领导集团的摩擦表面化，演成诸王内讧，天国元气大伤；二则对外战略计划错误，身怀儒家理想的另一批读书人起而对抗，步步进逼，天国渐失民心，终至难逃败亡。

定都天京以后，洪秀全即闭居深宫，甚少与外界接触，意图造成那种“天威不违颜咫尺”的作用。更不得已的苦衷是自永安封王后，杨秀清威风张扬，“一朝之大，是首一人”，大权旁落东王手中，天王只好高拱深宫，日与妃嫔为伍了。甚而后来谣传“洪秀全实无其人”，可以想见洪秀全被孤立的情况。杨秀清上逼天王，下压同袍，韦昌辉、石达开最是不服，各结党徒，勾心斗角。1853年6月，石达开受命到安庆督政，杨秀清却派秦日纲替代，夺了他的权。次年6月，韦昌辉奉派到湖北，中途却被调回，挫了他的势。彼此猜忌，继续加增，到1856年，终于火并开来。这一年，江南大营一败

天王府西花园遗址

咸丰三年（1853），太平天国定都天京，随即以原两江总督署为中心，扩建天王府。天王府分为太阳城和金龙城两部分。图为太王府的天王纶音碑碑额和碑座。（上左）

李秀成佩剑（上右）

涂地，杨秀清意气飞扬，要逼天王封其万岁，受封后，显然位居韦、石之上，二王须向杨朝拜。北翼二王大怒，密谋杀东王，不想北王韦昌辉另起异心，先进城杀尽杨府所有人员，又将翼王全家杀了。石达开远走安徽，计议报仇。北王比东王更狠毒，洪秀全联合众官杀北王，从此不再信任他人，朝政委于本家兄弟洪福二王。二王见翼王得民心，处处加以牵制，石达开负气远走西南，“将天王兵尽行带去”，另创基业。天国在洪氏集团把持下，纷张乱政，广州被攻破，接着天京的门户镇江失陷，虽有李秀成、陈玉成等的力撑，天国却日走下坡了。

再加上战略指导的错误，失败的命运更不可避免了。第一，向东不敢攻占上海。太平军占领的是丝茶产地，这些都是天国粮饷所寄，必须运往上海出口。何况帝国主义大兵云集，更是投鼠忌器。一念之差，而未能一鼓作气夺下上海，反使清廷财赋不绝，得以厚集兵力，从后路进攻，并以重利诱使英法助兵，对天国构成严重威胁。等到李秀成再想攻占上海，为时已晚，这是最大的失招。至于北伐计划，洪秀全安居天子，美梦成真，已无雄心壮志北图发展；虽遣林凤祥、李开芳将兵北上，但兵员不广，粮饷无着，因此要他们“师行间道，疾趋燕都，无贪攻城夺地，糜时日”，正犯了轻兵远出的兵家大忌，注定北伐军失败的命运。西进的计划，为了要争取长江上游，以屏蔽天京，巩固天国的统治，尤其是武昌扼住了天京咽喉，是必争要地，太平军三进三退，胜负难决，弱点在没有编练水师，所谓的战船大都是胁迫来的民船，真能水战的少之又少，等到以水师闻名天下的湘军起来后，太平军在长江上游的争夺战就益居劣势了。

另一个重大弱点，是太平军多为乌合之众，各路人马都有，尤其是定都天京后，大江南北，都有会党起事：黄河流域是捻匪的天下，为首的是张洛行、李昭寿等；长江以南是天地会党的天下，带头的是陈开、黄威等。

清军第三次攻陷武昌

他们争先恐后投效太平军，但是听封而不听调用，而且兵纪败坏，李秀成曾经叹说：“天国坏者，一是李昭寿，二是招得张洛行，三是广东招来这帮兵，……害民者，实这等人害也。”他是天国后来独撑大局的人，所说实情尤其可信。原先是“官军有骚扰之名，贼匪有要结之术，百姓不甚怨贼，且有甘心从逆者”（曾国藩语），现在则是“逢男开膛，逢女轮奸”。各地方为保卫乡土，纷纷办理团练，江苏、直隶、河南、河北、贵州、安徽，莫不风起景从。太平军摧毁了旧社会的秩序，那一班对传统儒家理想怀有孺慕之情的文人，都立志要恢复旧秩序，他们团结在保卫名教文化的旗帜下，间接却救了大清帝国一命。

1855 年，北伐军困守山东曹县，僧格林沁催军急迫，合围成功，北伐军终于失败。1856 年后，湘军逐渐编练完成，出湖南逐步进逼，打破合围的形势，与太平军决战于安庆、九江间，这段龙争虎斗的过程留待下一章再说。总之，在 1858 年后，太平天国只有依赖李秀成、陈玉成二人苦撑，李秀成转战江浙各地，为了保卫天京，拼命想冲破淮军、湘军、常胜军合围的火力网，虽有小胜，但形势已转攻为守。陈玉成奔波于皖鄂两省，为了固守安庆，与湘军、楚军、北军死命周旋，

僧格林沁（1811~1865），博尔济吉特氏，蒙古科尔沁旗（今属内蒙古）人。咸丰三年（1853）为参赞大臣，率骑兵防堵并击溃太平天国北伐军，封为亲王。第二次鸦片战争期间，在大沽口炮台督军力战，击沉多艘英法炮舰。次年，被英法联军击溃，失守大沽、天津，又败于张家湾、八里桥。咸丰十年（1860）起，奉命南下攻捻。同治四年（1865），所部在曹州（今山东菏泽市）高楼寨战役中为捻军歼灭，本人亦被杀。

◉ 李鸿章（1823～1901），本名章桐，字渐甫，号少荃，晚年自号仪叟，安徽合肥人。道光朝进士。咸丰三年（1853），受命回籍办团练，多次领兵与太平军作战。同治元年（1862），编成淮勇五营，后与湘军一起镇压了太平天国运动。四年（1865），创立江南机器制造总局和金陵机器制造局。九年（1870），任直隶总督兼北洋通商大臣，并参与掌管清政府外交、军事、经济之事。光绪十四年（1888），建成北洋海军。著有《李文忠公全集》。（上左）

◉ 左宗棠（1812~1885），字季高，一字朴存，湖南湘阴人。道光朝举人。咸丰十年（1860），召募湘军五千人入赣、浙，与太平军作战，先后任浙江巡抚、闽浙总督。同治五年（1866），上疏奏请设局监造轮船，获准试行，即于福州马尾择址办船厂，派员出国购买机器、船槽，并创办船政学堂，培养造船技术和海军人才。旋改任陕甘总督，镇压西捻军及回乱。在西北期间，曾创办兰州织呢局等新式企业。光绪元年（1875），海防、塞防争论不休之时，强调西北边陲对国家的重要性，强烈要求出师平定阿古柏叛乱，并在当年率军西征，先后收复天山北路、南路。平定新疆后，他又建议于新疆设省，并提出浚河渠、建城堡、清丈地亩、厘正赋税、分设义塾等主张，对新疆的发展做出了巨大贡献。（上右）

颇有斩获，可是一样挽回不了诸王内讧后颓败腐化的习气。天朝内的天王眼中只有一个天京，心中只依赖一个天父，“京中政事俱交其兄提理”，大权概由洪姓集团把持，忠王李秀成那样忠心耿耿，浴血死战，还被猜忌有夺位之心，一再贬职，其他人士更可想见。苟延到 1863 年，左宗棠攻陷浙江，李鸿章攻陷江苏，天京遂成孤城。次年 6 月，“国库已无存银米”，贼盗四起，到处抢劫，“穷家男妇叠在门前求为救命”，洪秀全饮药殉国。7 月，天京陷落，李秀成带着幼主洪福瑱逃出城墙缺口，洪福瑱走失，李秀成被捕。历时十五年，波及十五省的太平天国革命终于败亡。

太平天国革命是综合了政治、经济、社会各种并发症而兴起，它的败

清人绘《洪福瑱被俘图》

亡也是因为思想、策略上的多重错误无法克服，而陷于不可挽救的败局。首先得从思想的混乱说起。洪秀全早年屡试不中，旧有那条科举入仕、青云直上的路途显然无望，不得不另辟蹊径。但是在传统闭塞的中国社会里，想要平步青云，除了学而优则仕外，只有革命。然而要革命，靠读书人不足成事，必须仰赖会党与农民。对会党，他动之以结义拜将的思想；对农民，则神道设教，假造许多神迹来吓唬收拢人心。他一方面自命为九五之尊，说“我乃太平天子”，跟随的弟兄，英雄绝胜赵子龙，忠心岂逊关张，豪气胜愈黄忠，谋略盖过姜子牙，拿这些民间尊崇的英雄人物去比附、奖励，加意笼络。另一方面，他知道民间宗教根深蒂固，无法放弃，但旧有的白莲教遗留的印象太坏，因此转以外来宗教为架构，掺入儒、佛、道及民间信仰，尽量混合利用，造出一个不夷不夏的大杂烩——拜上帝会，自比为天父之子，耶稣之弟，说中国历代以来都是拜上帝的，不应有先后之分，而且普天之下皆兄弟，都能得到上帝眷顾，但是唯有敬上帝才能享天福，不敬上帝则被打入阎罗世界，永不得翻身。他制定的十天条，如孝顺父母、不好杀人害人、不好奸邪淫乱等，无一不合乎农村社会淳朴的天性，因此能深入民心，赢得他们的拥护效命。但是不论他怎样翻云覆雨，骨子里存的都是做皇帝的念头。金田起义后，会党与农民群来投效，他为了巩固徒众，把这两种思想糅合在一块，那班结义的弟兄成了天将，受天命来救世人、建天国；清兵成了妖魔，驻地成了妖穴。那些揭竿而起的农民，若要升天享福，对他效忠是必经之路。这些混乱的说辞，使会党与农民莫知所从，会党能为结义拜将所动，却不能接受拜上帝，他们是要灭清复明的。洪大

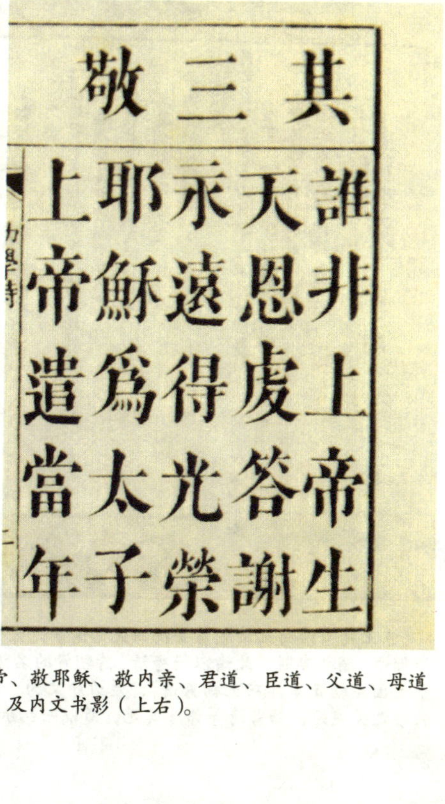

其三 敬

誰非上帝生
天恩虔答謝
永遠得光榮
耶穌爲太子
上帝遣當年

幼學詩

◉《幼学诗》为太平天国的启蒙课本，收录包括敬上帝、敬耶稣、敬内亲、君道、臣道、父道、母道等内容的五言诗。图为《幼学诗》的封面刻版（上左）及内文书影（上右）。

全曾说：洪秀全与我不是同宗，他学有妖术，能与鬼说话，遂同冯云山编出天父、天兄及耶稣等名目，藉此煽惑会内之人。由此可知会党与拜上帝会从开始就存有裂痕，以后必然分道扬镳。那些闻风而从的农民，也不了解天国的道理，有了初步成就后，开始安享其成，洪秀全何能例外？定都天京后，他自以为皇帝坐定，乃欲安居此都，其能久乎？这种思想上的混乱无章，是太平天国最根本的弱点。

其次一个致命伤是领导势力的分裂。1856 年的自相残杀种因于金田起义前两年，根本矛盾在于地方派系不同。那时，紫荆山已成为拜上帝会的大本营，四处毁坏庙宇，激起士绅反对，控告冯云山谋反下狱，洪秀全急

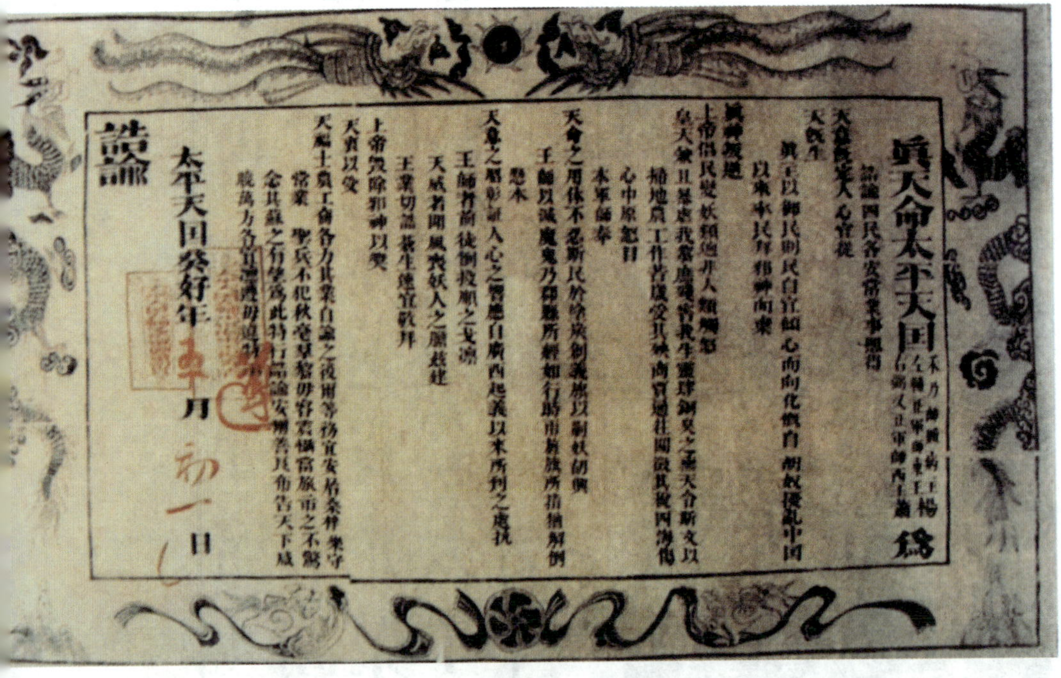
真天命太平天国禾乃师赎病主左辅正军师东王杨
右弼又正军师西王萧
为诰谕四民各安常业事照得
天父天兄大开天恩亲命
真主以御民则民自宜归心而向化讵自胡奴扰乱中国
以来率民拜邪神而弃
真神叛逆
上帝俾民变妖类[illegible]
皇天[illegible]且暴虐我黎庶残害我生灵[illegible]天命断文以
[illegible]地京工作苦众受其殃商贾[illegible]困[illegible]其业四海伤
心中原怨日
本军师奉
天命之用休不忍斯民于[illegible]以制妖胡偶
王师以诛魔鬼乃所过所经如行时市[illegible]所指[illegible]解倒
[illegible]
天意之昭彰顺人心之响应自广西起义以来所到之处抚
王师首前徒倒投顺之戈[illegible]
天威者闻风丧妖人之胆[illegible]
王业切[illegible]苍生速宜执拜
上帝焚除邪神以受
天赏以受
天福士农工商各力其业自谕之后尔等务宜安居乐业坚守
常业 圣兵不犯秋毫[illegible]毋容惊恐当旅市之不惊
念其苏之有望为此特行诰谕安抚善良[illegible]告天下咸
晓万方各宜遵照毋违特[illegible]
诰谕
太平天国癸好年 正月 初一日

◉《东王杨秀清西王萧朝贵安抚四民诰谕》是太平天国开国以来首次宣谕四民各安常业的告示。文辞兼用俪语，颇具典则。此谕以杨秀清、萧朝贵的名义发布，日期上方盖有两方长方形朱印，右边印文为“太平天国左辅正军师东王杨秀清”，左边印文为“太平天国右弼又正军师西王萧朝贵”。当时萧朝贵已于长沙之役战死，杨秀清等讳言其死，所以一切示谕，仍列其衔。

太平天国后期官阶表(1857～1864)

名目	设立年月	备注
军师王	1859年重设	1862年始广泛封王,至1864年又封有列王、小王。则自军师王至小王，按所封千岁数字多少，可分为五等十级
特爵王	1859年初设	
列爵王	1861年初设	
天将	1859年初设	
掌率	1857年初设	有正、又正、副、又副四掌率；正掌率官阶高于副掌率
朝将	1859年初设	
神将（国将）	1859年初设	
神使	1861年初设	
六部主管	1857年初设	1857年由天王府六官丞相嬗变，作为太平天国常务官员，晚期均封为王
主将	1858年重设	1860年主将兼义爵
大佐将	1859年初设	每军统兵官（主将）副手，非佐将
天义（天翼）	1858年初设	
天安	1859年初设	
天福	1859年初设	
天燕	见前期官阶表，下同	1857年正副掌率授天燕
天豫		
天侯		
丞相		
检点		
指挥		
将军		
总制		
监军		
军帅		
师帅		
旅帅		
卒长		
两司马		自丞相至两司马仍按1860年重新颁布的《天朝田亩制度》

回广东寻助，紫荆山顿成群龙无首。杨秀清与萧朝贵，一个藉口上帝附身，一个藉口耶稣附身，诈得领导权，等到洪、冯回来，拜上帝会已伏下裂痕。洪、冯是广东花县人，杨、萧是广西客家人，双方开始明争暗斗。起义初期，杨秀清掌得军事大权，极力排挤广东派，广东籍的罗大纲愤愤不平地说："吾与秦日纲、胡以晃同起兵，功亦不相上下，二人以广西老兄弟故，皆封王，我以粤籍乃不得一侯，天下之事未有不平于此者。"冯云山死后，杨秀清更加孤立天王，双方摩擦愈演愈烈。洪秀全用分化计，联络另一派广西客家人韦昌辉与石达开，除去杨秀清，再追杀韦派。石达开深感自危，另谋发展，大权尽落广东籍的洪姓集团手中。这两派斗争方息，另一种地方争斗又起。参与首义的两广元老派与后来投效的两湖新秀派，互不相容，各出机锋。元老派人数较少，约占十分之二三，两湖人则占十之七八，但是元老派"天王倚为羽翼，虽无职，每加功勋"，因此恃功骄恣；相反的，新秀派冲锋陷阵，无勋无赏，不平之气，浸浸而上，等到湘军东征时，这些两湖子弟便投效湘军，倒戈相向。天国后期仰赖广西籍的忠王与英王转战南北，支撑大局，然而洪姓集团对其刻意防范，一方面大封同姓王，使李陈二人心怀不服；一方面任其死战，非但不增援，反加阻挠。陈玉成在安庆战败，后路却被洪姓集团封江阻住；李秀成屡次上奏，"天王越更不信，降我之职，暗中密革我权"。灭亡就在眼前了，地方派系之争仍然不止，太平军怎能不失败呢？

洪秀全借来的宗教，也只是将皮毛知识胡乱拼凑，变成一个非牛非马的新教。《新遗诏圣书》说，基督是上帝太子；杨秀清假藉上帝附身后，又说东王是上帝爱子，与太兄及朕为同一老妈所生。这是很可笑的"新约"。他对于西方宗教仪式一概不知，行的是自己的一套。入会上奏章，枱前置明灯、清茶三杯；婚丧喜庆，用猪羊献祭，完后大家同食祭品，使得原本同情天国的传教士大惊失色，说："天王之基督教不是什么东西，简直是大笑话和滑稽剧。”太平天国后来遭遇外人攻击，失去宗教的同情是一个重要原因。事实上，他心中想要的是南面称王，但也幼稚可笑。初下武昌时，他就急急忙忙把戏园子的剧装穿上，游行示威。定都天京后，制定《太平礼制》，规定“臣下呼称幼主万岁，王长女呼称天长金”，“兄称国兄，嫂称国嫂”，又定万岁、千岁等级。他制定这些妄自尊大的礼仪，真以为是太平天王，可以永垂万世了。这种知识的浅薄在《钦定士阶条例》中屡见不鲜，他恢复了科学考试，拟的试题如“贬妖穴为罪隶论”，“诏书盖玺颁行论”，甚至有“真命天子福命将”，可以想见程度之不堪。

洪秀全出身穷佃户，但登极天王后，深居简出，生活穷奢极欲，拥有

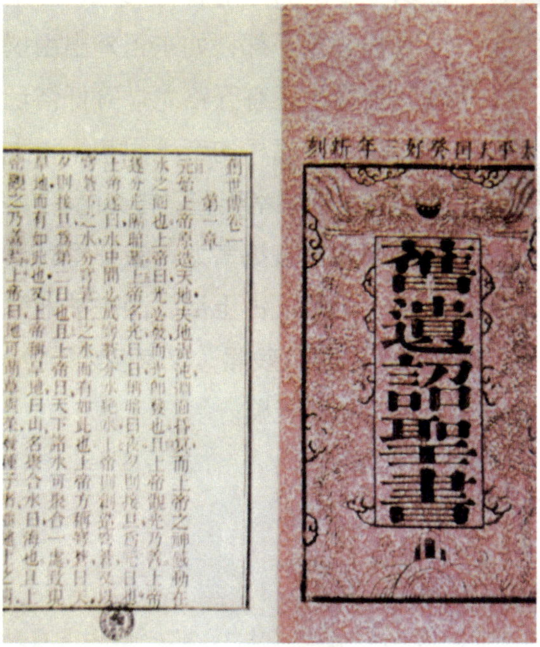

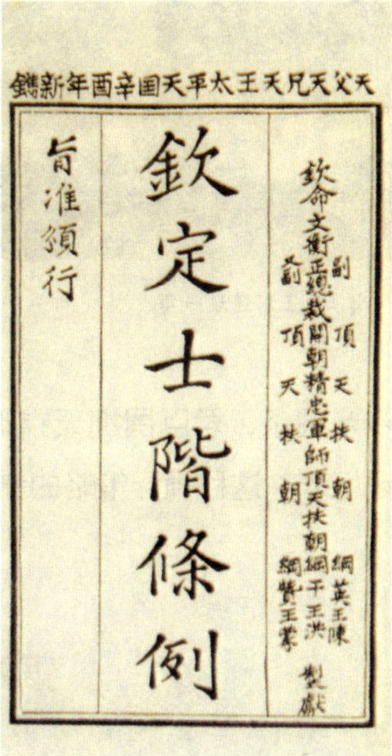

牛津大学藏《旧遗诏圣书》，太平天国癸好三年（1853），于天京（今江苏南京）刻印，即《旧约圣经》。“癸好”即“癸丑”，太平天国忌“丑”。（上左）

《钦定士阶条例》书影。该书刊行于太平天国辛酉十一年（1861），首载干王洪仁玕等拟议《试士条例敬献圣裁奏》，次载正总阅李春发、副总阅黄期升等序，然后分条记载科场士阶条例，从科举制度、试场条例，以至品级、章服的制度，都作了详细的规定。（上右）

南京天王府遗址一角

一百零八个妻妾，近千名宫女，头戴八斤纯金王冠，颈挂金项链，也有八斤，由内宫升大殿，乘金车，用美女牵行。他沉醉在皇帝的美梦中，早已与广大的起义弟兄脱节了。可是他的对手曾国藩、左宗棠“终身衣不过大袖，食不过一肉，时时与人围棋宴游”，仍然与民同其声气。相形之下，双方的高下得失，便显而易见。洪秀全的腐化习气，感染了其他领导干部，如东王外出由仪仗队前导，还有开路龙灯等低俗玩物。在这种腐朽的帝王思想下，太平军虽纵横东南半壁，皆弃而不守，北伐军不能直捣黄龙，东征军疑惧重重，不敢攻占上海，西进被湘军步步围杀，君臣围拥天京孤城中，只落得个“西风残照，汉家陵阙”，一场好梦。这种领导策略的错误，决定了太平军必败无疑。

第四节　大动乱的余波

太平天国虽然失败了，却把革命的种子散布到大江南北。石达开带兵入川另闯天地时，沿路所经安徽、江西、湖北、湖南、四川等地，皆酿成丁乱，李秀成供状里十条善后章程，都是建议曾国藩遣散太平军余众，给

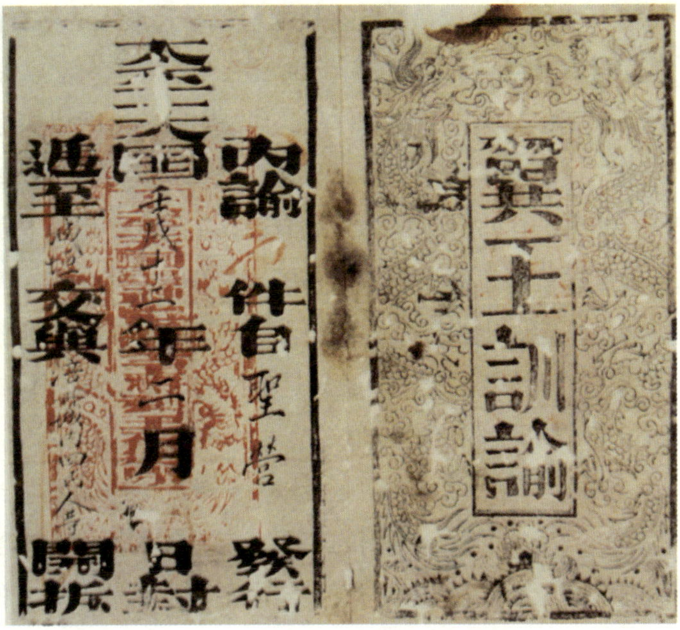

同治元年（1862），翼王石达开领兵到达四川涪州（今四川涪陵），到达后给当地居民训谕。图为训谕的封套，印文为“太平天国圣神电通军主将翼王石达开”。

票给资予以放行。这些死里逃生的人流亡地方，直接间接助长了反清的斗争。

南方是太平军的余部，一支由黄文英率领，护送幼主到安徽，转战于皖浙两地。1864 年 8 月，洪天贵福在南昌被杀，遂告瓦解。另一支由忠王堂弟李世贤与汪海洋率领，是李秀成的嫡系部队，不受曾国藩招抚，转入福建，湘军大将鲍超紧追其后，与左宗棠联合围剿。1866 年 3 月，汪、李分军，汪海洋进入广东，李世贤固守福建，被清军各个击破。李向汪求救，汪海洋乘夜刺杀世贤，并吞其部，延至 12 月，也被剿平。东南的余党整个平定。

纷扰于中部的是捻军。“捻”本是北方捏纸燃脂，耍龙灯以驱灾疫的民间游艺；后有人聚捻成队，荒歉时四出抢劫，称为捻子，再染上秘密会社的色彩，就变成一种特殊组合。从山东开始，逐渐蔓延到苏北、安徽一带。

1853年太平军北伐，捻党乘机纷纷起事，最大的一支由张洛行率领，聚集在安徽涡阳县，分为五旗（黄、白、红、黑、蓝）。后为李秀成招抚，受封为沃王，与太平军联合作战，纵横皖北，清军大将胜保受命前剿，大败而逃。1863年，张洛行中伏遇害，捻军数万由赖文光率领，成为太平军的一支北军。1865年，捻军诱敌穷追，在山东曹州设下圈套，杀死僧格林沁，声威大振。清政府先后任命曾国藩、李鸿章为统帅，率湘、淮军作战。捻军飘忽不定、出没无常，使得湘、淮军疲于奔命。但捻军长期在同一区域作战，逐渐给养困难，而且只是单纯的军事活动，不似太平军有政治号召。1868年，东西捻相继被围杀。

1853年后，西南云贵区及陕甘一带，都先后爆发规模大小不等的反抗运动。云南的回军、贵州的苗军、陕甘的回军，在相当程度上都打击了清朝的统治，有些反抗势力直接与太平军发生联系，有的牵制了清军而减轻太平军的压力，间接支援太平天国革命。天国亡后，反抗势力继续增长，清军剿回征苗，转战各地，最后虽然镇压成功，而同治朝也在这惊涛骇浪中结束了。

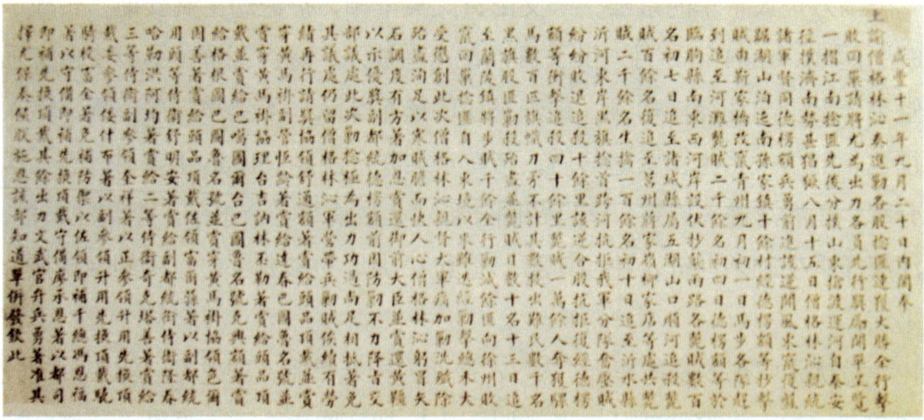

◉《山东捻军作战图·上谕》旧照，北京故宫博物院藏。此图原题《攻剿山东捻匪图》，系《平定捻匪战图》之五，附时间为“咸丰十一年九月二十日”。

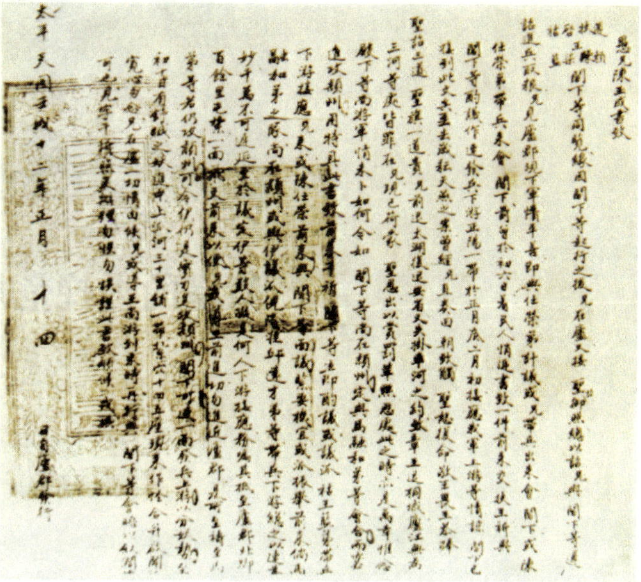

同治元年（1862），陈玉成在庐州写给赖文光等人部署协同作战的信。

从1850年太平天国金田起义始，到1873年云南回军被平定止，二十四年之中，全国十八省无不兵荒马乱。无休止的反抗和战乱，显示了大清帝国分崩离析的惨境，和政治社会的矛盾冲突。惊魂甫定之余，清政府再也承受不起战火的摧残。然而鸦片战争后，英法食髓知味，1858年到1860年间再度北上，掀起另一次战争，清廷从此陷入内乱外患交侵的恶性循环中。那些内乱，只能削弱中央势力，并无远大的政治目标与理想，不成气候；而英、法、俄、美等列强，却野心勃勃，随时伺机在通商口岸建立新的秩序蓝图，以分化清政府的一统主权。清王朝局势至此，真是忧患丛生，危机四伏了。

第四章

清室的力挽危局

太平军起义，群众热烈响应，声势浩大，影响所及各地反抗运动也风起云涌。而清廷主政的朝臣昏聩无能，束手无策；八旗绿营老朽不堪，连战败北，大江南北都几乎瓦解。民间有诗云："神州之兵死亿万，以罪以病不以战。大官之钱费无算，公半私半贼得半。"

但是，这个形势到了曾国藩、李鸿章时代，有了变化。他们手创的湘军及淮军，成为对抗太平天国的主力，死战十数年，总算平定太平革命，暂时保住了大清帝国。就政治而言，曾国藩成为清廷取得大权的第一个汉人，打破了满人主政的局面；就军事而言，湘、淮军取代了清兵的地位。太平革命后，大清已不是以前的大清了。

第一节　曾国藩的治学

李鸿章曾经师事曾国藩，淮军也是模仿湘军的体制，但是彼此之间大曾国藩（1811~1872），字伯涵，号涤生，湖南湘乡人。道光朝进士，入翰林院，累迁内阁学士，礼部侍郎，署兵、工、刑、吏部侍郎。咸丰二年（1852），太平军由广西进军湖南，清廷震恐。适曾国藩丁忧在籍，奉旨协同湖南巡抚办理团练，遂召募乡勇，朝夕训练，号“湘勇”，成为镇压太平天国运动的生力军。同治四年（1865），奉命督办直隶、山东、河南三省军务，镇压捻军。后任两江总督。

曾国藩毕生服膺程朱理学，又主张兼取各家之长，认为义理、考据、经济、辞章四者不可缺一，但始终将理学放在首要地位。其于古文、诗词也很有造诣，后人辑其所著诗、文、奏章、批牍等为《曾文正公全集》。

为不同。这与他们两人的出身背景、治学经历都有关系。

曾国藩是湖南湘乡人，出身农家，历代以耕种传世，数百年来，都没有出过科举中人。他的祖父曾玉屏，是个讲江湖义气的男儿，年轻时常跟一帮花花大少在湘潭街市上奔驰吆喝，深受家人嫌弃；但是到了三十五岁却幡然大变，开始专心农事；对早年辍学不读的荒唐生活，更引为耻辱，因此四处征聘通才宿儒到家中来讲授。国藩的父亲曾麟书受此影响，积苦力学。但是曾玉屏求好心切，反使得曾麟书战战兢兢，不易学成，在科考途上，屡遭败绩，直到四十三岁，才勉强补个秀才。他只好放弃功名之念，把希望寄托在自己的五个男孩身上。曾国藩便是出身在这样的背景中。李鸿章则不同，他是名门之后，诗书传家，恒以博取功名为念，因此没有曾国藩那种厚重朴实的农人气息，以及“吾少也贱，故多能鄙事”的历练。

曾国藩字涤生，排行老大，下有国潢、国华、国荃、国葆四个弟弟。祖父的殷殷垂望，父亲的未酬壮志，他一肩独挑。八岁时，入父亲所设的乡塾读书。曾麟书考场失意，对国藩却悉心指导。天不亮，父子俩就起床温习功课；夜晚就寝时，还把书放在枕边，重问白天的疑惑，答对了，弄通了，才能入睡。后来能够青云直上，幼年扎实的根基是一大原因。

在湘乡私塾苦学十二年，曾国藩转入书院，更加努力向学。道光十八年（1838），他以二十八岁之年，高中进士，入选翰林院庶吉士，在文人荟萃的北京，追随在甚负时望的唐鉴、倭仁等大儒之后，眼光胸襟因之一变，从八股文的牢笼中跳出，逐渐走向经世致用的大路，开始有“民胞物与”的胸怀，立志成就“内圣外王”之业。

他跟随唐鉴学得义理之学，但不只是局限在宋朝理学独善其身的小天地里，还要上追诸葛亮、范仲淹兼善天下的抱负；他私淑姚鼐的古文义法与考据学，但不只是在许慎、郑玄、杜佑、马端临的旧说里抱残守阙，更要跳出来兼摄顾炎武、黄宗羲那种“守先待后，舍我其谁”的壮阔心怀。他得好友刘传莹的帮助，获得了“上究天人之际，下通古今之变”的历史眼光，因此能超越一般俗儒、腐儒的境界，自创天地。他关心的事物有十四宗：官制、财用、盐政、漕务、钱法、冠礼、婚礼、丧礼、祭礼、兵制、兵法、刑律、地舆、河渠，由此可看出他眼光的周全。他的志向有二：大者行仁义于天下，使凡物各得其分；小者行道于妻子，立不悖之言，以垂教于宗族乡党。前者在清政府统治下，他当然不敢妄求，因此他立志努力的是后者。他仿效道学家倭仁“每日自朝至寝，一言一动，坐作饮食，皆有劄记。或心有私欲不克，外有不及检者，皆记出”的理学功夫，咬牙苦修，若有犯错，便痛骂自己“可耻”“欺名盗世”“真禽兽矣”。他学得道学家的坚忍，却不曾受羁于道学的迂腐，这是他高于倭仁的地方。他又摒去藻饰靡软的诗文词曲不读，一心一意钻研经史义理，“刚日读经，柔日读史”，一句不通不看下句，今日不通明日再读，今年不通明年再来，他这样砭砭力行，息息格物，便是为了要“立不悖之言，垂教于乡党”。京城十三年，他的仕途生涯虽然风显一时，却无意浮沉宦海；尤其在咸丰皇帝即位，太平军已逐渐崛兴时，他曾上书“备陈民间疾苦”，不为皇帝接纳，遂想归养家乡，实践抱负。咸丰二年（1852），他受命为江西正考官，行至安徽接到母丧消息，丁忧回籍，没有想到他一生的事业却在这时起了绝大的变化，竟然真的能跳出程朱之外，上追诸葛亮、范仲淹而成就“澄清天下”的事业。因为他具备了十三年居敬存诚的修养功夫，已自创出一套兼采众说的学问系统，所以他在功名场中，有进退，有操守，能够澄心定虑，转危为安。

李鸿章则志在扬名显世。年未二十五，便得中进士，入词馆当编修，少年得志，意气洋洋；不满五年，又奉命出京，回乡办理团练，此后一直在戎马倥偬中度过；咸丰九年（1859），投效曾国藩幕下。他不像曾国藩得到那些理学大师的熏陶，也没有畏友切磋，建立深厚的学问基础，更没有功夫闲暇去修身养性，反躬自励，正如梁启超说的

容闳（1828~1912），字达萌，号纯甫，广东香山县南屏镇人。十九岁时赴美求学，寻求科学救国之路。考入耶鲁大学，成为第一个毕业于美国大学的中国留学生。后入美国籍。咸丰五年回国，先后担任香港英政府高等审判厅翻译、上海英商丝茶公司书记。1912年4月病逝于美国。著有《西学东渐记》。

“不学无术”，只是争逐名利。曾国藩说他“拼命作官”，真是一针见血之论。近代第一个留美学生容闳回国后，因缘际会得在曾、李幕下做过事，他曾说：曾国藩不滥用威权，财权在握绝不闻其侵吞涓滴以自肥，或肥其亲族，因此身后萧条，家人清贫如故。而李鸿章死后却有私产四千万遗给子孙。从这件事情上，就可以看出曾、李二人操守，为人判然有别。

曾国藩每天有十二条生活规律：主敬、静坐、早起、读书不二、读史、谨言、养气、保身、日知其所无、月无忘其所能、作字、夜不出门，时时鞭策自己，毫不懈怠。李鸿章到江西投身湘军时，“师事国藩”，把这些规条学去了不少，因此他也不论冬夏，五时即起，每晨临摹兰亭一百字，但是，养性的结果，“精悍之色，露于眉宇”，练字的结果，“筋多于肉”，显然并未到家。他除了对曾国藩执礼甚恭外，待人接物，常流露傲慢轻侮之色。居高位时，乍一起床，便打声哈欠，伸一只手去穿袍服，伸一脚去穿鞋袜，仆从不敢稍迟半分，充分显现其官僚习气之深，丝毫没有曾国藩那种朴实厚重的农人气息。两人性情如此悬殊，他们手创的湘、淮军，自然表现出明显不同的风格。

不过，曾国藩对李鸿章还是相当赏识，夸他“宏才远志，是匡济令器”，因此追随曾国藩的三年之中（1858 ~ 1860），频受重用与爱护。修身养性方面，虽不如曾国藩勤恪，但治事方面，倒也学到“案无留牍，门无留宾”的作风，对于他后来的飞黄腾达是有力的帮助。

然而，若从另一个角度来看，曾国藩则不免守旧而迂阔，李鸿章却能得风气之先。曾国藩究竟是典型的传统派，处身在世界舞台上的中国，过分守常而不知变通，尤其在勾心斗角的外交场合中，仍然坚守诚信的原则，陈义过高而不切实际。李鸿章则早已看破帝国主义“阳托利好之名，阴怀吞噬之计”，因此折冲樽俎之间，纯以利害手腕相周旋，重视现实而不侈谈理想。他到了上海之后，眼界大开，看到“轮船电报之速，军器机事之精，炮弹所到无所不摧”，感觉到中国已步入“数千年未有之变局”。他这种眼光已超越了曾国藩的见识，是过渡期士大夫的典型，自有他的另一番成就。

总之，曾、李二人，都是晚清历史上举足轻重的人物，一个代表的是传统保守派，一个代表的是现代过渡派；与他们息息相关的大清帝国，也摇摆在这两派不同的路线中。

第二节　编练湘军

太平军崛兴后，暮气沉沉的绿营立刻宣告全面崩溃。清政府无军可派，地方官绅只有自办团练，捍卫家园。太平军席卷两湖地区时，清政府想起乾嘉时的川楚教乱也是仰赖团练奏功，因此故技重施，飞檄东南各省，奖励团练，保护乡里。但是奉旨兴办团练的十省，却都是太平军纵横自如的地区，可见团练并不能阻遏太平军，原因很简单：团练本是地方性的暂时自卫队，清政府并无意要它出县城作战，自然不拨经费，完全由百姓捐资倡助。但是咸丰年间，乡里编户，民穷财尽，根本无钱可捐，能够出钱的都是富户，他们视钱如命，一闻警报，便仓皇逃命，但求苟活，并不图自卫，甚至害怕办了团练，反而引来太平军。要不就借办团练鱼肉乡民，敛财自肥，毫无保乡卫家的意图，更说不到出剿太平军了。那些团练壮丁，多是兼差性质，有事才急就章组成，力量薄弱。各团练虽然星罗棋布，但不准出城，互不相关。以前所对付的敌人，如湘黔的苗乱、川楚的教乱，都是小股流窜，呼啸而过，地方团练坚壁清野，尚可自保。但是太平天国定都城、建制度，与清廷对抗，俨然匹敌之国；其大军号令严明，进退有据，简直如同训练有素的职业兵团，那些散据一角、仓促养练的团勇如何能敌？

团练不可靠，目光如炬的曾国藩早已看破。他奔丧回家时，正值太平军围攻长沙，四境土匪乘乱而起，清政府似乎已到了日薄崦嵫的地步。咸丰帝叫他帮办团练，都藉口重孝在身，疏辞不就。这时太平军占领了武昌，长沙人心惶惶，纷纷寄望他出山领导，他的畏友郭嵩焘知他心怀大志，老远赶去骂他为何拘守古礼，不乘时而出。曾国藩拗不过好友春秋之责，加上桑梓之望与平素之志，终于投袂而起，墨缞从戎。

曾国藩办团练，首先区别团与练。他说的团就是保甲（清查户口），练就是训练乡兵。后者非多敛钱不可，因此重团不重练。先求肃清反逆，然后以地区分设乡团，以家族分设族团；在险要之地，设卡慎守，选择“壮健而朴实”的农丁，成立湘勇；罢除过去欺压良民的地保，而以“冠带礼乐之士”率领湘勇。太平军以讲道理来巩固军心，曾国藩也以儒生说法来训练兵勇，果然军威大盛，宵小敛迹。但是那班绿营兵嫉恨湘勇抢了他们

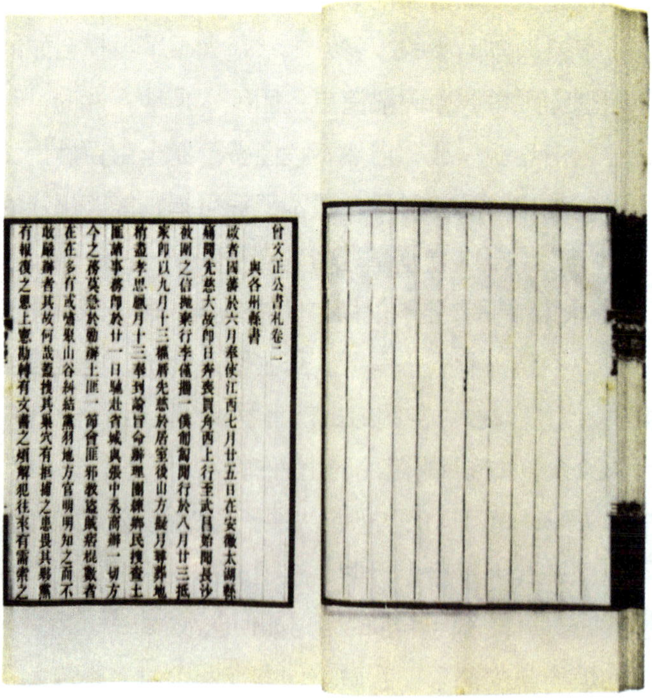
曾文正公書札卷二
與各州縣書
啟者國藩於六月奉使江西七月廿五日在安徽太湖縣
稿聞先慈大故即日奔喪買舟西上行至武昌始聞長沙
被圍之信拋棄行李僅攜一僕間道繞行於八月廿三抵
家即以九月十三襄葬先慈於居室後山方擬月餘葬地
稍盡孝思繼月十三奉到諭旨命辦理團練鄉民搜查土
匪諸事務即於廿一日馳赴省城與張中丞商辦一切方
今之務莫急於勦辦土匪一節會匪邪教盜賊痞棍數者
在在多有或嘯聚山谷糾結黨羽地方官明明知之而不
敢嚴辦者其故何哉蓋搜其巢穴有拒捕之患畏其黨
有報復之懼上憲勸轉有文書之煩解犯往來有需索之

《曾文正公书札》，曾国藩撰，清刻本。书中所收书札包括曾国藩兴办团练方面的内容。

彭玉麟（1816~1890），字雪琴，湖南衡阳渣江人，清末湘军将领。咸丰三年（1853），随曾国藩创办湘军水师，任水师提督，对太平军作战。光绪九年（1883）擢兵部尚书。后赴广东筹办防务，以病辞。军事之暇，亦常绘画作诗，以画梅名世。诗后结集付梓，题名《彭刚直诗集》。

地盘，分了他们肥水，时常寻衅，曾国藩不但摆平不了，险些还死于兵勇私斗之中，只好带领湘勇远走衡州。这次出走，使得湘勇从一支保境安民的地方团练，一变而为叱咤风云的百万雄师。

由湘勇脱胎而成的湘军，是一支与众不同的军队：一、充满了地方色彩。无论将帅兵卒，甚至参谋文案，几乎都出自湖南一省，而饷械、兵丁、补给，也仰赖湖南一地，如有空缺，不管湘军远征何处，也要老远赶回湖南召募，从不在外省就地募补。难怪当时人要说：除湖南外，无处选将，无处募勇，甚至国家不可一日无湖南了。二、湘军是书生与农民的大结合，书生出将，农民为兵。曾国藩自称选择兵士的标准要年轻力壮，朴实而有农夫土气，那些油头滑面，有市井气、衙门气者，概不收用。至于将领，如左宗棠、李鸿章、沈葆桢、彭玉麟等，无一不深通文墨。湘军的兵卒都由将领自己召募，这样“统领如根，由根而生枝、生叶，皆一气以贯通”，因此将与卒合，“全军二万人几如家人骨肉之联为一体”，临阵自然患难相顾。三、湘军与朝廷并无直接关联，而是效忠曾国藩的私有军队。湘军营制，概由曾国藩规划，粮饷也是自筹。早期筹饷靠捐输，富户大家都被逼得认贼不认官，只好设卡抽取厘金——事实上就是抽生意人的买路钱。羊毛出在羊身上，这买路钱最终还是转嫁到老百姓头上。为了争夺地盘好多抽厘金，湘军与绿营争得面红耳赤，甚至大打出手。湘军兵士看到曾大帅苦心筹措兵粮，甚而不惜乞求、抢夺，困苦时也与他们同吃草根稀饭，当然会产生上下相亲之心。军中赏罚大权也操在国藩手里，士兵眼中只有大帅，并无朝廷。曾氏幕下会集了天文、算学、机器、法律等专门人才百多人，大营中军官不下二百人，还有怀才士子、候补官员，几乎全国精英都团团围绕在曾氏四周，难怪王闿运会说："湘军之制，其将死，其军散；其将存，其军完。"军机大臣祁隽藻说曾国藩，"匹夫居闾里，一呼，蹶起从之者万余人"，那是多大的威风。四、湘军是一支有信仰、有思想的军队。曾国藩自己说，每到操演时，把军队集合在大校场，反复开说，虽不敢自称"说法点顽石之头"，也希望"苦口滴杜鹃之血"，可以想见其用心的良苦。他所训的家规，如禁嫖赌、戒游惰、敬尊长，都是一般父兄教子弟的普通道理，他的苦口婆心逐渐感化了生徒子弟，因此湘军成为一支受到儒家本位文化熏陶的军队，与那支时常讲道理、有其宗教信仰的太平军，自然是棋逢敌手、难分高下了。

然而，湘军终能得到最后胜利，主要原因之一就是曾国藩知道训练水师。一方面，太平军据守长江沿岸土地，非水师不能决胜负；二方面，太平军占领江浙富庶区，粮饷不缺，转战自如。从陆路攻击，战区辽阔，劳师糜饷，缺粮缺饷的湘军不能久战；湘军若从水路攻击，则占上游险要，可以顺江而下，直捣天京；三方面，太平军战士来自广西山中，不善水战。湘军水路出击较能操胜算。因此曾国藩极力筹办长江水师，大造战舰，改装旧船，要求皇帝向广东购买大炮千尊，装备水师，召募壮丁苦练操舟与

◉《平定粤匪战图》之六《肃清浔郡江面战图》

发炮，不练好，不出战。这样苦心经营半年，终有小成，双方间的战云也日益密布。

第三节 血战十一年

1854 年 3 月，曾国藩率领新旧战船二百余艘、水陆官兵一万余人，会师湘潭，首先发布一道“讨粤匪檄”。这篇檄文充分表现了曾国藩的立场与湘军出师的宗旨，大意如下：

一、为百万生灵报仇。太平军荼毒百姓，蹂躏地方，尤其对两湖三江（江苏、浙江、江西）被胁之人，更是残忍惨酷。

二、为被辱的神祇雪恨。太平军无庙不焚，无像不灭，即使最受民间爱戴的关帝、岳王，亦难逃身首被残的命运。

三、为保卫名教而战。中国历代讲究君臣、父子、上下的伦常秩序，但太平军崇拜天主基督，以天为父，使得“凡民之父皆兄弟，凡民之母皆姊妹”，礼义人伦，荡除净尽。士、农、商都被拔去根本，落入外教之中，“此岂独我大清之变，乃开辟以来，名教之奇变”，读书识字者岂能袖手坐视？他把洪杨文告里所挑起的种族仇恨轻轻带过，在不关痛痒处才提到“奉天子之命”“纾宵旰之勤劳”，最后慷慨陈誓：“上有日月，下有鬼神，明有浩浩长江之水，幽有前此殉难各忠臣烈士之魂，实鉴吾心。”曾国藩究竟是理学之士，谨守着中国传统社会里“君君、臣臣”的观念。“君是天，臣不敢不敬君”（《曾文正家训》）是他永远不可能跳出的圈子，因此他所领导的湘军不能不效忠清室，他必须扑杀太平兄弟的道理也在此。他其实何尝真想屠杀“本是同根生”的太平部众呢？其他慕名投效的将领如彭玉麟、罗泽南，则终身不食清禄位。曾国藩与这般将领便是怀抱着这种“保中国非保大清”的矛盾态度挥师东征。

湘军要生存必须先巩固两湖，要打击天国必须收复两江，要剿灭天国

罗泽南（1807~1856）字仲岳，号罗山，湖南湘乡人。笃志正学，好性理书。太平军起，犯湖南，率乡勇与战，所向皆捷。尝言其兵法在大学“知止而后有定”一语。后援武汉，亲出搏战，中流弹卒。临殁，谓胡林翼曰：“危急时站得定，才算有用之学。”工诗古文，见于各家选本者颇多，著有《西铭讲义》《姚江学辨》。

必须进攻天京。湘军一路浴血死战，备尝困苦，曾国藩曾经投水自杀两次（咸丰四年四月及十二月），写好遗疏意图自杀一次（咸丰十年），但他咬紧牙根，坚信“困心横虑，正是磨练英雄”，坚持到底，血战十一年（咸丰四年到同治三年，1854 ~ 1864），终于平定太平军，启圣回天。

两湖保卫战——1854 年 5 月，曾国藩为解救长沙之围，率大军进攻靖港，水陆皆败，湘军争相后退，曾国藩愤极投水，被救，退回长沙，重整湘军。8 月，湘军分水陆两路攻破岳州，进图武汉。杨秀清急派石达开驰救，在湖口设卡筑垒，切断外江水师后路，再以小舟围攻内湖水师（湘军水师战败被分为外江、内湖两部），曾国藩坐营被袭，愤而投水，被救起，仓皇逃入罗泽南营中。石达开乘胜攻克武昌，湘军孤悬江汉之间，曾国藩不欲坐困，兵分四路，以胡林翼领陆军六千攻武昌，彭玉麟领水师一百三十艘为后援，留塔齐布领陆军五千围九江，牵制太平军，并遣罗泽南以陆军

◉《平定粤匪战图》之四《岳州战图》

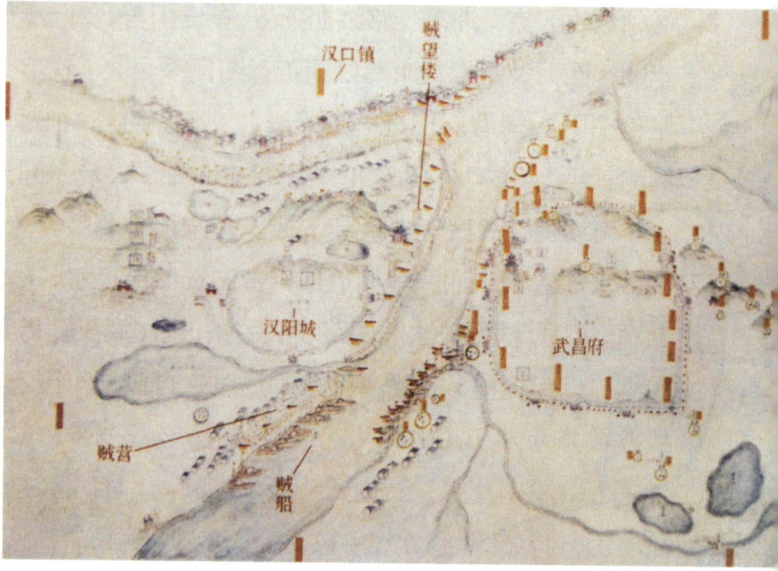

◉ 胡林翼(1812~1861)，字贶生，号润芝，湖南益阳人，湘军重要首领。道光朝进士。因镇压太平天国革命有功，与曾国藩、左宗棠被史学家并称为“中兴三名臣”。谥文忠。辑有《胡文忠公遗集》。曾绘制《大清一统舆图》，为我国早期较完整的全国地图。(上左)

◉ 武汉三镇布防图，中国第一历史档案馆藏。此图为太平军再克武昌前半月，即咸丰四年(1854)五月二十三日，湖北巡抚青麐上奏清廷的武昌城防与太平军在汉口、汉阳的军事形势图。(上右)

三千分攻广信、饶州。不幸，塔齐布病死，代领的周凤山不负众望，石达开得讯率敢死队夜袭，湘军大败，曾国藩退入南昌困守。江西十三府的八府五十余县都入太平军手中，曾国藩消息隔绝，只得募长发探卒打听敌情，用腊丸细字作为隐语，往往为敌破获过半，形势常在危急中。相反的，石达开在安庆，“以诚意相邀结”，“所至百姓皆争献粮册，输钱米”，湘军几乎不能生存。所幸水师还能苦撑，等待罗泽南收复武汉，回军援救。不想，罗泽南急攻武昌不下，日夜忧愤，被太平军秦日纲部下击中，一病不起。湘军的一线生机又断，形势更危。

就在两军肉搏最紧要关头，9月，太平天国内讧爆发，石达开急回天京，江西的兵力减弱。湖北的进攻较缓，胡林翼乘机规复武汉，这是湘军转危为安的第一大转机。从 1853 年到 1856 年，四年之中，武昌被攻陷三次，汉阳四次，至此二城总算重回清军手中。胡林翼在武汉设立重镇，作为湘军的后路根本，以便保鄂平吴。1857 年 1 月，湘军水路围攻九江，曾国藩得报，从吴城前来劳军，久别部曲，相见之下，分外振奋，督促水师与陆军交攻九江。10 月，湘军进攻湖口，彭玉麟率内湖水师从内攻，杨载福率外江水师从外攻，李续宾率陆军从湖口山后夹击，终克湖口，三年来两部水师被阻绝鄱阳湖中，终得汇合，“十万大军齐抚掌”，欢声震动了湖光山水。湘军乘胜追击，沿江焚烧太平战船，长江险要尽被湘军控制。1858 年 4 月，九江被攻下，湘军控有长江，已奠下了规复两江的基础。

两江争夺战——曾国藩原计划先保江西，使鄂、湘、赣三省连成一气，再进攻淮阳地区；但朝廷并不完全信赖其计。曾国藩当时位不过侍郎，胡林翼亦只巡抚，苦战数年，无片土可据，湘军数万兵士，有如乞食之丐，遑遑于各地就食作客。两江财赋重地，清政府仍委任虚有其表的江南大营负守土之责，曾国藩只好眼睁睁看此饷地为他人所享用。1859 年，曾胡双骑并出，湘军与楚

◉ 曾国荃（1824~1890），字沅甫，湖南湘乡人，曾国藩之弟。在与太平军作战中，是其兄的重要助手。因善于围城，又精于长壕法，人称“曾铁桶”。同治六年（1867）一月，与李鸿章分进合击捻军，后因镇压捻军作战失败，称病退职。十三年（1874）重出官场。谥号忠襄公。

◉《平定粤匪战图》之《安庆省城战图》

军联合进攻安庆，太平军骁将陈玉成转战皖南。一方是要进窥浙江，一方则欲巩固天京，双方在太湖、潜山一带拼死战斗，互有胜败。12 月，两军在太湖大会战，激战三个多月，陈玉成后援断绝，落荒而逃。太湖、潜山两县被攻克，曾国荃进驻集贤关，威胁安庆。

陈玉成退兵后，会合李秀成夹击江南大营，十道并进，猛扑猛攻。江南大营已如虫蛀的空房，哪能再经得起风雨的摧残。九天后，张国樑溺毙河中，和春中弹，呕血而死，大营溃散，长江下游精华区落入李秀成掌握。但是，这次战败却使湘军从困境中解脱出来。第一、江南大营溃败，长江下游再无可御的清军，李秀成纵横苏常，两月内连下十五县。清政府计划落空，不得不重用湘军，使得“妾身未明”的湘军不再“依人为嫁”，正式跃居国军地位。第二、地方上原各自为战，曾国藩位卑言轻，不足统筹大局。太平军长驱直入，清军一战瓦解，根本不能再战，不得不全部依靠曾国藩，让他正式署理两江总督，加兵部尚书衔，节制四省军务，受命进规苏常，他自己也很踌躇满志地说道，“长江三千里，几无一船不张鄙人之旗帜”，而且湘系将领，一一开府封疆，湘军的地位已非昔日吴下阿蒙，准备以国军的姿态与太平军决一死战。

1860 年 7 月，曾国藩到祁门督师，抱定“但求立脚之坚定，不论逆氛之增长”的宗旨，一面保荐左宗棠、李鸿章、沈葆桢分任浙、苏、赣三省军务，一面大军进攻安庆。洪秀全如在梦中，仍命李秀成先攻上海，等到再回师时，曾国藩已在两江站稳了脚跟。

1861 年 6 月，曾国荃与陈玉成在安庆一决死战，陈玉成战败，曾国荃进占安庆，安徽、江西都被收复。湖北的太平军余众也被胡林翼、彭玉麟平定，东南大局的控制权逐渐转移到湘军手中。然而湘军本身也成了强弩之末：一则因为九年苦战后，湘军兵源所在的湖南省已是“处处招魂，家家怨别”，不复当年锐气，而且转战他乡，怀土之情油然而生，已无恋战之心。二则因为湘军多年血战，老兵已死，新兵纪律大不如前，民间早已传有“官兵不如长毛”之叹。第三个原因则是湘军兵士有许多加入哥老会，“互为羽翼，抗官哗饷”，逐渐从心怀不服发展成反清的思想。曾国藩忧心忡忡，然而太平军坚强抵抗，似无亡兆，不禁责问上苍：此贼不灭，岂有天理？这个专从耐烦二字痛下功夫的理学大家，在面临太平军这等诡谲的敌人时，也要说“不信书，信运气”的话，可以想见这次战争的激烈。

第四节　不信书，信运气

1860 年到 1861 年，清政府的运气来了，与英法联军签订城下之盟（《北京条约》），拱手献降。法国欣慰之余，答应出卖枪炮；英侵华海军司令贺布率兵船由长江上行，宣称获有长江通商航行特权，不准太平军在吴淞、上海百里以内活动。两国都明确表示要助剿太平军。上海那时商贾辐辏，

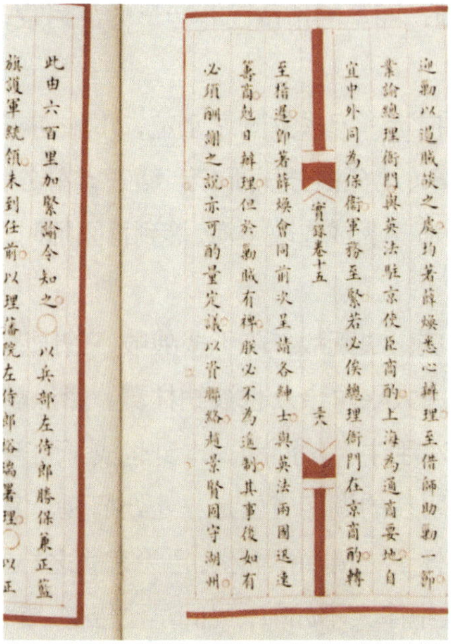
迎剿以遏賊鋒之處均著薛煥悉心辦理至借師助剿一節
業諭總理衙門與英法駐京使臣商酌上海為通商要地自
宜中外同為保衛軍務至緊若必俟總理衙門在京商酌轉
至播遷卽著薛煥會同前次呈請各紳士與英法兩國迅速
籌商尅日辦理但於剿賊有裨朕必不為遙制其事後如有
必須酬謝之說亦可酌量定議以資聯絡趙景賢同守湖州
此由六百里加緊諭令知之 以兵部左侍郎勝保兼正藍
旗漢軍統領未到任前以理藩院左侍郎裕瑞署理 以

◉《清穆宗毅皇帝实录·借师助剿谕旨》，清宝鋆等修。光绪年内府朱格抄本。北京故宫博物院藏。同治元年（1862）正月初十，清廷颁发此谕旨，正式批准向西方侵略者“借师助剿”。（上左）
◉忠王李秀成进攻上海布告（上右）

华洋错杂，中外官商都不愿失去这个利丛财薮，只等上海买办一倡议，中外立即联合组军保护。1860 年，中国商人杨坊得到清官允准，出资雇用美国水手华尔成立常胜军，保卫上海。次年 10 月，李秀成占领高桥村，欲封锁上海，常胜军用洋炮逼退太平军，再克松江，进图嘉兴。曾国藩反对，怕前门拒虎，后门迎狼。但在商人每攻一城赏格三十万两的利诱下，这批亡命之徒当然趋之若鹜。

1863 年，英法正式付诸行动，接办常胜军，由英少校戈登取代华尔，采取攻势，太平军节节败退。曾国藩恨湘军久战不胜，态度大变，说：“目下情势，舍借助洋兵，亦实别无良策。”这种形势的转变，对太平军的崩溃以及湘军进围天京产生了决定性的影响。第一，常胜军配备新式武器，“其炮尤利害，百发百中，打坏我之城池，洋枪炮连响，一拥而入，是以救之不及”（李秀成自述），因之太平军在太仓、昆山等据点相继失守，最后只剩下天京一座孤城。第二、常胜军从后路进攻，深入要害，湘军则“乘洋人大举之际，亦诸道并进”（曾国藩奏稿），前后夹击下，太平军形势更是危殆。但是曾国藩也看出仅赖常胜军还不足制其死命，“须我军偕作，以辅其力所不逮也”，“我军”主要是指李鸿章一手带起的淮军。

李鸿章召募淮军，本是曾国藩所授意，在借洋兵会剿的同时，把在大营中受尽湖南人排挤的李鸿章派去另组淮军，联合杀敌。淮军源出湘军，同样充满了地方色彩，但性质大不同：一则淮军仓卒组成即要开拔疆场，因此晋用楚材，多召募团勇、太平军降众及江南大营旧军等久战之兵，分子杂糅，不像湘军有厚重的乡土气。二则淮军将领追随李鸿章，完全为谋官得禄。淮军兴起则为救援上海，不比湘军有卫道救世的目的，他们转战江浙膏腴之区，争城略地为的就是掠财，李鸿章自己说“城下之日争财物”，确是事实。三则李鸿章在上海与洋兵并肩作战，亲眼看到洋枪洋炮的利害，

淮军旧照

因此淮军尽改旧制，独用西洋火器，是一支西化很深的混血儿，不像湘军土头土脑，还是一支不屑深求洋式军火的守旧军。

1862 年 4 月，李鸿章率领淮军八千人，进驻上海城南，联合常胜军、英法军欲从后路进击；曾国荃率领湘军六千人，驻扎安庆，开始正面进攻。湘淮二军，目标一致，准备围困天京。

天京围困战——天京那时“中外纷传，金银如海，百货充盈”，湘淮二军及唯利是图的常胜军、英法军，都想捷足先登。

1862 年 6 月，曾国荃孤军独入，包围天京，兵扎雨花台附近。洪秀全骇极，连下四道天诏，李秀成不得不从苏常调兵回援，血战四十六日，胜负难分。湘军中疫疠大起，死亡过半。太平军情形更糟，缺衣缺粮，普遍不能战。西太后对国藩完全信赖，公开宣示：“环顾中外，才力气量如曾

道光二十三年（1843），上海开埠，此后各国商人来沪经商，使得上海成为万商云集的东方大都市。此幅题为《寓沪西绅商点灯庆太平》的清末年画画的就是上海市民与外商共庆中外通商。

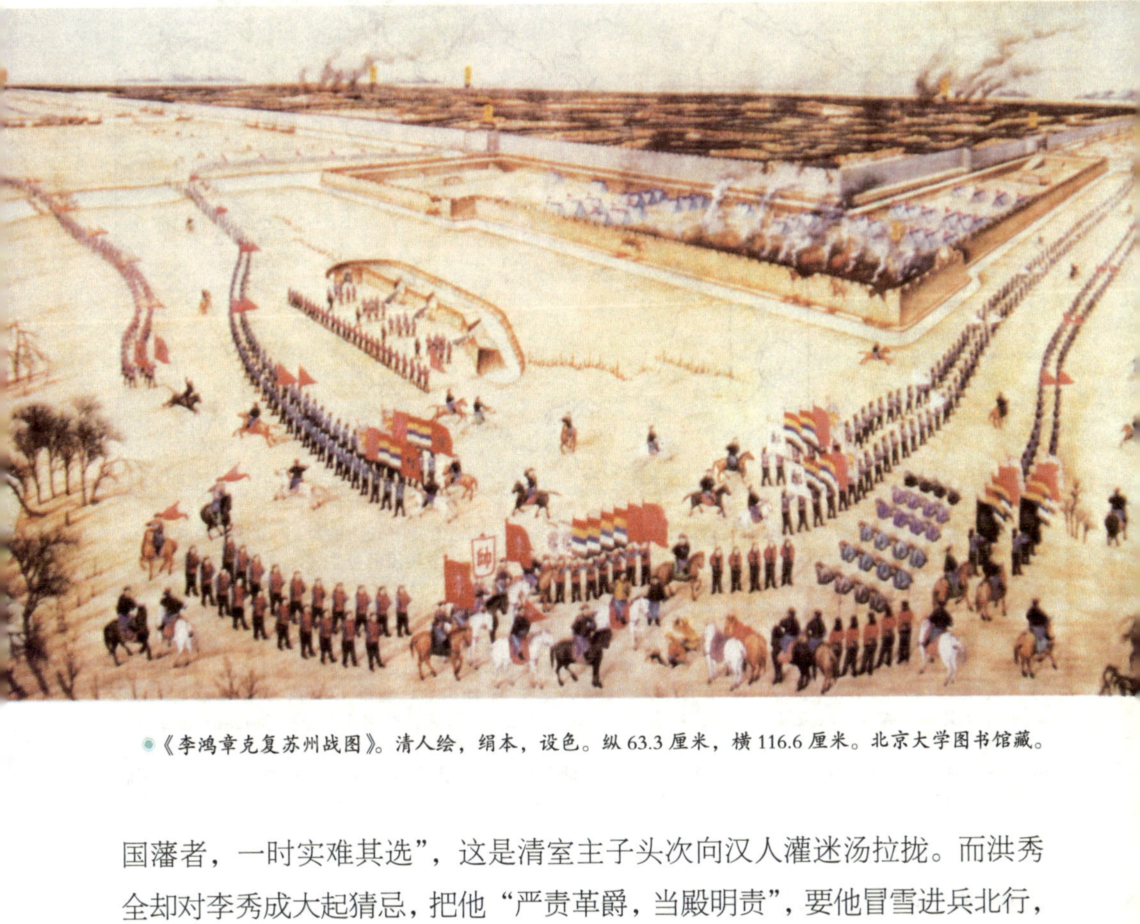

《李鸿章克复苏州战图》。清人绘，绢本，设色。纵 63.3 厘米，横 116.6 厘米。北京大学图书馆藏。

国藩者，一时实难其选”，这是清室主子头次向汉人灌迷汤拉拢。而洪秀全却对李秀成大起猜忌，把他“严责革爵，当殿明责”，要他冒雪进兵北行，联络江北的捻军，夹江共击，秀成军未带冬衣，将士不愿前进，鲍超、多隆阿猛攻太平军，战死、掉队及饥寒病死失去十多万人，败局更不可挽回。曾国荃遂能稳住雨花台阵脚，距离天京仅四公里。

湘军进逼天京的军情大为刺激淮军与英法军。曾国荃攻雨花台时，清廷要李鸿章包围镇江，分途进攻，李鸿章推说兵力单薄，无法分兵，事实上是“不能弃沪中每月二十万两饷源之地”，又不愿分曾国荃的功，使曾大帅难堪。上海的富腴，中外称羡，并不亚于天京，贪残的常胜军竟而痛

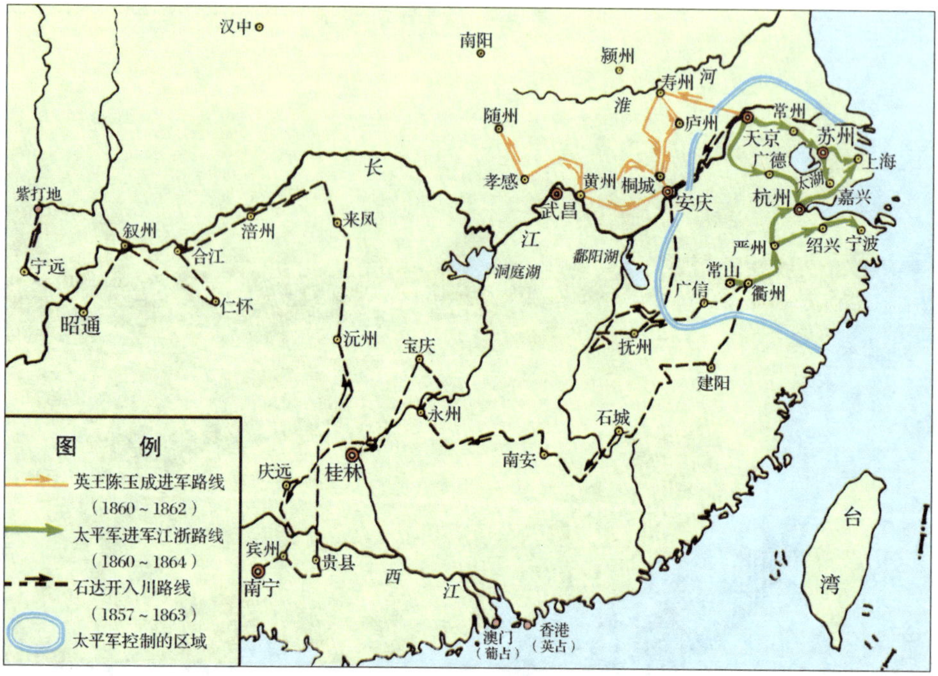

天京事变后，洪秀全疑忌重重，石达开不满于此，于1857年6月脱离天京，远征四川。由于其一意孤行，镇压部下，于1863年在大渡河畔紫打地陷入清军包围，全军覆没。领导集团的分裂是太平天国形势顿挫：西线，湘军卷土重来；东线，清军重建江南、江北大营，围困天京。1860年，湘军围攻天京西面屏障安庆。为保天京安全，洪秀全决定由陈玉成率北路军、李秀成率南路军分别向湖北进军。1861年4月，北路军占领黄州（今湖北黄冈），提前逼近武汉，而南路军迟至六月才到武昌县。此时，陈玉成因安庆告急，前往解围。9月，安庆失守，陈玉成遂退守庐州，积极准备反攻，1862年被俘遇害。与此同时，李秀成部由江西入浙江，到1861年10月间，控制了浙江中部；12月，破杭州。同月，太平军攻克宁波。1862年1月，李秀成分兵五路，由苏、杭出发，再次进攻上海。6月，天京告急，进取上海功败垂成。在浙江，1862年5月，侵略军伙同清军进攻宁波，力量悬殊，太平军撤出宁波，绍兴、衢州、严州、杭州等地也先后失守。在江苏，侵略军与淮军组成的联合武装以上海为基地向西进犯。1863年5月，太仓、昆山失陷。9月，进逼苏州，12月攻陷。至次年4、5月，太平军江、浙、皖的根据地尽失。

殴杨坊，敲索四万两作为围攻松江的饷钱。李秀成明知“独松江一城是鬼子所守”，率大军猛攻，正当成功之时，曾国荃逼近天京，天王急诏而归，让淮军意外攻下常熟、太仓，包围苏州。李鸿章计划淮军与常胜军五路出兵，利欲熏心的戈登两面作战，暗把枪炮火药卖给太平军，双方陷入苦战之中。李秀成转战天京、苏州之间，疲于奔命。1863年11月，淮军克复苏州，大肆搜掠，李鸿章自己承认：苏州搜获约值四五十万串，全部被朋分刮尽。

另一方面，左宗棠率领一支湘军新锐，从浙江围逼天京。1862年7月，借重洋炮，围攻绍兴，左宗棠奏说：台州之克，全藉民团（指湘军），宁波之克，半资外国。而官军会无一旅与之周旋，可以想见清军的衰朽无用。左军与英法军合攻，左军得城池，洋兵得财物，在这样合作下，太平军节节败退，金华、龙游、温台相继失守。1863 年 3 月，得到法国洋枪队的协助攻克绍兴。左宗棠兵分水旱，下扎杭州，从九龙山一直到西湖雷峰塔，连绵八十里，扎营百余座，太平军只得十余座，因占有地利，坚守数月之久，直到 1864 年 4 月，方克杭州，八十一万人口的名城，只剩下七八万的百姓聊以点缀。

天京在三面包围下，城内“贼盗蜂起，抢劫杀人”，再也无法支持了。

◉ 这幅题为《曾国藩庆贺太平宴》的清末年画，画的是湘军首领曾国藩宴请各路统帅，包括李鸿章、彭玉麟、左宗棠、曾国荃、骆秉章等人。

李秀成建议“让城别走”，洪秀全不依。曾国荃大军围困，天京城水泄不通，“无粮养众”，苟延到1864年6月1日，天王服毒，7月19日，天京城破，“十余万贼无一降者，至聚众自焚而不悔，实为古今罕见之剧寇”。

太平军一灭，忧谗畏讥的曾国藩立即解散湘军，只剩下左宗棠的一支；后来血溅天山，赢得春风度玉关的就是这支湘军。湘军解散，淮军代之而起，意味着汉人势力逐渐抬头，军机大臣阎敬铭毫不讳言地说：“本朝二百年中，不轻以汉人专司兵柄，今者督抚及统兵大臣，满汉并用，而焯有声绩者，常在汉人。”这种形势的转变，一方面湘淮军领袖与清政府合作，延续了大清帝国的生命；一方面汉人出任疆臣、督抚，培养新势力，削弱了中央朝廷的威权。

第五章

英法联军之役

太平军席卷长江中下游时，英法帝国联合加紧对中国的侵略，使得清政府饱受内外交侵的危机。在这个忧患重重的时节，眼看就要不保的清政府居然又颤巍巍地爬了起来，主要关键有两个：第一，太平军顽抗难平，愚昧的清政府不得不借洋兵助战，因此而知道枪炮的威力，以后清军就逐渐穿上西式枪炮的外衣，加强了镇压革命的力量。同时，英法俄美四国各抱野心，北京成为国际纠纷周旋的中心，清王朝在世界外交舞台上屡遭踬仆，终于了解了曲事外人适应变局的道理。这样，无形中延长了几许寿命。第二，太平军瓦解后，残余势力隐入民间；湘军解散后，亦流落为百姓，他们穷于衣食，只得加入秘密会社，把反清的种子散播到大江南北。同时，湘淮系的将领夤缘而起，一一开府持节，拥有兵政财权，尤其是李鸿章参与朝政，煊赫一时，这些汉人督抚在地方上把持包揽，权势逐渐高张，无形中削弱了清政府的控制力量。

洪杨革命更深远的影响，是破坏了八股科举取士的途径。1864 年曾国藩入南京后，立即盖造贡院，宣布举行乡试，提拔江南士人，以挽回洪秀

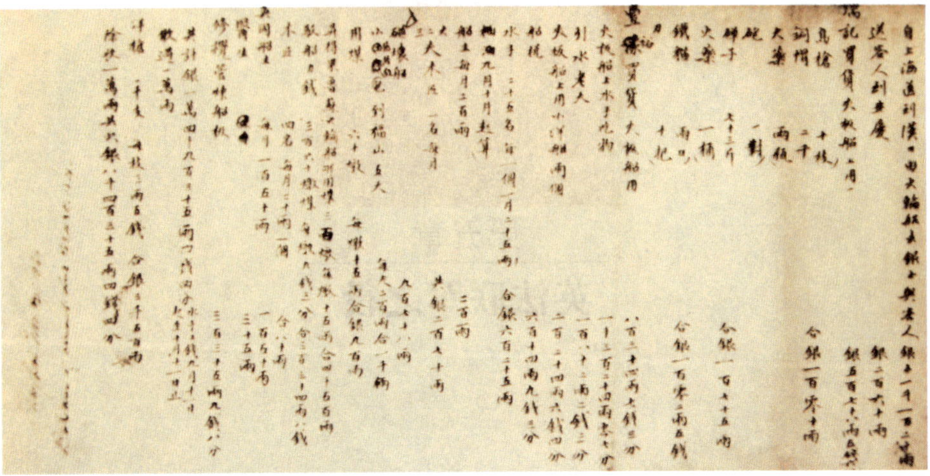

为镇压太平天国运动，内外交困的清政府不得不借助“外力”——一面借洋兵助战，一面向西方购买武器。上图为清廷向美商汇源洋行购买武器的清单。

全在两广地区树立的轻视科考的风气。洪杨等人凭着一些浅薄的基督教知识，便要创立新教，建立新的社会政治秩序，当然不能成功，但无疑已对科举入仕的权威性大加打击。后来两广地区所孕育出来的革命人物，没有一个走科考的路，他们渊源于西方的智识更深厚，缔造出来的民国规模，当然远超过天国，这不能不归功于太平革命的影响。

这些变动，虽然或多或少都动摇了清帝国的基础，却不如西方帝国侵略所造成的那么深远。西方列强是想在中国内部成立各个有独立主权的小王国，不受清朝的控制，这等于直接摧毁清政府的统一主权。此种表现在鸦片战后更露骨。鸦片战前，帝国主义的外交仍有妥协的意味，鸦片战后，便一味使用高压强制的手段。第一次充分使用这种手段，就是在英法联军北上时期。

第一节　英法联军的北上

英法两国在19世纪60年代，逐渐成为新帝国主义的典型代表。他们在非洲大肆侵略，英国计划南北贯穿，法国阴谋东西横走，把非洲大陆当作予取予求的居留殖民地。在远东，中国则成为最受垂涎的殖民地。两国都从海上来，透过通商口岸向内陆推进。广州是通向珠江流域的门户，上海是通向长江流域的门户，英法毫不放松。在《南京条约》内，鸦片走私无形中得到包庇，销路大畅。另一方面，新帝国主义必须寻觅廉价的原料与广大的市场，以推销他们的工业成品，中国无疑最合条件。英国从北美输入棉花，制成洋布，贩卖到中国；从中国输入丝茶，转卖到欧洲。利用全球性的经济，以排山倒海之势压榨中国无限的财富。在《黄埔条约》里，法国如愿得以在通商口岸设立教堂；食髓知味，越规深入内地传教，企图从根本拔除民族意识。英法的互相搭配，演出了19世纪后半叶最惊心动魄的一幕侵略剧。

此外，俄国在北方虎视眈眈，已有二百年之久。他们的野心超越经济之上，完全为的是夺取土地。从蒙古、从新疆、从东北，任何与其接壤的地方，都有纠缠不清的边界冲突。英法北上时，他冒充和事老，骗过清政府，从中大大捞了一笔。在经济榨取上，英国虽占尽优势，在外交侵略上，还得让俄帝一步。

英法北上，就本质上来说，仍是鸦片战争的延长。《南京条约》对中国而言，是“万年和约”，绝不可修改，对英国则不然。中美《望厦条约》曾订有十二年修改一次的条款，英国也想援最惠国待遇之例，十二年一修。同时，鸦片战后，丝茶与鸦片贸易量与日俱增，英国早已对中国市场一清二楚，想机动调整税率，以配合成品与原料的利益，十二年修约其势在必争。换句话说，英国要无限制的扩张商业侵略，清政府却想破财消灾，继续闭关自守。五口通商是迫于炮火，不得不低头；在政治体统上，清廷仍然高高在上划地自尊。这种经济上被迫开放，政治上继续隔绝的形势，到太平革命占领南京后起了变化。

入城之争:《南京条约》订立后,清廷畏缩心理展露无遗,英法大肆扩张,在厦门、福州、宁波、上海顺利成立领事馆，自由出入；但在太平军发源地的两广,却遭到百姓坚决的抵抗。两广百姓最恨外人,有远因,也有近因。远因是两广百姓向来强悍不驯，民族意识强烈；广州最先开埠，百姓们早已看穿英法列强侵凌国人的真面目。同时，英法来华贸易受到清廷不少无理限制，怨恨重重，鸦片战胜后，英国挟威报复，胁官压民，双方积怨日深。近因是鸦片战后，上海贸易日盛，广州则日见没落，原来丝茶运广东放洋，现在转往上海，造成两广百姓严重的失业危机；战前拥资八千万的怡和行搬到上海，其余的也群起效尤。不独劳动工人把这笔账算在英法头上，就是官商也因到口的肥肉飞了而痛恨外人。

朴鼎查旧照

英国看准清政府的懦弱，一味用强，独占舟山的特殊利益后，援例要求进入广州城，百姓愤怒，富人出钱，贫者出力，组成团练（号“升平学社”），坚拒入城。英国领事朴鼎查见众议汹汹，只得撤退。清政府小喝就醉，立即起用素恨外人、态度强硬的徐广缙为两广总督，叶名琛为广东巡抚，要他们发挥长才，顺从舆情，事实上就是要他们代君父声讨。

叶名琛（1807~1859）字昆臣，湖北汉阳（今湖北武汉市）人。咸丰二年（1852），镇压凌十八起义，升为两广总督兼通商大臣。两年后，接受英、法、美侵略者的军火接济，镇压广东天地会起义。七年（1857），对进犯广州的英法联军采取不抵抗政策，广州城陷，被俘。后被英军囚禁，死于印度加尔各答。

1849年，香港总督文翰（S.G. Bonham）乘兵舰闯入内河，连樯相接，烟雾蔽天，但两岸的义勇有十余万人，呼声震天，声势更壮。文翰恐惧，罢兵修好，不敢再谈进城事。道光皇帝一高兴，赏了徐广缙子爵，世袭双眼花翎，叶名琛男爵，世袭花翎。1852年，叶名琛跃任两广总督，深得皇帝眷爱，虚骄自大，更使英国有了侵略藉口。

修约之争：1853年，太平军定都南京，上海深受威胁。英、法、美三国的商业侵略政策是以上海为跳板，进窥长江腹地。面临太平天国运动这一新形势，三国态度大起改变。美国最同情清政府，曾经发船助剿；法国关心传教，比较同情太平军；英国最狡猾，唯利是视，倒向胜利者。上海被小刀会首领刘丽川占领后，清廷大惊，美国挺身而出，说愿同官兵会剿，条件就是开放镇江、南京、汉口，作为美国货品的运销市场。重利忘义的英国当然不愿放过这个敲诈的机会，法国在远东向与英国沆瀣一气，自然亦步亦趋。因此这三国一边向太平军暗送秋波，一边又向清廷明目张胆地进行敲诈。

修约就是进行敲诈。英国要求依从美例，十二年修约，从道光二十二年算起到咸丰四年（1842 ~ 1854），正是十二年。法国依样画葫芦，不甘落后。1854 年，美国的炮舰敲开了日本门户，签订了利益丰厚的条约，等不到 1856 年（这年才到期），便想在中国故技重施。因此在咸丰四年，这三大列强就联合要求修约。

无论从法理或条约本身来说，修约根本是无理取闹，但帝国主义的侵略不也就是无理取闹吗？英使包令（John Bowring）代表三国，照会叶名琛要求修约。叶名琛声称天朝臣子无权，避不见面。包令与法使布尔布隆（Alphones de Bourboulon）、美使麦连（Robert Mclane）齐集上海，求见江苏巡抚吉尔杭阿，诓称若答应修约，即飨以重利，助剿太平军。吉尔杭阿想为主子分忧，便上奏说不妨许其所请。不想朝廷坚守政治上与外人隔绝的立场，申斥吉尔杭阿，要英法回广东去。真是皇帝不急，急死奴才。

英法在上海计不得逞，决意北上申诉。联合舰队抵达大沽，递上十八条条约要求，强迫清廷放弃政治上的隔绝态度，以攫取经济上更大的利益。皇帝认为荒谬已极，绝大部分批驳不允。英、法两使未得政府诏令，不敢轻举妄动，怏怏回到上海。吉尔杭阿已遭重谴，也不愿再代请献媚。但在广州的叶名琛却义愤填膺，要英法两使速行回粤，他要相机开导，以仰慰圣廑。因此这场国际纠纷又重回广州去解决。

巴夏礼旧照

亚罗船事件：叶名琛圣宠正隆，一心想报答君恩，对百姓毫不体恤，对洋人更不屑一顾。1849 年入城之争，在民心拥护下使英法知难而退；但冒

《南京条约》签订后，香港岛成为英国在亚洲的经济基地。图中的香港海湾百舸竞泊，岛上楼宇竞建。

功封爵后，他改弦更张进行镇压，百姓只要与太平军稍有关系，都惨遭杀戮，前后杀了十余万人。容闳很悲痛地指出，其中一大半都是无辜冤死的。他这样不分良莠的屠杀，不仅一般百姓恨之入骨，便是绅董也渐起离心，兵练都告解体。老奸巨猾的英国看到叶名琛倒行逆施，决定“与官争，不与民敌”，加深官民间的矛盾与冲突，策动窝里反以达到敲诈的目的。同时利诱会党。天地会首领关钜、梁楫献上攻取广东的计划，英领事巴夏礼（Harry Parks）认为时机未到，把他们留在香港，日夜训练。

1856年10月，英国等待的时机终于来到。当时往来广州、香港间的船只，多在香港登记，张挂英旗，以便走私鸦片，亚罗船也不例外。但已逾期十日，广东水师认为不当再悬英旗，遂将旗取下。巴夏礼认为时机不可失，声称水师违法捕人，侮辱英旗，要求释放被捕的十三名水手，并向英国道歉，限二十四小时内答复。巴夏礼的理由很牵强，英国公使包令已经对他说过：“我认为亚罗号注册过期了，保护是不能合法允许的。”巴夏礼不听，他只

◉ 十三行之称始见于明朝，清沿用，自康熙帝规定对外通商仅限于广州后，十三行业务更见兴旺。十三行本为行会，由于清廷禁止官府和民间直接与外国发生往来，它就起到了中介作用，以致对官府有承保和缴纳外洋货船税饷、规礼，传达官府命令，代递外商文书，管理外商等职能，因此享有特权，自身也经营商品贸易。道光三年（1823）后，广州伶仃洋面鸦片和其他商品走私掀起，所谓十三行多有因资金周转不足而致负债倒闭者，仅有几家兴旺，如串通外商、贩卖鸦片的伍家怡和行。自五口通商后，十三行独揽中国对外贸易的特权被废除，从此渐趋衰落。图为清代制十三行插屏，紫檀座，牙雕心，现藏于北京故宫博物院。

是想找借口无理取闹，碰上叶名琛的虚骄自大，当然是对上了。叶名琛于限期过后被迫交人，但不谢罪，巴夏礼于是率舰炮轰广州，叶名琛下令沿岸守兵不得交战，英舰遂放火焚烧民宅，地方团勇立还以颜色，纵火烧毁洋楼。巴夏礼不敢与民为敌，要求入城面议，叶名琛嗤之不理，巴夏礼进退维谷，索性炮轰总署，焚烧民村数千家，企图扩大事端，逼叶现形。地方团勇大为愤慨，冲进十三洋行及英国商馆，纵火焚烧，各国商馆也遭波及。英军退出广州，一面飞告本国政府：中国污辱大英国旗，焚毁商馆，要求派大军声援；一面鼓动法美二国一同出兵。

亚罗船事件传到英国，在国会掀起一阵风波，上议院以稍多数票主张出兵，下议院却多数反对。英首相帕麦士东（Lord Palmerston）殚精竭虑推动殖民侵略，岂肯退缩，遂宣布解散国会，然后向新国会演说，声称中国野蛮无礼，侮辱外人，罪名达二十八条之多，换句话说他有二十八条理由可以动手打人。新国会在他狂叫下同意出兵，派额尔金（Earl of Elgin）

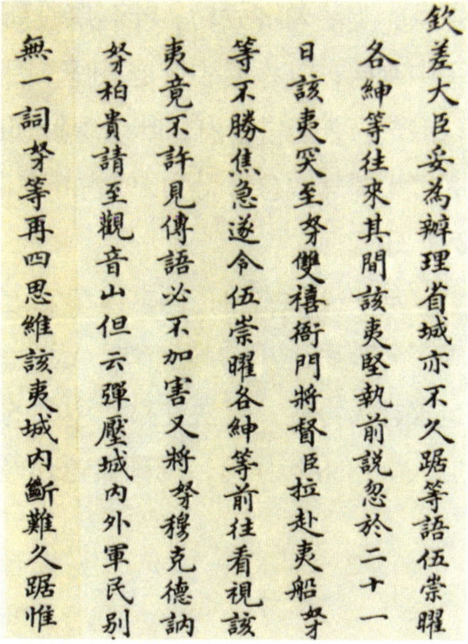
欽差大臣妥為辦理省城亦不久踞等語伍崇曜
各紳等往來其間該夷堅執前說忽於二十一
日該夷突至奴才僾禧衙門將督臣拉赴夷船奴才
等不勝焦急遂令伍崇曜各紳等前往看視該
夷竟不許見傳語必不加害又將奴才穆克德訥
奴才柏貴請至觀音山但云彈壓城內外軍民別
無一詞奴才等再四思維該夷城內斷難久踞惟

额尔金旧照（上左）
《英法军突入粤城掳去总督等事折》，中国第一历史档案馆藏。（上右）

率军东来。1857 年 12 月，额尔金写道：“我实在不想提及亚罗船的问题，它对我们是一种耻辱。”他个人的耻辱替他换得爵士的封号，他国家的耻辱则在历史上留下永不可磨灭的污点。

美国当时在中国急起直追推动贸易，不愿与华决裂，而采取中立。法国正值志大才疏的拿破仑三世在位，他必想重振乃叔拿破仑的威风，为“圣教”立功，博取法人的拥戴，因此找到一个不甚高明的藉口——1856 年，法国神甫马赖私自偷入广西传教，被地方官依法捕杀——便也派葛罗（Baron Gros）率军东来。

1857 年 6 月，额尔金抵达广东，照会叶名琛，要求入城、赔偿损失、重立约章。葛罗则厚颜说愿居中调解，两人一唱一和。叶名琛一概不理。额尔金恼羞成怒，提供法美一月兵饷，要他们联合出兵。法国接受，美国不从，英法勾搭成功。叶名琛表面不理，暗中则派遣间谍张同云潜伏英法军中刺探，以为英法只是恐吓，因此既不战也不和。12月，英法联军攻占珠海炮台，轰击督府，叶名琛狼狈逃走，联军占领广州。叶名琛坚不投降，联军大肆劫取总督财物，俘虏叶名琛，送往香港；他还能写字自娱，一年后，死在印度。

英法一举成功，扬言继续北上，依然要求修约、赔偿、增开商埠。美国深恐落后，立即加进一脚。远在北方的俄国，素与英不和，但见有利可图，也来趁火打劫。英法在敲诈中国的共同目标下，深知人多势众，同意俄国加入。1858年4月，四国兵轮云集白河口，准备向清廷大事敲索。

第二节　俄帝国的东进

帝国主义侵略中，真正有"蚕食上国"之志的只有两国——北边的俄国与东邻的日本。日本在19世纪50年代前，仅足自保，但俄国已经图穷匕首见。

1670年以前，俄国积极并吞西伯利亚，作为向中国侵略的大本营。

1670年至1850年，俄国的几番试探都还停留在偷偷摸摸的阶段。1858年到1860年，与英法北上呼应，终于暴露出"伪装友好"以"掩饰侵略"的真面目。1860年以后，更明目张胆，清廷已无力抵抗。东邻的日本又出来分一杯羹，东北遂成为帝国主义角逐的猎场。

鸦片战争前，广州的贸易（换句话说就是远东贸易）由英国垄断，俄国忍气吞声，早想分红。鸦片问题闹得不可开交时，俄国乘机挑拨，怂恿中国停止与英国贸易，间接推动鸦片战争爆发；另一方面，向道光皇帝献书表示恭顺，这是俄国第一次利用清廷仇英心理，向中国讨好，以后则食髓知味，不断如法炮制。

1847 年（鸦片战后五年），俄皇派少壮军人莫拉维也夫任西伯利亚总督，目标对准黑龙江，因为“这条江能够把移民、军人、货物、大炮和弹药不费力的一直运到太平洋海岸”，因此“黑龙江无论如何应归属于我们”。这就是说，俄国要侵占他国领土，什么莫名其妙的理由都说得出来。1849 年，莫拉维也夫任命海军上尉尼弗尔斯基组织探险队，从库页岛西岸到达黑龙江口，飞骑报说“黑龙江口是开放的”，沙皇为了酬赏这个“发现”，连升他六级。莫拉维也夫因此在黑龙江下游筑起两座城池，准备席卷黑龙江。俄国外交部知道此举已违反了《尼布楚条约》“鸣炮誓天，永远谕守”的约定，力加反对，俄皇尼古拉一世竟说：“只要有俄国旗子树立的地方，就决不撤下！”

1851 年，莫拉维也夫返国述职，受政府训令，采取强占黑龙江北岸的行动。临行前，沙皇指示他：“你不能说是政府派你去的，要说是俄美贸易公司的私人探险！”1854 年，莫拉维也夫托在北京的俄国大喇嘛致书理藩院：“本大臣之往东海口岸也……一切兵事应用之项，俱系自备，并无丝毫扰害中国。”

莫拉维也夫在黑龙江边的爱珲，发现中国的战备只有“船只三十五，兵一千，大半背着弓箭，少数背着鸟枪，旧炮数尊”。清廷得报，要东北边防军“严为布置，不可稍动声色，致启该国之疑”。

皇帝的指示，奴才官当然奉之如仪，决定“好言道达，尾随侦探”。

1857 年，莫拉维也夫早已看穿中国底细，想扩大侵略行动。次年，英法在广州俘获叶名琛，同时，俄军到达爱珲，致书黑龙江将军奕山（这个奴才官曾在鸦片战争时受封为靖逆将军，带大兵到广州讨伐英逆，大败之后，骗皇帝说是英人求和），要求会商国界，奕山不准，莫氏大怒，痛骂一番。当晚，夷船下灯火通明，炮声不绝，奕山看到江东屯户男女惊惶，因此“不

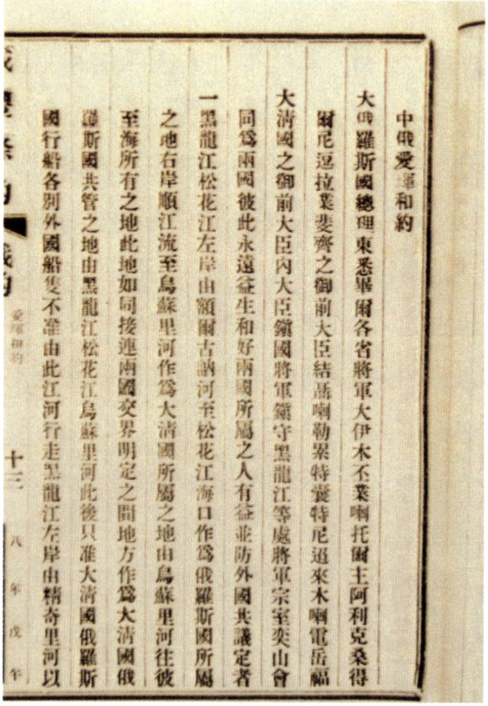
中俄愛琿和約

大俄羅斯國總理東悉畢爾各省將軍大伊木不業喇托爾主阿利克桑得爾尼可拉業斐齊之御前大臣結爲喇勒果特囊特尼遐來木喇電岳福

大清國之御前大臣內大臣鑲國將軍鎮守黑龍江等處將軍宗室奕山會同爲兩國彼此永遠益生和好兩國所屬之人有益並防外國共議定者

一黑龍江松花江左岸由額爾古訥河至松花江海口作爲俄羅斯國所屬之地右岸順江流至烏蘇里河作爲大清國所屬之地由烏蘇里河往彼至海所有之地此地如同接連兩國交界明定之間地方作爲大清國俄羅斯國共管之地由黑龍江松花江烏蘇里河此後只准大清國俄羅斯國行船各別外國船隻不准由此江河行走黑龍江左岸由精奇里河以

中俄《爱珲条约》，采自许同莘等编《咸丰条约》。民国年外交部铅印本。

揣冒昧，允其所请，换给画押文字”，莫氏对付他的方法，跟对付非洲土人酋长的方法没有两样。莫氏掩不住惊喜，在日记写道：“我们的努力已经得到报偿了。黑龙江是属于俄国人的，神圣的东正教为我们祈祷。”这时清廷的注意力还在两广，无意援救东北，生米煮成熟饭更难挽回了。

《爱珲条约》中，中国丧失了外兴安岭以南、黑龙江以北的广大土地，乌苏里江以东则由中俄共管。1858 年 6 月（咸丰八年五月），俄使普提雅廷（Putiatine）一边带着《爱珲条约》，一边声称：出于至诚，呈请枪炮，来到北京。清政府急于要在大沽安装炮位对抗英法北上，因此乐意接收，自然也承认条约。俄国这种伺机而动投其所好的伎俩，一百多年来，屡试不爽。

1860 年，英法第二次北上，占据北京，俄国又摇尾示好而来，愿居中调解，条件是签订《北京条约》。俄国重施故技，利用清廷仇英的心理向中国谄媚，取得乌苏里江以东。清政府的奴才官并不知道纸上这轻轻一笔，中国就失去了二百七十余万方公里的土地。

第三节 清政府的两和两降

1858年，英法联军到达大沽口，美俄两国也打着调解的招牌同来，向直隶总督谭廷襄投递照会。面对这四条饿狼，清廷的唯一法宝是希望分而化之。俄美既是前来说合的，倘使对中国颜面无伤，必飨以利益。法国曾经助剿太平军，有恩不报非君子，只要诚心悔过，退出广州，照旧可通商。换句话说，清廷要的是面子，西方帝国要的是利益，双方谈得拢，何必动武？只有英夷是元凶首恶，断难宽容，不过，若俄美前来说项，"或可望有转机"，这种阿Q心理，英国完全不明了。5月，英法联军炮轰大沽口，守兵溃逃，联军轻易占领天津，咸丰不敢再玩花样，立刻派桂良、花沙纳赴津议和。他想先让桂、花二人拒绝所求，然后再派抚夷老将耆英出马，希

咸丰八年（1858），英法联军舰队进犯天津内河旧照。

中英《天津条约》签字图

望英法看在老交情份上，马马虎虎得过且过。不料，英法早就痛恨耆英两面耍奸的作风，斥逐不见，耆英畏夷如虎，狼狈逃归。咸丰恼羞之下，杀耆英泄愤。主战的恭亲王奕䜣建议兵勇合击，但咸丰优柔寡断，战和不定，英法不耐久等（事实上北国风寒也不能让他们久等），扬言炮轰北京，咸丰只有接受条件，但坚持“驻京一节，其一切跪拜礼节悉尊中国制度，且必须更易中国衣冠”，否则与之更约。这样死要面子，使得桂、花二人费尽唇舌，仍不得英法首肯。

咸丰还指望俄美的诚心说合，早在端节前后，就先答应了中俄与中美的《天津条约》。这种指望简直是与虎谋皮，英国照样提出五十六条，法国提出四十二条，逼迫桂、花二人画押。6 月 26 日、27 日，中英、中法签订《天津条约》。清廷在坚船利炮下又一次被迫卖身投降了，这四国条约就是英法联军北上耀武扬威，俄美随行互唱双簧的酬劳。中国换得的是：新开十一处商埠，北起牛庄，南至广东，东及台湾，内至长江流域；兵轮商船自由航行内河通商；中外人民诉讼会同领事官审办；洋货转销内地只缴百分之二点五的税，免受厘卡限制。次年在上海订立税则，议定：鸦片在洋药名下合法纳税进口，外人一切用品免税进口，洋货进出口一律值百抽五，海关行政管理聘请外人帮办。这个条款是《南京条约》的补遗与加强，势必摧毁中国农业社会的经济基础，催迫中国走进次殖民地的地步。

咸丰皇帝关心的还是面子问题，密谕两江总督何桂清，情愿牺牲每年数百万的洋货入口税，换回“派员驻京，内江通商，内地游行，赔缴兵费”四条。何桂清警告他，这不是口舌能争回的，必得用兵方可。桂、花二人也奏称有十可虑（这当然是马后炮）。游移不定的皇帝痛定思痛，觉得何桂清说得不错，“此时仍宜不动声色，使之不疑，我则先将天津海口

中英《天津条约》，款署“咸丰八年五月”。中国第一历史档案馆藏。

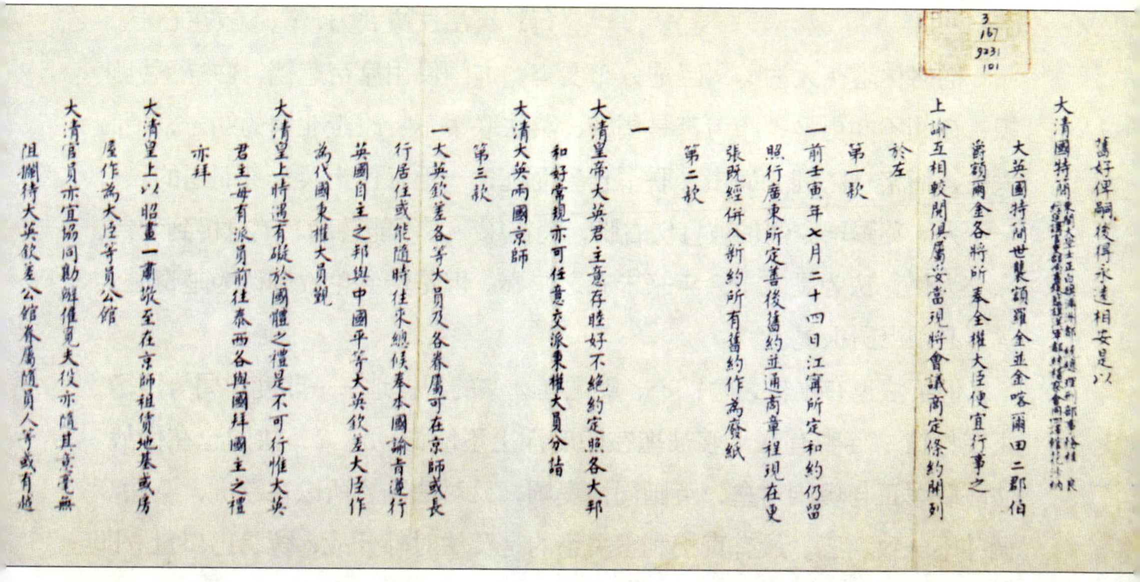
3
167
9231
101

舊好俾嗣後得永遠相安是以
大清國特簡
大英國特簡世襲額羅金並金喀爾田二郡伯
爵額爾金各將所奉全權大臣便宜行事之
上諭互相較閱俱屬妥當現將會議商定條約開列
於左
第一款
一前壬寅年七月二十四日江甯所定和約仍留
照行廣東所定善後舊約並通商章程現在更
張既經併入新約所有舊約作為廢紙
第二款
一
大清皇帝大英君主意存睦好不絕約定照各大邦
和好常規亦可任意交派秉權大員分詣
大清大英兩國京師
第三款
一大英欽差各等大員及各眷屬可在京師或長
行居住或能隨時往來總候奉本國諭旨遵行
英國自主之邦與中國平等大英欽差大臣作
為代國秉權大員覲
大清皇上時遇有礙於國體之禮是不可行惟大英
君主每有派員前往泰西各與國拜國主之禮
亦拜
大清皇上以昭畫一肅敬至在京師租賃地基或房
屋作為大臣等員公館
大清官員亦宜協同勷雇覓夫役亦隨其意毫無
阻攔待大英欽差公館眷屬隨員人等或有越

何伯旧照

水路预备齐全……候其来年赴北换约之时，聚而歼之”，暗中差使僧格林沁加紧海防。另一方面，额尔金牛刀宰鸡，自豪道：“如我们有制造第二个印度的雅兴，则可以吞并清帝国。”这一切都显示双方又要大打出手。

1859 年，英法欲北来换约。天津外海战云密布，僧格林沁率领精兵严守大沽，北塘则虚兵以守。咸丰警告英法留在上海商议，不必赴津，反正和约都是桂良经办，他人也无从插手，便来北京又有何用，不如留在上海静候。但是英法深知小鬼难缠，擒贼擒王，决意北行。咸丰要求遵约方准放行；英法仗恃武力，毫不放在心上。

僧格林沁在大沽购买巨炮分布要害，炮门俱用席帘遮挡，白昼不见旗帜，夜间不闻更鼓，布置甚是周密，英法联军不听改走北塘的劝告，硬闯大沽，僧格林沁迎头痛击，联军仓皇而逃，一千五百士兵全身而退的只有一千人。英军司令何伯被打伤右股，躺在床下，不能转动。消息传到北京，人心大快，认为是二十余年来未有之快事。但是传到伦敦则认为是奇耻大辱，必须严厉报复。

但英法也有难言之隐：一、英国在远东的根据地——印度，局势不稳，正在打仗，英舰有八十艘被拖在印度洋上不能调动。二、法国也在作战。法萨联军正与奥国对垒，英国同情奥国，反对法国，所以在欧洲，英法步调并不一致。三、最有直接利害关系的是英法对外开战，贸易出口量立即跌落，试看下面英国人统计的简表：

	英国进口茶值（百万英镑）	丝值（千镑）
1857 年	41	60
1858 年	51	86
1859 年	39	68

下面仅上海一地，英国就损失了一千两百万英镑。还有更可观的鸦片收入，试看下表：

	箱数（千箱）
1857 年	62
1858 年	63
1859 年	48

英国在打仗的一年中，减少了一万五千多箱的鸦片进口，若按市价来算，损失了四千五百万镑，首当其冲的上海洋商不甘损失，纷纷劝阻英法罢兵言和。洋商联合华商共同捐款二百万赔偿军饷，英法公使乐得藉此下台，照会何桂清说若照天津旧约，即可罢兵。但咸丰被胜利冲昏了头，下旨道：所有八年议和条款（指《天津条约》），概作罢论，倘再来犯，必痛加攻剿。英法眼看煮熟的鸭子又飞了，决意再打。

英法在大沽溃逃时，对华贸易居第二位的美国派使暗由北塘登岸，向皇帝行跪拜礼，呈递国书，换约而返，在经济上得到了实利，无意一战。俄国当然乘机携带《爱珲条约》的草本，要求割让中国领土，掌管理藩院的大臣肃顺严辞拒绝。下面是俄国人的记录："肃顺轻蔑地把《爱珲条约》丢在桌上，伊格拉提夫（俄使）暴跳而起，大声咆哮，指责肃顺竟敢在俄国特使前毫不尊重国际条约。会议停止，要求另派全权代表。"这就是帝国主义侵略者的面目，他们自己把它刻画得很深刻。俄国所求不遂，愤而

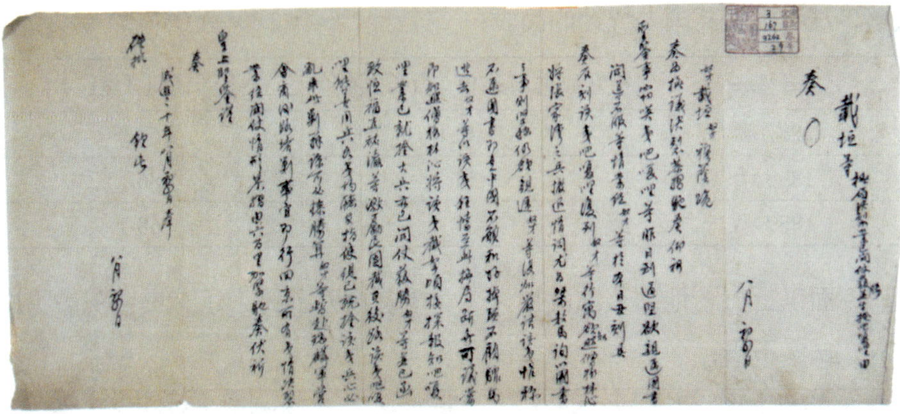

咸丰十年（1860）七月，英法联军自天津向北京逼进，咸丰帝急忙改派载垣、穆荫为钦差大臣，前往通州与英法联军重新议和，同时令僧格林沁在河西务（在今天津武清区）一带防堵。联军侵占河西务后，派巴夏礼、威妥玛等为代表，于七月二十九日在通州与载垣等初次会谈。载垣表示愿接受英法方面过去提出的全部要求，但英法代表又提出向中国皇帝面交国书，遭载垣等拒绝。八月初四日，英法联军进犯通州张家湾，谈判破裂，清方拘囚巴夏礼等英方代表二十六人，法方代表十三人，史称“巴夏礼事件”。此折为扣押英法代表后，载垣所奏。

出京，怂恿英法北上。

1860 年 5 月，英法军舰停泊在天津外海，要求中国道歉、赔偿、换约，咸丰一概不允。6 月，英法兵登北塘，转向大沽，僧格林沁死守炮台。英法兵吃一次亏，学一次乖，以大炮掩护，在火网下跃进；清兵则是老猴耍把戏——翻不出新花样，肉身布防，枪炮下血肉横飞，天津陷落完全在意料之中。咸丰浩叹之余，派恒福、桂良乞和。

英使巴夏礼胜券在握，百般刁难。咸丰一面声称要御驾亲征，一面又发下僧格林沁请皇帝巡幸木兰的密折，玩弄两面手法，把亲征当做巡幸（换句话说就是逃走）的饰词，环绕四周的奴才官载垣、端华等，早知主子心意，齐声唱和走为上着。

就在此时，巴夏礼被俘，咸丰大喜，以为敌阵必乱，命恒福乘此声威，订下杀黑白洋鬼的巨额赏格激励团勇，一拥而上。久经调教的帝国侵略军临危不乱，依计进攻张家湾清军大营，枪炮齐发，清兵死伤极多；僧格林沁退守八里桥，联军追至，僧军大败，死伤数千名，营盘器械尽失。咸丰从大喜变为大惊，一边想关闭通商口岸，希望洋商为利所趋，劝额尔金退兵，一边想溜往木兰。载垣、穆荫便作了替罪羔羊，以办理和局不善，撤职候办。咸丰只是找台阶溜走，并不想杀鸡儆猴；但伴君如伴虎，谁敢再上台，不得已只有起用在政治上与他对立的异母弟恭亲王为钦差大臣，督办和局。他自己带着慈安、慈禧、后宫妃嫔、亲信大臣逃往热河。

烟波致爽殿。此殿位于承德避暑山庄正殿之后，是清朝皇帝在山庄的寝宫，建于康熙四十九年（1710）。康熙帝谓此处“四围秀岭，十里平湖，致有爽气”，故而题为“烟波致爽”。咸丰十年（1860），英法联军入侵北京，咸丰帝携东、西等后妃出北京至热河避难，即居于此殿。

9月，联军攻进北京，俄国见有机可乘，又挺身而出，愿代为调停。清廷求和心切，不惜引狼入室。俄国要求批准《爱珲条约》，作为换取北京免于炮火洗劫的代价。奕䜣不允，联军步步进逼，从德胜门长驱直入，占据北京城。额尔金下令焚毁圆明园，大火三月不息，这个苦心经营近两百年，被传教士惊叹为世界第一的伟大建筑，就被习惯于海盗行为的英帝国一手摧毁。

英法不但纵火烧掉圆明园，又放火焚烧附近街市，咸丰只好令奕䜣进

● “大水法”为圆明园西洋楼景区的一部分。“水法”即“喷泉”（fountain）一词最初传入中国时的名称，取“水”之意、“法”（F）之音。大水法的设计和监造者为法国传教士蒋友仁。大水法造形为石龛式，石龛紧靠远瀛观平台，正中有铜雕西洋式狮子头，口中喷水，落入下面的半圆形七级水台，水台亦层层喷水。前下方为椭圆菊花形水池，池正中有一铜鹿，南向似跑，其角分为八杈，由各角尖上喷水八道。鹿东西各有铜猎犬五只，水由口喷出，射向铜鹿，此喷泉俗称“猎狗逐鹿”。大水池左右前方各有十三层方形喷水塔一座，塔在水池中，池底有大喷水管八根，塔身上有小喷水管八十根，水射高六尺。此大水法正面铜版画，为清宫廷画师所绘，现藏于北京故宫博物院。（下左）

●《圆明园内外匾额全册》封面，清写本，一折册。北京大学图书馆藏。这本小折册中，记载着当年圆明园内外各路建筑上所题的匾额，从一个侧面反映了圆明园的盛时景况。（下右）

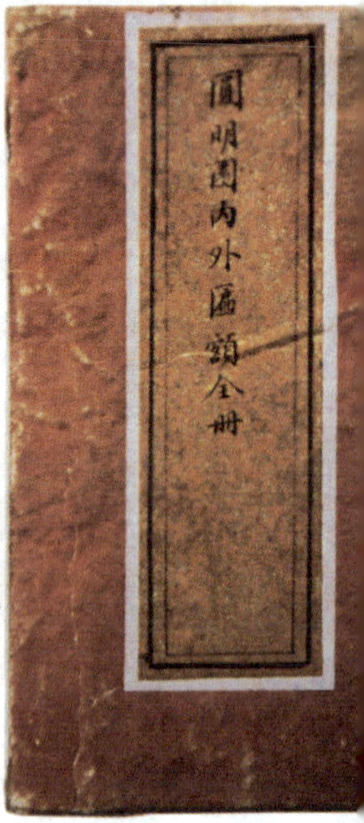

第二次鸦片战争形势图。1856年，英法分别以所谓“亚罗”号事件和马神甫时间，出兵中国。1857年12月，英法联军攻陷广州，次年初，联军北上，4月到达大沽口。5月20日突然向大沽口炮台发动进攻。由于清军将领胆怯逃跑，大沽口炮台失陷。联军很快溯白河西上，直抵天津。在侵略者的军事威胁和外交压力下，清政府先后与英、法、美、俄签订了《天津条约》。侵略者并不满足于此，1859年6月，率舰队来到大沽口外。6月25日，再次突袭大沽口炮台。清守军被迫还击，英法军舰狼狈逃窜。1860年，英法又派大批侵略者来华。8月，攻陷大沽、天津。10月，北京失陷。《北京条约》签订后，11月，英法联军才退出北京。

城，接受签约。1860年10月，双方代表在礼部换约。清政府再一次的乞和投降，当然就是再一次的写下卖身契了。《北京条约》大抵以《天津条约》为蓝本，中国新丧失的权利如下：一、增开天津为商埠。二、割让九龙。三、贩卖华工出国作“猪仔”。四、传教士在各省租买土地，建造自便。五、赔偿英国一千二百万两，法国六百万两。

总之，英法帝国所开出的条件，只可增加，不能减少。中国向次殖民地的深渊又迈进了一大步。

第四节　觉醒的开始——创立总理各国事务衙门

《天津条约》与《北京条约》签订后，清廷得到的唯一回报是借洋兵助剿。可是中国却受到绝大的祸害：一、从前开放的五口，散布在东南沿海，现在增开十一口（总共十六口），使得沿海七省及长江内部，都受到帝国势力的侵入。二、英国对华商业独占的局面虽被打破，但招来法、美、俄等国朋分，他们任意到内地通商传教，所谓势力范围，渐成雏形。三、关税原为协定，现由外人帮办，变成直接控制。1859 年，英人李泰国（H.N.Lay）受命为总税务司，以后非英人莫属，海关成了英国的囊中物。四、十六商埠设有租界，有领事裁判权保护，清廷不能过问，俨然成为中国境内无数独立的小国，主权完整遭到破坏。五、俄国乘乱军中逼迫承认《爱珲条约》，订立中俄《北京条约》，兵不血刃坐得二百七十余万方公里，连西方人士都气愤不平道：英法联军对华作战，竟成为只是替俄国讨利益。愚顽的咸丰却说是因为“两国素来和好”，这和好的代价就是出卖土地换得的。

中国租界表

租赁国	时间	地区	内容	备考
英	1843 年 12 月	上海	1848 年拓展至 2800 多亩	1854 年与上海法、美人租地统一行政，并发展为租界
美	1848 年	上海	1893 年扩展为 7856 亩	1863 年与上海英租界合并，为上海公共租界
法	1849 年 4 月	上海	经三次扩展，至 1914 年增至 15150 亩	同上
英	1844 年	厦门	1862 年开辟为 24607 亩	1945 年正式收回
英	1860 年 12 月	天津	开辟时为 460 亩，1903 年扩展为 6149 亩	1930 年正式收回
英	1861 年 2 月	镇江	开辟时为 156 亩	1945 年正式收回
英	1861 年 3 月	汉口	开辟时为 458 亩余	1929 年正式收回

租赁国	时间	地区	内容	备考
英	1861 年 3 月	九江	开辟时为 150 亩	1927 年初收回
法	1861 年 6 月	天津	开辟时为 439 亩	同上
英	1859 年 7 月	广州	开辟时为 264 亩，1900 年增至 2360 亩	1945 年正式收回
法	1861 年 9 月	广州	开辟时为 66 亩	同上
美	1862 年	天津	开辟时为 131 亩	同上
德	1895 年 10 月	汉口	开辟时为 600 亩	1902 年并入英租界
德	1895 年 10 月	天津	开辟时为 630 亩，1898 年增至 1034 亩	1917 年收回
俄	1896 年 6 月	汉口	开辟时为 414 亩，1901 年增至 4200 亩	1924 年收回
法	1896 年 6 月	汉口	开辟时为 187 亩，1902 年增至 400 亩	1945 年收回
日	1896 年 9 月	杭州	初为日本商民居留区，开辟时为 900 亩	同上
日	1897 年 3 月	苏州	开辟时面积 483 亩	同上
日	1898 年 7 月	汉口	开辟时面积为 200 亩，1907 年扩充至 622 亩	同上
日	1898 年 8 月	天津	开辟时面积为 1667 亩，后扩展至 2150 亩	同上
俄	1900 年 12 月	天津	开辟时面积为 5474 亩	1924 年收回
日	1901 年 9 月	重庆	开辟时面积为 701 亩余	1937 年 8 月在日本领事和侨民撤离后，事实上即被收回
比利时	1902 年 2 月	天津	开辟时面积为 740 亩余	1931 年收回
意大利	1902 年 6 月	天津	开辟时面积为 771 亩	1945 年收回
奥地利	1902 年 12 月	天津	开辟时面积为 1030 亩	1917 年收回

同时，清廷两次在炮火洗劫下乞降，逐渐体认到坚船利炮的威力，也逐渐体认到专设机构总办外交的重要性。对外的危机引发了政治上的严重

斗争，产生了一批对洋务稍有认识的党派，联合汉人督抚推行新政，力挽颓势。

清政府对外交涉原本由礼部主持，但英法美俄盘踞北京，北京不啻为外交谈判中心，奕䜣与文祥等人侧身其中，行事处置早已超越礼部之上，设在北京督办和局的公所也取代了礼部。英法帝国更想利用奕䜣，制造新势力来打击咸丰及周围的主战派。这是帝国主义惯用的伎俩，奕䜣没有上钩。但签订《北京条约》以后，各国公使驻京，清廷迫于内外情势，不能再以礼部办交涉，只得接纳奕䜣意见，1861 年特设“总理各国通商事务衙门”专办外交。咸丰对奕䜣向来猜忌排斥，当然不愿他掌大权，因此透过经费、

列强为控制清政府，不愿意以“蛮夷”身份同带有封建社会衙门习气的“理藩院”打交道，多次要求建立专门机构。咸丰十一年（1861）初，奕䜣奏请建立总理各国事务衙门，以有效地办理洋务和外交事务，随后得到咸丰帝批准。图为总理各国事务衙门旧照。

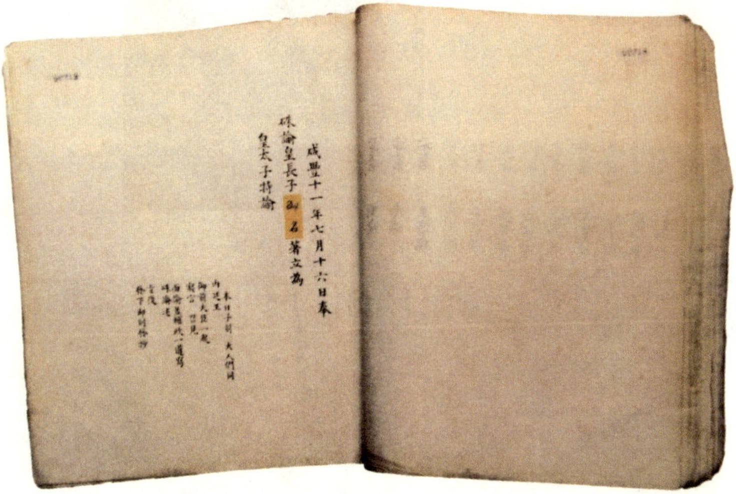

《立皇长子载淳为皇太子上谕》，是咸丰帝临终前一日，即咸丰十一年（1861）七月十六日发布的两道朱谕之一。

人事等方法限制奕䜣，兄弟的阋墙之争逐渐表面化。1861 年 8 月，咸丰因荒淫过度在热河病死，遗命八大臣赞襄政务，却没有托孤给奕䜣。奕䜣匆忙赶来热河奔丧，与慈禧联手合作，藉口回銮，强迫肃顺等八大臣回京，半途发动辛酉政变，把载垣、端华、肃顺等人拿下问罪，铲除了政坛异己，大权落到慈禧与奕䜣手中。

奕䜣在政治上攘夺大权成功，结合曾、左、李等湘、淮军首领，转为洋务派，展开“师夷长技以制夷”的自强运动，企图把大清的危局扭转过来。

第六章

新旧杂治下的洋务运动

英法帝国的狂妄侵略，使得一批清朝亲贵大受刺激；太平军的长期革命，使得一批汉人督抚深受震撼。他们知道了西洋枪炮战守相宜，确实不是中国所能及，因此协力同心，展开一场洋务自强运动。这个运动分为两期：第一期从 1862 年到 1884 年中法战争止，主要在求国强，设施不外购买船炮洋枪、训练兵勇。主持机构是总理衙门。第二期从 1884 年到 1894 年中日甲午战争止，要求国富，重要设施为开凿矿产，创办铁路、电报。主持机构是海军衙门。两期共同不变的方针是：师夷长技以制夷，用彰天讨。但是三十年苦心经营的自强结果，经中法之战而部分崩溃，中山先生因此有“倾覆清廷，创建民国”之志；中日甲午之战后，更全面崩溃，兴中会由是宣告正式成立，“以申民志，而扶国宗”。所谓的洋务自强究竟还是没有救活大清帝国的久病之躯。

第一节 处身于新旧交替中的领导阶层

第一期洋务运动，在中央主持的是奕䜣与文祥，在地方上实行的是曾、左、李、沈（葆桢）等新兴的汉人督抚。他们都经过时代的洗礼，从闭关自守的顽固态度转而学习西方。这种转变可以分成两类：一类是从战场上得来的失败经验，如曾、左、李；一类是从外交圆桌上得来的屈辱经验，如奕䜣、文祥。曾国藩在鸦片战争期间，拥高位于京城，在闭关守旧的心态下，以谈理学为日常公务。英舰谣传北上，他写信给父亲说，“若今夏不来天津，或来，使彼片帆不退”，口气非常托大。可是十年以后，他与太平军殊死血战，亲眼见到“轮船之速，洋炮之远”，不得不承认湘潭、岳州的胜仗“实赖洋炮之力”。因此放弃了日日诚意正心的理学功夫，而以学做炸炮、造轮船为“今日救时第一要务”。

传曾国藩衣钵的李鸿章转变得更明显。他更早体验到洋炮的威力，但他受命初到上海时（1862），还觉得与外人接触十分耻辱，自比为昭君出塞，不便以中国兵习西操，听外国人之命。在沪上不到二年，看到洋人“器械之鲜明，队伍之整齐”，自叹不如，不得不承认“克复太仓，实借戈登大炮之力”，因此放

沈葆桢(1820 ~ 1879)，字幼丹、翰宇，福建侯官（今福建福州）人。道光朝进士。同治五年（1866），左宗棠倡兴船政，荐为首任福建船政大臣。十三年（1874），日本侵台，任钦差大臣办理台湾防务，率福建水师赴台。日军撤退后，为开发台湾经济等作出计划。翌年，任两江总督兼南洋通商大臣，在修水利、固海防、选贤能诸方面颇有政绩。卒赠太子太保，谥文肃。

弃模仿湘军的计划,改习洋操,而认为“转弱为强之道,全由于仿习机器”了。

左宗棠处处与李鸿章作对，但在学习西式枪炮这一点上，却不谋而合了。他在浙江被太平军苦苦相逼，无可奈何，趁着英法北上之便，藉洋人坚船利炮击败敌军,事后感叹说:自强之策,必应仿造轮船。极力叮嘱总署,洋务经费断不可省。

在中央与洋人周旋的奕䜣，转变极具代表性。1853 年，英法强要入城，他主张立即还以颜色。1858 年英法第一次北上,他建议召募乡勇,分兵围剿。《天津条约》后，坚决反对驻京，主张将英军谋主李泰国当场正法。可是

◉ 奕譞(1840~1891),字朴庵,号九思堂主人。清道光帝第七子,光绪帝之父。咸丰年间在政治上并不出色,咸丰帝死后，开始受到慈禧太后重用。同治八年(1869)，力主驱逐洋人，激励绅民打毁天主教堂，事后因惩凶赔款，愤请辞职。即光绪登基，被加封亲王“世袭罔替”，亦即为清朝十二个“铁帽子王”中的一位。(上左)

◉ 刘坤一(1824~1902)字岘庄,湖南新宁人。咸丰五年(1855)在乡办团练,旋入湘军。太平天国起义后,参与长沙守城之战,后转战江西、广西等地。后任两江总督兼南洋通商大臣。甲午战争时，支持对日作战。光绪二十七年(1901)，与张之洞连上三疏，请求变法，称“江楚三折”，多为清廷采纳。有《刘坤一集》传世。(上右)

◉ 张之洞（1837 ~ 1909），字孝达，又字香涛，号壶公，晚年自号抱冰老人。南皮（今属河北）人。晚清洋务运动的重要首领之一，近代重工业的创始人，创办汉阳铁厂、湖北枪炮厂、湖北纺织四局，并筹办芦汉铁路等，亦为晚清著名教育家，著有《劝学篇》。（左）
◉《劝学篇》书影（右）

他受命求和后，眼见英法的坚船利炮，自知不敌，一边谈和，一边计划练兵制器。成立总署后，任用一个洋人来管理海关，这个人就是他当年坚决要杀的李泰国。顽固的守旧分子倭仁反对他的洋务新政，他说：“臣等未办洋务之前，所见亦复如此”。这是肺腑之言。

第二期洋务运动，在中央由奕䜣异母弟奕譞和李鸿章接班，地方上也由张之洞、刘坤一取代老死的曾、左、沈。尤其是李鸿章，深得清廷倚重，又有淮军集团作靠山，上达朝廷，操纵军事、外交三十年，洋务运动几乎无一项不参预。然而，奕譞却没有乃兄那样亲身遭遇外交屈辱的惨痛教训，因此办洋务常是乘兴而来，败局收场。张之洞继承了左宗棠的余绪，与李鸿章大唱反调，但却不像左那样曾亲受军事上失败的教训，因此办洋务重点改在兴办实业、利用厚生这点上。

第二期“自强”中（1884 ~ 1894），帝国主义侵略暂时偃兵息鼓，改从商品贸易下手。试看海关报告这些帝国渠魁进口货数量的变化（单位：万吨）：

	1864 年	1874 年	1883 年	1893 年
英　国	286	474	1 100	1 921
美　国	261	319	15	9（受到内战影响）
法　国	9	14	19	26
日　本	0.77	0.48	20	57
总　计	557	808	1 154	2 013

这种狂风骤雨的经济侵略，在 1880 年榨取了中国七千九百万两，1892 年时更高达一万万三千万两，使得中国传统的手工业大遭破坏。譬如南昌县本来耕织乐岁的，到了光绪中叶后妇女愁容坐食，再也听不到机声了。这种凄惨的景况显示中国求强必先求富。第二期的领导分子感受的时代环境不同于第一期，因此两期的洋务建设表现出不同的外貌。

总之，洋务派发展自强运动基本上出于相同的动机：师夷长技以制夷。但所谓“技”，随着时代与环境的转变，而呈现不同的内容。这些洋务派的思想基本上反映了早期改革论的要求，但他们既想求新又不愿全面舍旧，在新旧杂治下，自强运动必然不会有什么前途。

第二节　求强的第一期新政

所谓求强就是以湘、淮军购买枪炮、演练洋操，希望脱胎换骨变成西式军队，把清朝统治下的中国从洋枪洋炮中救出。结果李鸿章与淮军因此而壮大，从地方军摇身一变为中央军，李鸿章得以上达天聪，却在“甲午之役，望风而溃”（梁启超语）。新政求强显然是失败了。

推动第一期新政，总理衙门在京城发号施令，曾国藩在江西揭开序幕，分由南北两方逐步推展。

◉ 同文馆旧照。为了培养专门的翻译人才，洋务派在中央的代表奕䜣等人在英人威妥玛的帮助下，于同治元年（1862）在北京正式设立同文馆。同文馆附属于总理衙门，是清末最早的洋务学堂。(上左)
◉ 江南制造局制造的后膛钢炮（上右）

1862 年曾国藩设军械所于安庆，奕䜣在北京设同文馆，李鸿章在上海设西洋炮局三所。一位英国人回忆说："他所训练的士兵（指淮军），使用新式的子弹，在几个月后攻陷了西塘城（打败太平军）。"这就是洋务与"自强"合作的有力成绩。

1861 年曾国藩派容闳购办机器，花费六万八千两。

1864 年曾、李筹设江南制造局，"购洋人机器铁厂一座，能修大小轮船及开花炮、洋枪各件，实为洋泾滨外国厂中机器之最大者"，并附设译书局，翻译数学、物理、化学等书。

1865 年左宗棠在福州设马尾船厂，总经费四十万两，每月经费四万两。左宗棠率兵西征后，由沈葆桢继续主持。到 1867 年止，共造十七艘船，小自五百多吨，大至一千四百五十吨，是第一期新政里最有成就的一项。

1867 年崇厚在天津设立机器局，以制造军火为主。李鸿章设金陵机器局，也是军火工厂。

1869 年李鸿章受命为直隶总督，扩充天津制造局。

1872 年李鸿章在上海创设轮船招商局，开办经费二百万两，船只二十六艘。在大买办唐廷枢的锐意经营下，与外商竞争激烈，1877 年曾打垮了美国旗昌洋行。

1875 年李鸿章筹办铁甲兵船。

1876 年李鸿章派员赴德国陆军学习。

1877 年李鸿章设开平矿务局。丁宝桢在成都设四川机器局，仿造外洋枪炮。

1878 年左宗棠设甘肃织呢总局。

1880 年李鸿章设天津水师堂，向德国购铁甲船两艘。设电报局。

1881 年开平矿务局建运煤铁路二十里。吴大澂设吉林机器局。

1882 年李鸿章奏请设立上海机器织布局。建筑旅顺、大连军港船坞。

◉ 马尾船政局旧照

甘肃织呢总局机房旧照

上海买办徐润开设同文书局。

1883年左宗棠扩充江南、金陵两机器局。上海买办祝大椿创办源昌机器公司。

1884年李鸿章派遣船政学生二十四名出洋深造。

上述新政中大部分由官僚阶级主持，但在某些实业建设上也借重买办的经验与才能。买办是在《南京条约》与《北京条约》签订后，因贸易频繁应运而生的一批脚踩东西两船的新阶级。他们活跃的范围不出通商口岸，与广大的社会内部无甚关联。19世纪50年代后，西方帝国享受条约特权，对中国进行史无前例的经济侵略，对中国来说，买办是帮凶，对外国来说，买办吃里扒外成为负担，在某种程度上减弱了帝国的侵略力量。买办拥有巨资，外商自然见钱低头，如旗昌洋行买办陈竹坪、怡和洋行买办何东、上海买办杨坊，洋人都对他们奉承有加。在1842年至1895年间，买办累积了五万万三千万两的总收入。这样的赫赫家当，李鸿章当然趋之若鹜，力邀他们加入“自强”运动。如招商局就由买办认购四十七万两股分，占全部资金的百分之七十八。买办有钱，捐官后更是炙手可热，清廷卖官

怡和洋行旧照

鬻爵以得利，买办捐资纳款以得名，双方联系紧密。这些买办新贵，生长在尔虞我诈的十里洋场，人品道德都不高，他们加入新政，为的还是私利。清廷利用他们发展自强，买办利用清廷赚得暴富，官商如此合作。第一期新政只有点的发展，缺少面的基础。

第一期新政主要是军事性质，但在政策上发生激烈的冲突。俄国乘陕甘捻乱占领伊犁，西北边疆亮起了红灯；同时日本藉口漂游台湾杀害高山族同胞，企图侵夺，东南海疆也鸣放起警报。李鸿章看重的是海上的侵略，主张发展海军，对付日本。左宗棠看重的是陆上的侵略，主张借款西征，讨平俄国。左的态度反映了传统中国对北方游牧民族南侵的恐惧心理，李的态度反映了近代中国对海盗民族劫夺烧杀的防备心理。这两种心理都显示了中国对帝国主义侵略的本能反应。但“海防”与“塞防”孰先之争，使得左李两人成为政治上的死对头，在政局上掀起两派党见，相持不下，使第一期新政运动出现了严重的裂痕，这个裂痕又是在继续加大加深中。

第三节　求富的第二期新政

本期新政环绕于“求富即求强”的根本观念，从最先感受到洋布侵入的压力而仿办纺织局出发，由海军衙门在北京总督导，展开自强。

1885 年成立海军衙门，奕譞出任总理，控制所有沿海水师；花费数百万两，向德国购置的定远、镇远、济远三舰抵达大沽。定远、镇远各有大炮十尊，济远有七尊，是中国当时最大的军舰。

同年，李鸿章设天津武备学堂，刘秉璋设浙江机器局。

1886 年上海成立鸿丰纺织公司，最初有棉纱一万二千锭，六年后（1892）增至一万五千锭，是中国成立的第一个纺纱工厂。张之洞在广州设立粤钱局试铸制钱，亏损不少。

同年，李鸿章在天津设宝津局，定购英国造钱机器，“每年造成之钱，值银不足五万两，而工本需十万七千两，赔贴银至五六万两之多”。

刘铭传在台设立台湾机器局。

1888 年李鸿章设立北洋海军，向英德定购致远、靖远、经远、来远四舰。

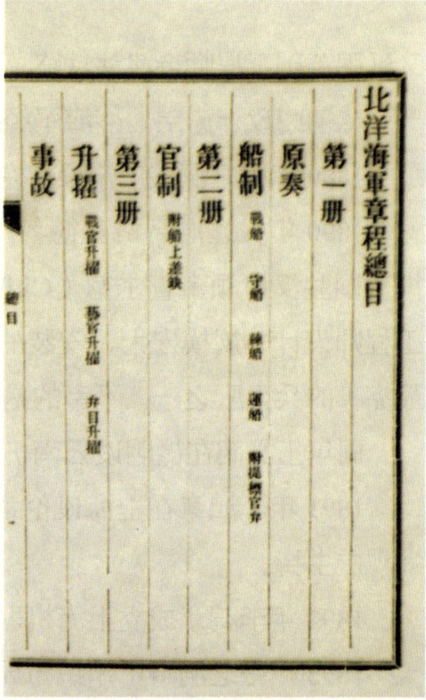
北洋海軍章程總目
第一冊
原奏
船制 戰船 守船 練船 運船 附提標官弁
第二冊
官制 附船上差缺
第三冊
升擢 戰官升擢 藝官升擢 弁目升擢
事故
總目

北洋海军章程

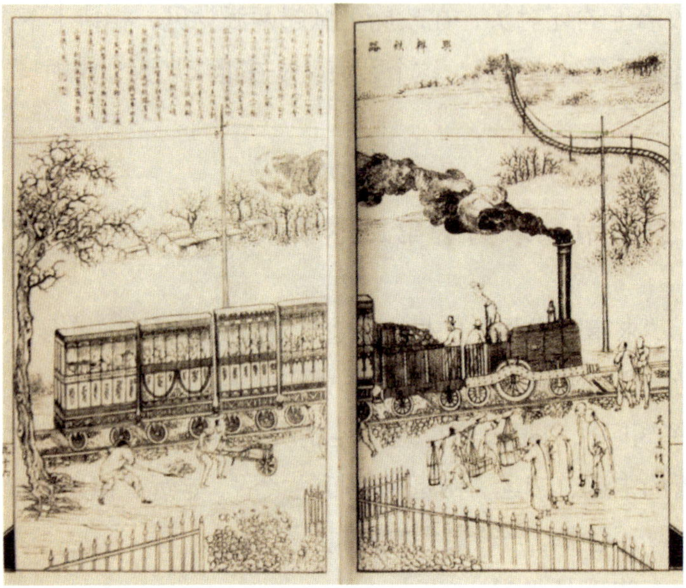

◉《点石斋·兴办铁路图》，光绪末年上海东亚社石印本。

又延聘英国工程师造津沽铁路。

慈禧归政于德宗，移海军经费修筑颐和园，部议不再购新舰。

1889 年张之洞在广州设广东织布局，又设炼铁厂。

1890 年张之洞聘请英德各国矿师开采大冶铁矿，创办汉阳铁兵工厂。据美国驻汉口领事查尔德（Child）记载：“工厂占地约七十英亩，由英国工程师设计，规模宏大，安装的全是最新式最进步的机器……它将是世界最完善的兵工厂之一。不幸的是厂房建在谿谷中，容易遭受水灾。”

同年王文韶在昆明设云南机器局。

1891 年李鸿章在上海设伦章洋纸公司，招股二十万两，由香山大买办郑观应主持。

1892 年李鸿章成立上海机器织布局。

1893 年张之洞将广州织布局的机器运至武昌，设织布、纺纱、轧棉三局。

1894 年盛宣怀在上海设华盛纱厂。天津买办吴崇仁在天津设火柴局，在重庆设聚昌、盛昌火柴公司。

1894年，中日甲午之战爆发，李鸿章再度受命乞和，洋务新政全面崩溃。

上述创办的企业，经营方式有三种，最初是完全官办，失败后发展出官督商办的形式，新政崩溃后演变为完全商办。

官办的企业不脱衙门习气，消耗大而生利少，贪污与侵吞层出不穷，与政治的腐败保持亲密的关系。更坏的是各厂完全依靠洋人成事，昏聩的满人不知好坏，听凭洋人瞎搞。再加上官办收支都有成规，所谓的报销制度限制了官办企业的发展。

光绪初期，也有不少买办独资经营的企业，但在中国失去关税保护权下，“内江外海之利，几被洋人占尽”，上海殷商“俱依附洋商名下……本利暗折”。为了补救官办与买办企业的漏洞，盛宣怀建议官督商办的形式。

所谓“官督商办”，就是官方出权，商民出资。官厅把持总办、会办、帮办等职位，任用私人，完全是官僚式的管理，商人只管出钱，换来的是独占的利益，但官厅的敲诈绝不落后。官督商办下，官场气重，居高位的管理人员只知挂名分肥，因此商民希望“官厅保护，商自经理”，实际就是暗地分财。这样“挂名”“暗地”双管齐下，当然亏多盈少。官督商办有官本与商股，但是赚钱官商朋分，赔钱由商股认账。商民为了抵御这种风险，恣意侵挪，营私害公，就是怕偷鸡不着蚀把米。官僚与商民这样的合作关系，使得第二期新政的营业底帐出现一片红字。

第四节 新政的破产

新政推行的目标是自强求富，这段期间，西方帝国经济侵略的狂潮愈见汹涌，清政府自强求富的结果并不能抵挡帝国主义的力量。1862年后，外商投资的情形如下：

1862 年～ 1874 年　　四百六十万两

1875 年～ 1884 年　　八百七十万两

1885 年～ 1894 年　　一千六百六十万两

这个数字的直线上升，不是说明中国有了企业发展的基础，而是说明以通商口岸为中心的中国初期工业，受西方帝国把持的情况不断扩大，换句话说，就是暗示了官督商办企业的失败。第二期新政中，中国进出口的差额愈来愈大。据海关统计，1873 年以前，中国仍是出超国，第一期新政中，则逐渐成为入超，试看下表（单位：百万元）：

	出口	入口	出超（+）
1871 年～ 1873 年	110	106	4（+）
1881 年～ 1883 年	108	126	18（－）
1891 年～ 1893 年	167	219	52（－）

新政全面崩溃的前三年中（1891 ～ 1893），中国漏卮了五千二百万元（合三千七百万两），这个数字只有上升，不会下降，这就是施行新政的“成绩”。

三十年洋务新政中，唯一可刮目相看的是，鸦片输入在进口比例上显著降低了（榨取的银两并不减少），但是棉织品倾销，取代了鸦片的地位，劫取了数量更庞大的白银。据摩尔斯估计，1894 年棉织品进口值是一亿一千四百万两，鸦片战争前一年，白银出口仅三千万两，比较起来真是小巫见大巫了。这些棉织品大部分就地取材用中国原棉制造。以 1894 年来说，中国原棉出口七十四万七千担，约值七百三十六万两，这样一来一往，中国漏失了一亿六百万两；新政求富反使中国被榨取了更多的资本。

新政展开，清朝统治下的中国逐渐卷入全球性的经济系统中。在西方帝国雄厚的经济压力下，初萌芽的工业苦心挣扎，非常吃力，任何一个角落的风吹草动，这个薄弱的新政都无法抵挡。中法战争前夕，上海大买办徐润写信给乡亲父老说：“法人挑衅，延扰及吴淞口，因之，商局尽归旗昌，更换美国旗帜。上海百货，无不跌价三五成，统市存银照常不过十分一二，只有三十八万”。这是新政第一期在中法战争的枪弹摧残下，风雨飘摇的写照。等到更大规模的甲午战争爆发，所谓洋务自强新政只有宣告全面破产。

除了帝国主义经济压力的外部阻碍外，内部的障碍重重更使得新政难以推展。第一，顽固守旧派的反对。他们反对洋务新政，主要由于自大与疑忌。1866 年奕䜣请设天文算学馆，最顽固的倭仁振振有词道：“天下之大，不患无才，如以天文、算学必须讲习，何必夷人，何必师事夷人？”这样自大的认为天下学问，无不网罗于中国，就是守旧派的基本思想。他们的反对虽然没有阻止天文算学馆的成立，但却使投考者寥寥无几，学馆的成效因此大减。疑忌的焦点在兴筑铁路，他们誓死反对道：铁路占地，民宅坟墓都要迁徙，生者无家可归，死者无处可安，甚至铁路攀山越岭，使山川之神也居无宁日。而且铁路兴起，非但贩夫走卒失业，驿站亦废，车驼俱归无用。这样人仰马翻，不都是铁路之害？何况铁路一开，内部陆地必染夷风，崇拜邪教，风俗大坏，载运夷兵瞬息深入，国防上将无险可守。因此，铁路绝不能兴筑。守旧派这样危言耸听，处处打击洋务派，新政推行者瞻前顾后，成果自然无足观。

第二是领导分子的分裂。洋务新政中，地方上两大栋梁——左宗棠与李鸿章，结怨甚深。一则李是进士，左是举人，功名上左不如李，左宗棠说，“李氏一门，勋伐既高，依附者众”。两人出身背景的高下造成了他们先天的不和。二则左是湖南人，属湘军系统，李是安徽人，创淮军系统，双方各有幕府亲友辗转依附。李鸿章说：湘楚旧部随左宗棠者尤多且久。两人

津浦铁路接轨仪式旧照

政治背景的不同决定了后来的分歧，严重影响到新政的发展，海防塞防之争就是一列。即使就海防一项来说，领导分子也非步调相同。南北互相争势，破坏了全面均衡的发展。曾国藩组织湘军成功，主张自强之策，应以东南为主，换句话说就是加强湘军守卫的力量，因之第一期新政在曾氏积威下，南胜于北。第二期时，曾氏已死，左宗棠目光集中塞外，沈葆桢失去依恃，原先卓具声名的马尾船政局日渐没落，清政府虽分设南、北洋大臣，但暗中授意北洋大臣李鸿章专司其事，以京师为主，因之第二期新政，北胜于南。后来甲午之战全面惨败的，就是清政府一意发展的北洋海军。

第三，更重要的是领导分子的知识限制。他们生长在传统保守的旧社会里，摆脱不了周围环境与经验的局限，对于西方帝国的教育、政治、法律固然茫无所知，就是坚船利炮与教育、政治、外交的关联也未曾与闻，因此所有富国强兵的措施，都在旧式的教育、社会和政治背景下落了空。如曾国藩极力主张设立同文馆，培养通夷之才，但是仍不能忘情旧式的功名念头，写信告诫他弟弟“不可不认真讲求八股试帖”，“断无不应科场之理”。他在战场上得到的失败教训，虽让他体会到洋式枪炮的威力，但也只认为是“救时要务”，换句话说，只是暂时性的，并不是要彻底的改革。李鸿章的情形也一样，据美人何康比（Holcombe）观察：“他不懂外国语，所以他所需要的大量情报，只有经过翻译员的挑选，才能到达于他。他对于器械的性能或品质，在比较优劣如何上，是一无所知的。”西方的奸商就利用这种“无知”欺骗中国人，把“有缺点不能用的来福枪”与“不合规格，危险的大炮”，都按“就是最好最新式的武器，也还是过高的价格”卖给了中国政府。三十年新政的结果，最高领导人之一的奕䜣也不讳言地说：“人人有自强之心，亦人人有自强之言，而迄今仍并无自强之实”，这确是真心话。

第五节 外交与军事的屡败

洋务新政期间，中国内部一意讲求自强，但是外交上却步步退后，对日本、对英国、对俄国都一意让步，中法战争前对法国更让了一大步，最后无可再退，被逼一战。

日侵台湾：1854 年，美国大炮打开日本闭关自守的局面后，日本上下决心痛洗耻辱，锐意革新。1868 年，开始变法维新，模仿西洋文物，也模仿西洋的侵略主义，开始对中国不怀好意。1873 年，藉口以前有琉球船遇风漂至台湾，被高山族杀了五十四人，向清政府质问。总署答称：“二岛俱我属土，裁决在我，何预贵国事而烦过问？”日本无词以对。不料，总署又说：“生番是化外之民，伐与不伐，贵国自裁。”日本大喜过望，抓住这条小辫子顺势而上。1874 年，日本兴师来台“问罪”，力邀美人李仙得（C.W.Le Gendre）为军事参谋。日本敢于如此嚣张，主要是依靠美国暗中资助。清廷据报，与各外使密商，西班牙、英、法等欧洲国不愿美国专美，同声谴责，美乃宣布中立。日本骑虎难下，指使三千日兵继续侵台，被高山族据险击败，退守龟山，造府修桥，准备久占不归。清廷又密商英法出面调停，日使大久保利通乘机下台，扬言说日本民心兵心难以压服，必须得有名目，方可退兵。所谓“名目”就是要钱。英使威妥玛（T.F.Wade）受托为打手，恫吓中国，清廷无奈，称日本之师是“保民义举”，不敢“指为不是”，给“抚恤银十万两，建筑赔偿四十万两”，等于承认琉球是日本的保护国。

并吞疏球：日本在侵台事件中初尝甜头，接着开始谋夺琉球。琉球在明朝时正式成为中国藩属，称中国为父国，以入贡受封为举国之庆。1872 年，日本强迫琉球也要朝贡，强封为藩王，后来又把琉球与日本府县同列，

1875 年，日本侵台成功，进而派兵驻扎琉球。琉球向清政府求助，清廷误以为琉球此举是为争取朝贡，因此并未重视。1879 年，日改琉球为冲绳。后在美前总统格兰特调停下，琉球被一分为三。图为时人所绘日本吞并琉球图。

并吞之意昭然若揭。1875 年，日本侵台成功，更变本加厉，派兵驻扎琉球，意图长久盘踞。琉球势弱，向中国求救。李鸿章误认是争取朝贡，主张淡然处置，意思是琉球之贡可有可无，引申来说也就是琉球可有可无，日本当然好作解人，1879 年改琉球为冲绳县，希望生米煮成熟饭，再掳走国王，撤销福州的琉球馆，贸易归厦门日本领事管辖。琉球遣使向中国三次哭诉，清廷是三声无奈。美国下台总统格兰特（U.S.Grant）正在华游历，李鸿章托他说项，但英国从中捣蛋，希望两国撕破脸再来揩油。格兰特建议把琉球分为三部（这是美国调停的一贯之道，后来的东西德、南北韩、南北越如出一辙），北归日本，中还琉球，南归中国。消息传来，朝野大哗，主张“以虚声相震撼”，但因朝鲜问题发生，清廷疲于应付，李鸿章幻想联日制俄，不敢得罪日本，这个案子就不了了之。

马嘉理案：1873 年，英国为了打通西南通道，派柏郎由缅甸进入云南，北京英使馆遣翻译马嘉理（A.R.Margary）从云南入缅甸迎接。滇抚岑毓英护送他安抵缅甸。1875 年马嘉理回云南，传说英兵将占腾越，当地绅民无不惊慌，联络土司同御外侮，群起杀马嘉理及随兵四名。岑毓英并未阻止（英国人说是他主使），调兵戍守滇缅交界。

英国目的在云南通商，因此藉口马嘉理案大肆要求，总署痛加驳斥，威妥玛与俄使密商，英兵进滇，俄兵进伊犁，使中国首尾不能相顾。威妥玛的手法与鸦片战争、亚罗船事件同样用的是英国“祖传秘方”——借题要挟然后用强夺取。清廷在案发时，向来是“小者细者不允”，威妥玛脱口大骂，“今日骗我，明日敷衍我，以后我断不能受骗了”，愤而出京，准备下旗归国，宣布断交。清廷着慌，赶紧谈和。威妥玛提出六项条件，重要的是派员驻扎大理与重庆，“沿海、沿江、沿湖多开口岸”，总署驳斥不准，威妥玛又觉受骗，情绪激动，准备动粗。清廷害怕，请出谈和老手李鸿章来了结此事。1876 年签订《烟台条约》，清廷答应赔款、谢罪，增开宜昌、芜湖等口岸。英国赔上几条人命，换来无数权益，真可说是一本万利了。

俄占伊犁：陕甘回乱时，新疆随之骚动，浩罕酋长阿古柏乘机进入新疆。英国正想染指缅甸，进窥中亚，遂积极拉拢阿古柏。俄国早对新疆朝思暮想，阿古柏螳螂捕蝉，俄则黄雀在后，假意联好阿古柏，但又怕养虎伤人，因之打着保侨护商的旗子，在 1871 年先一步占据伊犁。

左宗棠夙知俄国心怀不轨，将兵驻扎嘉峪关，力图收复新疆，李鸿章反对。英国想利用阿古柏吞并南疆，又担心北疆落入俄手，便借款一千万两给清政府，左宗棠充足粮饷，决意西征。1875 年，左宗棠率大军出玉门关，刘锦棠督前锋，先剿北路，后加兵南路，三年血战，收复新疆，阿古柏自杀身亡，妻女四子三孙皆被俘虏。英俄两国毒计未逞，清政府因此派使索还伊犁。

俄国原来藉口中国回乱，代为看管伊犁。他是欺负清廷势弱，新疆远

◉ 光绪元年（1875），左宗棠集结大军七万余人出征伊犁。大军发动，粮草先行，他大力筹集粮草，以保证大军的后勤供应。下图为左宗棠西征军募粮通告（局部）。

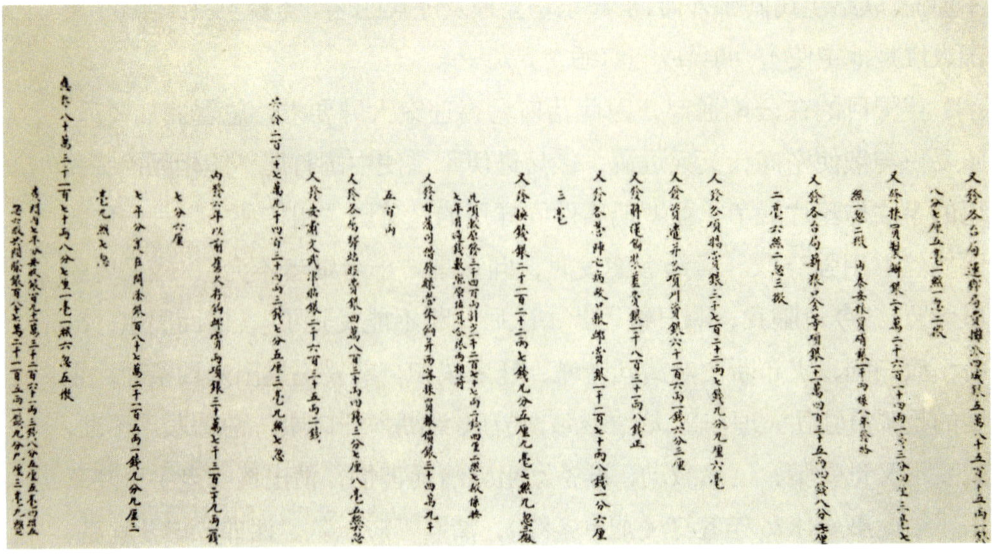

◉ 崇厚（1826~1893），完颜氏，字地山，满洲镶黄旗人。创立北洋机器局。光绪四年（1878）赴俄谈判，次年私自签订《里瓦几亚条约》，丧失了伊犁之外的大片领土，遭到国人唾骂，随即下狱，后病死。

在西陲，鞭长莫及，先造成事实，再图狡赖。不料左宗棠北征南剿，天山南北重归中国版图，只剩伊犁一座孤城，俄国辞穷，只好仍旧借题撒赖，要中国答应出让西北通商特权，才交还伊犁。清廷于是派崇厚前往索讨。崇厚在1870年的天津教案中，是坚决的仇外主义者，教案结束，他被派往法国谢罪，回国后摇身一变为外交家。清廷派他再度出山，是想倚重他的坚决排外，使伊犁安然归来，因此给他的头衔是“全权大臣”，便宜行事，希望“一诺之后，便成铁铸”。不想崇厚一去俄国，态度大变，讨回伊犁一座空城，却割让四周大块的沃壤险要，内地完全开放，东三省亦让其通航，两国边界另再派员商定，还要赔偿五百万卢布（合银二百八十万两），最妙的是蒙古、新疆的通商，俄人全免税。这种不可思议的条约，不仅清政府上下骇然，便是外国报纸也觉得匪夷所思。这就是所谓“知洋务”者惊人的手笔。

崇厚贸然订约，清廷很是为难，崇厚是钦命的全权大臣，如果不承认条约，等于自打耳光，否认皇帝的威信；但承认的话，丧权太甚，实不甘心。左宗棠拼过老命，坚决再战；李鸿章担心日本扯后腿，倾向和谈。朝廷遂分两派。所谓的清流党，包括刘坤一、张之洞、张佩纶等，气焰正高，主

曾纪泽（1839~1890），字劼刚，湖南湘乡人，曾国藩长子。光绪四年（1878）出任驻英、法大臣，补太常寺少卿。六年（1880）兼驻俄大使，与俄谈判收回伊犁事宜，一洗崇厚向俄屈辱丧权失地之耻，于七年（1881）改签中俄《伊犁条约》，收回伊犁和特克斯河地区。

张杀崇厚谢国人并堵俄人之口，并指责李鸿章和谈误国。湘、淮军再一次分道扬镳。清廷怕出乱子，只有选派湘军老领袖曾国藩的儿子曾纪泽出面交涉。

曾纪泽知道要俄国熊吐出到口的肥羊，极为困难；心中早有主意，不妨增加赔款塞住俄国肠胃，全力争回失地。他在赴莫斯科途中，俄军在东方耀武扬威，虚张声势；清廷也不示弱，左宗棠六十九岁高龄抬棺出关，天津至长城边星罗棋布，部署了八万清军，在围杀北极熊这点上，湘、淮军与清军密切合作。曾纪泽在同心协力的支持下，全力争取，迫使俄国吐出伊犁。崇厚赔款赔地，曾纪泽又费尽九牛二虎之力花钱买回。清王朝的外交就是这样先则典尽卖光，最后拱手让人。

1881 年，双方订立新约，俄国对西北的侵略暂告一段落。

中法之战：19 世纪 30 年代开始，中国西南边陲的藩属国也难逃帝国主义侵略的魔掌。列强之间，彼此划定势力范围，英国目标缅甸，法国目标越南，互不侵犯。

1862 年，法国迫不及待先攻下南圻三省，签订《西贡条约》，割让三省，追认传教自由，越南不服，暗组义勇军收复失地；法国又续占西南三

◉ “番鬼托梁”雕像。法国侵略军在越南及广西边境一带，到处烧杀抢掠，无恶不作，激起了广大民众的愤怒。广西民众在修造房屋时，将法军小丑雕像压在房梁下，以示对侵略者的切齿仇恨。(上左)

◉ 刘永福(1837~1917)，字渊亭，广东钦州(今属广西)人。咸丰七年(1857)，他联络一批人参加了广西天地会的反清武装，后迁入越南，接受越南官职，同时亦听从清廷调遣。因用七星黑旗作为军旗，故被称为“黑旗军”。曾多次受命抗击法军，屡战屡胜，声名远扬。(上右)

省，彻底毁灭越南反抗的种籽。法国取得南圻后，原想从湄公河上溯澜沧江，侵入中国西南边省，连成一气。调查之后，发现湄公河不能通行，便另谋出路，改从北圻经红河入云南，被天地会残部刘永福的黑旗军杀得大败，只得重施故技，诱迫越南签订《和亲条约》，强索红河航行权，一面暗认越南独立，一面监督越南外交，想借这种掩耳盗铃的手段，达到夺取保护权的目的。

1875年，法国驻北京公使罗淑亚(J.de Rochechouart)照会总署《和亲条约》的内容，同时要求在云南开放通商口岸，以分散注意力。法国这种“欲图越南，不忘粤西”的一箭双雕之计，瞒不过中国耳目，于是清廷

1873年，法军进犯越南河内。应越南政府约请，刘永福率黑旗军至越南，与当地军民一起大败法军。图为清人绘刘军大败法军年画。

声明：越南是中国属国，间接否认《和亲条约》。清政府正忙于马嘉理案，得罪不起法国，法国新遭普法战败之痛，也不敢过分嚣张，双方因此含混而过。

1878年，法国得到德国默许，准备向北圻下手。滇抚岑毓英暗中接运军火给刘永福，固守红河两岸，在抵抗外来侵略这点上，岑毓英抛弃扑灭天地会的训令，刘永福忘却反清复明的立场，一致对外。法国悬赏一万法郎捉拿刘永福，结果又被黑旗军击退。

1881年，法国改组成功，重新部署，增援增兵，整装待发。曾纪泽在欧洲听到消息，提出抗议，声明越南是中国属邦，质问法国。法外部含混答复，有意拖延。李鸿章在北京向法使宝海声称：法国如欲吞并越南，中国断不能置之不问。法使也含糊其辞,故意延宕。法外部与外使唱的是双簧,目的在等待大军准备就绪。

1882年，法军进占河内，刘永福英勇抵抗，法军困守河内动弹不得，找上李鸿章，向中国提出三条件谈和。这次协议，双方都不满意，张之洞、张佩纶为首的清流党一致主战，法国认为没有达成吞并越南的计划，撤换宝海，代以脱利古，增援五百余万法郎，准备强占越南。1883年后，越南情势急转直下。

曾纪泽不满李鸿章的软弱外交，写信给左宗棠说，越南之争每况愈下，都是误于李的退让。李鸿章担心曾纪泽遮盖了他外交主持人的光芒，密谋调派亲信去接任曾的职位。在政治场上，湘、淮军又生裂痕。宫廷之内也一样暗流汹涌，奕譞欲夺奕䜣大权，肆力攻击奕䜣对法的柔顺态度，兄弟阋墙之争愈见表面化。

清代年画《刘永福大破法国水军》

◉ 刘铭传（1836~1895），字省三，安徽合肥人。地方游勇出身，因协助平定太平天国及捻乱，而投入湘军、淮军，转而成为地方团练领袖，遂开始接触西学及洋务运动新知识分子，并在淮军中率先大量使用西方先进武器。后因抗法保台一战闻名，成为台湾建省后首任巡抚。其决心“以一岛基国之腹腔，奉一隅之设施，为全国之范”，致力于台湾的近代化建设，成绩卓著。（上左）
◉《点石斋画报·孤拔像》，光绪末年上海东亚社石印本。（上右）

法国趁两派人士明争暗斗之际，调派战舰大军，由海军提督孤拔率领，进攻越南。清廷也不示弱，布置联合军严阵以待，并暗中资助刘永福军火，固守北圻。李鸿章奏称海军未练成不能参战，仍要谈和，孤拔大军箭在弦上，非打不可，李鸿章密谋让刘永福独抗法军，预留清廷谈和余地。刘永福只知英勇杀敌，斩法兵二百余人，孤拔大怒，炮轰顺化，越南兵败求和，订立《顺化条约》，确定越南归法保护，脱离与中国藩属关系，李鸿章狡计得逞，与脱利古徐议分界划守，私定北圻与保胜为“欧脱”之地（中立区），中法分护越南，准备就此收场。同时撤换曾纪泽，解散黑旗军，他的求降之心毫不掩饰地现出来了。

法国当时政潮汹涌，而且借债增兵，也无力支持，因此与李鸿章情投意合，签订《李福协定》(法舰长福禄诺)：中国答应退兵，不再过问法越条约，边界听凭法货运销，不索赔款。这个协定违背了新掌大权的奕譞的意思。李鸿章迟不上报，仅通知粤桂督抚“相机酌办”。李鸿章想只手尽掩国人耳目，解决出卖越南的问题，法国也想借机掩盖世人耳目，解决独吞越南的问题。奕譞得讯大怒，责问李鸿章，朝廷更怒，调军固守，中法越南问题还是要用武力解决了。

1884年，法军进抵谅山，依约要清军撤退，清军奉令不准后退示弱，双方枪炮互击，法兵溃逃，死伤千余，退守牙山。法使责问李鸿章：何以《李福协定》法文本与汉文本不同？李鸿章承认不识洋文，难免疏忽。法国要求赔偿二万万五千万法郎，主战的曾国荃只允给五十万，法使视为笑柄，总署也无意一谈，中法再战。

1884年8月，孤拔率兵舰十三艘，藉口加煤，强登基隆，台湾巡抚刘

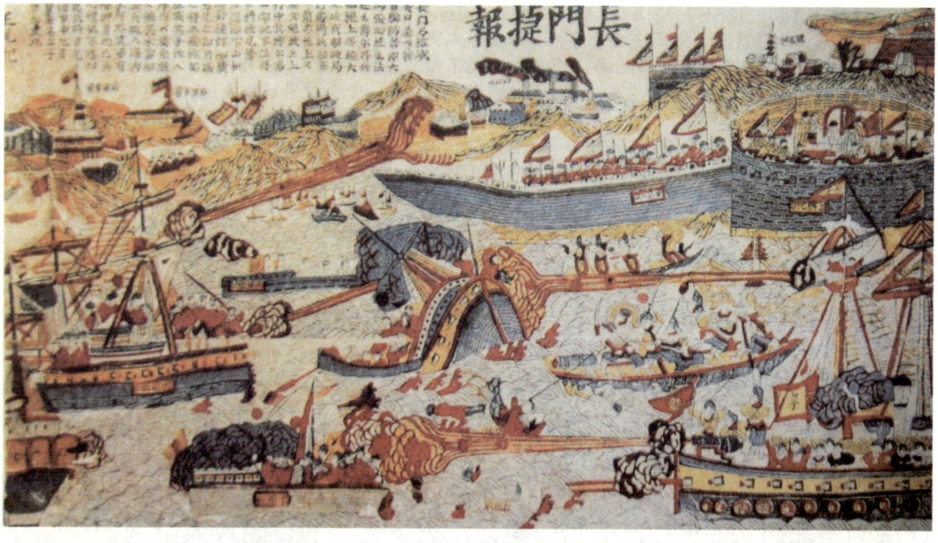

◉1884年8月，法军进攻台湾基隆，被清军击退。该月下旬，法军又突袭福建水师，福建水师在长门迎击法军，并重创其水师。图为清末年画《长门报捷》。

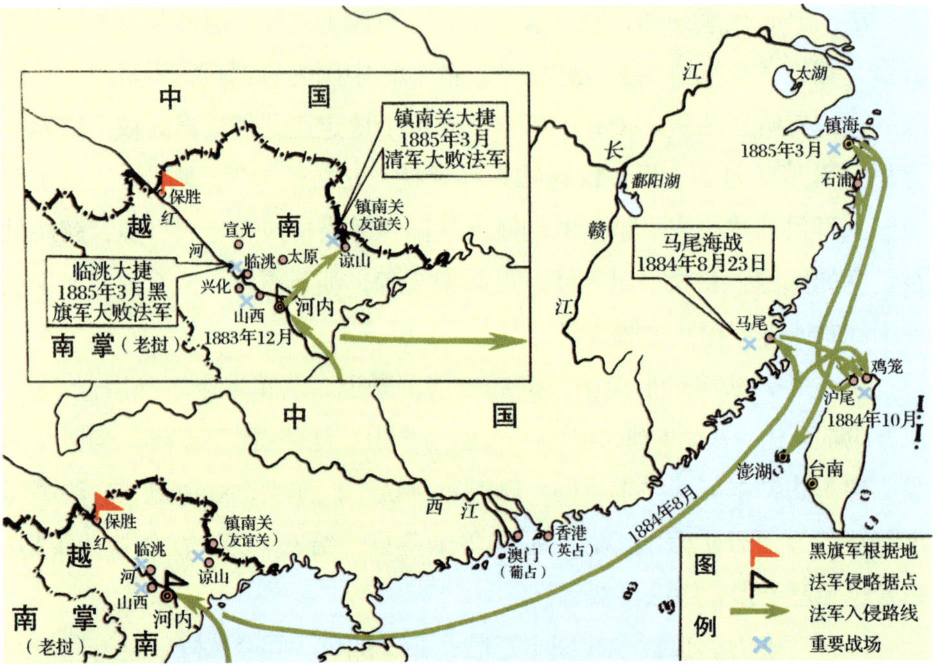

◉ 中法战争示意图。1883年12月11日，法军猛攻山西，黑旗军与清军被迫抵抗，中法战争爆发。16日，山西陷落。次年2月，法军进攻北宁，清军主帅不战而逃，北宁、太原、兴化等地相继被法军侵占。1884年7月，法海军强行驶入马尾港，清军水师既不阻止，也不设防。8月5日，法军进攻鸡笼，被台湾军民击退。23日，法军突袭中国海军，福建水师仓促应战，十余艘军舰被击沉，马尾船厂亦被摧毁。26日，清政府被迫对法宣战。10月初，法军再次进攻台湾，台湾人民和守台清军浴血奋战，挫败了法军侵占台湾的图谋。1885年3月，法海军司令孤拔率军进犯镇海，被守军击败。3月底，法军占领澎湖。

在越南北部战场，法调集大批军队，与1885年2月攻占谅山，直逼中越边境，进而侵占镇南关。清军老将冯子材奉命抗敌，团结各军，周密布防，于3月击退法军。与此同时，北越西线的黑旗军和清军相互配合，在临洮大败法军，恢复了很多州县。法军全线崩溃。

铭传严拒，封闭煤厂。法舰立即开炮猛轰，占领基隆，刘铭传从侧面迎击，大败法兵，法舰调转方向，转攻福建。

福建水师由清流派的张佩纶率领，有船十一艘，张佩纶将船连环守卫，孤拔率舰开入马尾，张佩纶听从李鸿章的警告：和约旦夕成，切忌妄动，让法船停靠码头。9月，法船汇集，孤拔下达战书，船政大臣何如璋坚守秘密，告部将说：昨得李相电，尚言和议大有进步，所云必系谣传。各国

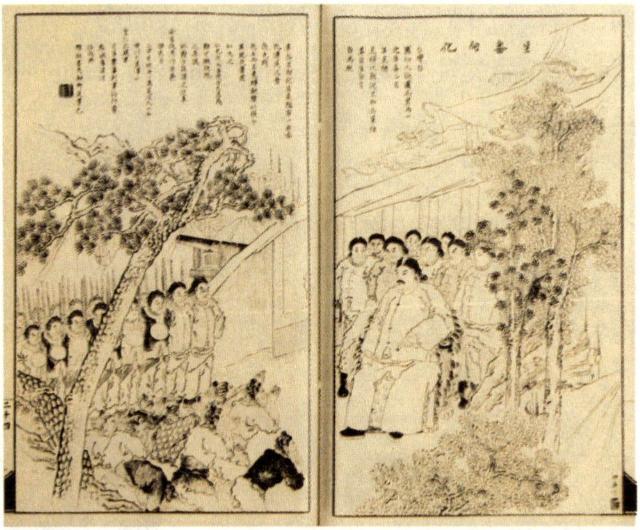

《点石斋画报·刘铭传招抚台民图》，光绪末年上海东亚社石印本。刘铭传对台湾各民族一视同仁，一方面派人招徕福建贫民赴台开发，与高山族共处杂居，逐步推广汉族先进生产技术；另一方面在各重要高山族聚居区“番区”设立抚垦局，教高山族人学习耕织技术以及汉文、算术、礼仪和官话等。到光绪十二年（1887）上半年，刘铭传招抚四百余番社，归化七万余人。

领事、商人得讯，纷纷下船离去，他还不信。等到法船升火开炮，何张两人才不得不相信，急请学堂法国教官代请缓战，孤拔不受，福建水师仓皇应战，相继被击沉，水师全毁，官兵阵亡七百六十人，张佩纶狼狈逃往乡下，何如璋藉口押运银两避走厦门。自左宗棠、沈葆桢以来，苦心经营十年的福建水师，就这样宣告瓦解了。

法船得胜于福建，回头再攻台湾。刘铭传乞求北洋海军支援，李鸿章以北洋舰小，要南洋海军去；曾国荃电告南洋兵舰脆弱，要北洋派舰。南北洋都想各自保存实力，不愿出战，刘铭传只好哀请老上司李鸿章顾念旧情，李鸿章转报总署，清廷责斥曾国荃，革职留任，要左宗棠迅速赴援。曾左是湘系，李刘是淮系；在中法战争中，充分流露出派系门户之见。左宗棠迟迟不发师，法舰会集基隆，轮轰猛攻，基隆失守。李鸿章急调留在直隶的铭盛两军（淮系）赴援，雇英船从台东卑南登陆。法军占领澎湖，从基隆分兵攻台北，危局不堪设想。李鸿章急商南洋海军，会同解围，左宗棠不敢违朝命，答应派舰。北洋舰两艘至上海，又因朝鲜紧急，折返旅顺；南洋舰五艘行至浙江，遇法舰，不战而逃。清廷的危局愈来愈不可收拾，于是密托海关驻英委员金登干（James D.Campbell）秘密和议，中国承认法占越南，法国撤兵，解台湾之围，但清廷仍左右不定。

1885年初，法军进占谅山，唐景崧、刘永福困守保胜，法军节节推进至镇南关。奉命督办军务的张之洞，请出老将冯子材力图从钦廉反攻。3月，冯子材率两子合攻镇南关，奋勇杀敌，法军退守谅山，冯军、王军（王德榜）与越军分三路进攻，大败法军，法将尼格里受重伤。冯军正欲乘胜追击，

◉ 唐景崧（1841~1903），字维卿，广西灌阳人，同治朝进士。光绪二十年（1894）任台湾巡抚。甲午战争爆发后，曾策划防务。《马关条约》签订后，反对割让台湾，并筹措抗敌。清政府命其内渡，绅民愤极，决定自主抗日，推他为"台湾民主国"总统，他勉强接受。次年六月上旬，基隆被侵台日军占领。唐弃台乘英轮渡厦门，后病卒。著有《请缨日记》。（上左）

◉ 冯子材（1818~1903），字南干，号萃亭。生于广东钦州（今属广西）。早年曾参加天地会，后助清政府镇压太平军，升至提督。光绪十年（1884）法军进犯滇桂边境时，奋勇抵抗，收复文渊、谅山等地，从根本上扭转了中法战争形势。二十九年（1903）奉旨会办广西军务，卒于军旅。有《军牍集要》传世。（上右）

镇南关大捷使清军在中法战争中转败为胜，振奋了民族精神。法军战败的消息传至巴黎，导致茹费理内阁倒台。图为广西镇南关（友谊关）。

李鸿章应法国要求，急签和约。中法战争即在中国战胜时宣告结束。

1885 年 6 月，中法签订《天津条约》，正式放弃对越南的宗主权，承认法国保护越南。李鸿章一意避战，委屈求和，法国喜出望外，终遂所愿。清廷这种忍辱求和的情形，看在西方帝国眼里，正中下怀。1884 年时，英国已乘机逼迫缅甸签订卖身契。1885 年中法约成后，英国不甘落后，威诱中国承认英国占领缅甸的事实，宗主权虽未丧失，等于名存实亡。

中法之战，宣判了第一期新政的失败命运，第二期新政继续办理。在这期间，西南藩属小国相继被英法侵占，大清帝国除了朝鲜外，藩属尽失。甲午之战爆发，新政全面崩溃，朝鲜丧失，大清帝国只等着咽气了。

第七章

扶桑烈日初凌中国——甲午战争

甲午战争是日本挤上世界大舞台上的首次公演，就已露骨地揭开其骇人的贪婪面目。日本拟定的侵略计划有两个方向，北自朝鲜下手，南从台湾下手，目标都冲着老朽的清朝而来，幻想并吞中国，进而控制全世界。

中法战后，西方帝国对中国的侵略，以商品输出为主；日本东施效颦，急起直追。甲午战争成为日本对中国经济侵略的一个重要分水岭。试看海关的估计：

各国输入商品价值的比重（总100%）

	1881～1883	1891～1893	1901～1903	1919～1921
日本(包括台湾)	4.9	4.7	12.5	29.2
英	23.8	20.4	15.9	14.0
美	3.7	4.5	8.5	17.6
俄	0.2	0.6	0.8	1.4
香港	36.2	51.2	41.6	22.4
其他	31.2	18.6	20.7	14.0

这些数字很清楚地说明，日本效法西方帝国，青出于蓝更胜于蓝的关键，就在 1894 年的甲午战争。

1870 年以后，西方帝国的权力结构起了相当程度的变动。德国建国完成，称雄欧洲，打破了英国独霸的局面。野心勃勃的俾斯麦纵横捭阖，使得德法旧仇新怨，纠缠难解，逼使英法联合抗德。居中摇摆的意大利，见德日强，毅然投靠，德意结成友好。这些新帝国主义者争先恐后到亚洲，特别是远东，寻求市场，夺取原料，划分势力范围，相争不让，彼此间的矛盾冲突愈加不可收拾。甲午之战，日本初生之犊后发先至，西方帝国大为眼红不满，演出三国干涉还辽的一幕，逼迫日本吐出到口的肥肉，帝国主义弱肉强食的粗暴面目毕现无遗。中国就在这万马奔腾的国际竞猎下，葬送了第二期新政的前途，继续苟延残喘。

第一节　日本的效法西洋

◉ 明治天皇旧照

19 世纪中叶前，日本锁国不出，对中国大致说来还倾心恭服。1853 年，在美舰队威吓下，签订《神奈川条约》，开放下田、箱馆二港。破了锁国政策后，英国立即跟进，耀武扬威开了二港，俄国当然不甘落后，如法炮制，开放了三港。到 1858 年止，日本的闭锁状态完全破坏，西方列强兵不血刃就取代了中国在日本的地位。

西方势力的侵入，在日本所激起的

仇外风气并不下于中国，日本的幕府公开宣言，每年五月十日是“杀夷节”，奖励日本国民尽力驱杀外人。西方帝国的报复也毫不逊色，只要日本民众稍微反抗，就会遭到坚船利炮屠平全村的命运。列强的侵略，激起日本国上下同仇敌忾的意识，“尊王派”打倒了“拥幕派”，窃夺大权的德川幕府及二百五十多个藩主，在“尊王攘夷”的口号下，归政天皇。

1867 年后，日本展开明治维新运动，破除旧习，锐意西化。二十年后，面目一新。从 1870 年以后，日本政局稳定，地方上没有大规模的叛乱，但每年军费仍占全国总预算的百分之四十，显示了它包藏的野心。1883 年，开始实施全民皆兵的政策，让来自农村的青年认识弱肉强食的世界新

当慈禧太后把大量的金钱用于贪图享乐时，日本资本主义却飞速发展。明治天皇采取“速节冗费，多建铁路，赶添海军”的政策，大力发展日本的铁路建设和交通工业建设。图为 1872 年通车的东京—横滨铁路通车图旧照。

貌，改头换面成大和新种。另一方面，经济上力求发展，养足侵略的资本。1880年，农业生产增加了三分之二，工业生产增加了五倍，国民所得增加了三倍。原来视夷如仇的土佐藩武士岩崎弥太郎，弃武从商，建立起三菱财阀。日本政府大量投资，在官商互惠的原则下，创办日本邮船会社，作为对外侵略的运输大本营。1880年日本政府投资建立八幡钢铁厂，作为扩张海军的基础。明治维新的目的就是要把传统的武士道精神与商业上唯利是图的精神结合在一起，完成所谓“日圆与剑”两个侵略毒器的结合，全国上下，不论官商，都在追求经济的势力。美国记者张伯仑说：“你走到日本帝国任何角落，都可以看到大规模的资本组合欣欣向荣，尽一切可能谋取利益。”日本就在这种疯狂的情绪下订立了所谓“大陆政策”，准备从老东家——中国开始试刀。他左眼看到的是台湾，结果并吞琉球，右眼看到的是朝鲜，结果并吞了台湾。侵略方向虽不同，目标则一。

第二节 朝鲜的交涉

朝鲜原是中国藩属国，向来闭关自守。明治维新时，日本模仿西方，改头换面；朝鲜泥古不化，仍然尊奉中国文化，日韩关系逐渐疏远。1871年，日本自恃维新有成，派使赴朝鲜修好，日使身穿洋式礼服，国书中用大日本皇帝名义下诏，让守旧的大院君深恶痛绝，下令断绝往来，与日人交者处死。日本大怒，兴起“征韩论”。1873年，日本派副岛种臣来北京试探，朝鲜问题便成为中日之间烫手的山芋了。这次交涉，中日同是东方古国，同样经过一次西式洗礼，日本伐毛洗髓后，脱胎换骨，早已改用西方外交技术谈判，中国则抱残守阙，仍用传统的老方法。日本主持交涉的先后有井上馨、伊藤博文，皆曾留学英国，精通西方知识；清廷则从头到尾由未

◉ 伊藤博文旧照

喝过洋水的李鸿章独撑（1896年，他为庆贺俄皇加冕，才出国一次）。井上馨、伊藤博文正当壮年，冲力十足，李鸿章则垂垂老矣，志衰力竭，谈判的结果不问可知。

1875年，日本派舰到朝鲜江华岛测量海口，无故侵入汉江，炮台开炮轰击。日军乘机攻毁炮台，登陆，陷永宗城，杀害朝鲜百姓无数。消息传到日本，征韩论者大为兴奋，欲乘势占领朝鲜，加派六舰至朝鲜外海。井上馨怕羽翼未丰，派森有礼先来北京试探。森有礼与李鸿章的谈话，代表了双方谈判的精神：

森：和约没甚用处。

李：两国和好，全凭和约，如何说没有用？

森：和约不过为通商事可以照办，至国家举事，只看谁强，不必尽依着条约。

这就是朝鲜交涉中，中日两国的立场态度。日本恃强求胜，用的是国际强权外交；清廷屈志求和，用的是传统的宗藩观念。在国际外交“强权就是公理”之下，朝鲜无疑要陷于分崩离析的惨境。

森有礼得清廷照会说：朝鲜虽是属国，内治外交听其自主，这是传统的中国外交，但森有礼却藉此认为朝鲜是独立之国，大喜过望，派舰迫朝鲜签订《江华条约》，否认中国的宗主权。清廷非但不加抗议，反劝朝鲜忍辱，息事宁人，然后一厢情愿地说，“两国所属邦土，不可稍有侵越”，期望日

◉ 直隶总督兼北洋大臣李鸿章派叶志超、聂士成率兵渡海入朝，日本也派兵入朝，并提出“改革”朝鲜内政的方案，强迫朝鲜接受。中日在朝鲜问题上矛盾尖锐。清政府希望国际社会出面调停。当时西方人针对这种情况绘制了这幅《中日朝鲜相争图》，河两岸的垂钓者分别代表中日，河中的鱼代表朝鲜，桥上的人代表俄国。

本“相安无事”。维系了一千多年的宗主权，就在这不可思议的外交辞令中白白让出。

19世纪末叶，西方帝国对远东市场的掠夺，极尽其能事。各国都主张开放朝鲜，利益共享。俄国占领黑龙江东岸，极力引诱朝鲜人民来拓垦。英国为了抵制俄人南下，拉拢日本，美德两国准备伺机而动，国际争逐的猎场集中在朝鲜一角。李鸿章乘机大发“以夷制夷”的妙论，软硬兼施，要朝鲜签下了美韩、英韩、日韩的《通商条约》，幻想把朝鲜玩弄于各国的股掌之上。

泥古不化的朝鲜对中国念念不忘，对外宣称朝鲜素为中国属邦，替中国争回宗主国的面子。日本阴谋扶植失宠的闵妃及留日的政客，组成开化党，对抗大院君为首执政的事大党。1881年，开化党在日本豢养下，逐渐得势。1882年，事大党利用兵变，焚毁日使馆，中日各派军到朝鲜，对峙不下。朝鲜国王在开化党播弄下，企图脱离清廷独立。1884年，中法战争爆发，日使竹添进一郎勾结开化党乘机作乱，清军得朝鲜民心拥戴，冲入王宫，血战竟日，尽杀开化党军。朝鲜军民大肆报复，竹添害怕，焚毁使馆，湮灭勾结夺权的证据，连夜逃往仁川外港，准备风紧扯帆就溜。

日本明知竹添行藏败露，一口咬定是朝鲜王请日使入卫。李鸿章明知其非，但怕英国袒护，由朝鲜赔款道歉了事。1885年，中日签订《天津条约》，承认两国共同保护朝鲜。这种向强盗赔夫人又折兵的手法，是李鸿章办外交的另一招绝活。

1885年后，开化党余孽逃亡东瀛，日本画虎不成，日韩关系极度恶化，中国影响力则随之高涨。军事方面，由淮军后起之秀袁世凯负责执行看守政策；经济方面，由李鸿章委托德人穆麟德执行监管关务政策。英日两国狼狈为奸，认为中国托营下的朝鲜可予取予求。谁知穆麟德暗中勾结俄国。本来德俄各怀鬼胎，但在对付英国独占远东这点上，双方阴谋合作。穆麟德从中拉线，希望浑水摸鱼，这种变化使英日大为不安。英国当时为争夺阿富汗，与俄国大战即发，俄舰云集海参崴，又能利用朝鲜不冻的永丰港作为南侵的根据地，英国恐慌，乘机占领巨文岛，说是为了要抵制俄国。日本人小鬼大，阴谋离间中俄关系，希望引起两国冲突，目的在调换穆麟德，换上亲日的美人替代。在各国竞逐下的朝鲜，一会被嗾使倾日，一会被逼投俄，一会受诱亲美，惶恐不安，只得向中国乞援。李鸿章人老力衰，但袁世凯年少气盛，正想立功扬名。1885年后，各国冲突围绕着巨文岛事件，愈演愈烈，袁世凯则踩着锣鼓点子准备登台亮相。

袁世凯（1859～1916），字慰庭，河南项城人，官僚世家出身。受到直隶总督李鸿章的赏识，经保举在驻韩国汉城清军“总理营务处，会办朝鲜防务”。回国后在天津训练新军。维新变法期间，参加强学会。百日维新之后，受到慈禧太后重用。

在四国交涉期中，阴怀奸谋的美国乘乱军中，积极扩张势力。侵华的列强中，美国是大器晚成的一个，希望煽惑朝鲜独立以图利，这点与日本有志一同。日本拉拢美国加入，就是这个原因。首当其冲的是负责看守朝鲜的袁世凯。美国政策执行人德尼与袁世凯势同水火，日本见德尼一人势单，又推荐"美国无赖"李仙得帮忙。李仙得是侵台事件中出名的仇华派，一到朝鲜，就阴谋夺取海关，被袁世凯识破阻止。1890年，李仙得夺关未成，怂恿朝鲜政府把巨文岛租给美国，密调美海军五十人入宫，日本亦派五人潜入，清廷抗议，方才撤兵。

日本在政治军事方面虽不得进展，但经济侵略却独占鳌头。根据日本海关报告，中日输入朝鲜商品比较如下（单位：万元）：

	1885年	1888年	1892年
中国	31	86	206
日本	138	291	256

从1890年后，中日对朝贸易逐渐扯平，袁世凯功不可没。但是朝鲜输出品，却以日本为主（单位：万元）：

	1885年	**1888年**	**1892年**
中国	1	7	15
日本	38	76	228

朝鲜衡量利害，当然倒向日本，清廷企图联俄制日。

1894年3月，流亡日本的开化党余孽金玉均被诱骗到上海，朝鲜密派刺客杀死金氏。清廷将尸体送回朝鲜，愤怒的朝鲜军民欲戮尸泄愤，日本舆论群起反对，袁世凯假意劝解，事实上正希望日韩关系破裂。日本知道清廷的企图，阴谋报复，少壮军阀高唱"惩清论"。4月，东学党起兵伸冤，号召"逐灭夷倭，澄清圣道"，所谓"圣道"指的是杂采中国儒释道三家而成的东学道。日本见状，唯恐天下不乱，秘遣浪人“天佑侠团”趁机煽动，帮助东学党演成官民相抗的局面。袁世凯淡然处之，不料，东学党蔓延日广，不到一月，全州失陷。朝鲜政府向中国求助，日本乘机引诱李鸿章出兵。袁世凯不知是计，说动李鸿章派兵驰援。日本喜出望外，一声令下，整装待发的大军立刻开拔，李鸿章大惊失色，急命海陆军驻足不动，日本继续增援，李鸿章卒子过河指望退回，一心一意期待英俄来搭桥。

日本明知出兵之举，西方帝国绝不会同情，仍一意孤行，故意挑拨朝鲜内政改革，作为不撤兵的藉口，目的在引诱中国陷进战争漩涡。李鸿章黔驴技穷，只有电请英国劝阻。但日本志在必得，拒绝英国的仲裁，大兵源源开来。李鸿章又巴望俄国声援，要袁世凯忍耐，在外交上，一心迷恋俄国能仗义执言；在军事上，就打着整装归国的如意算盘。俄国向来希望两国相斗，趁火打劫，乘机占领永兴湾。日外相看破俄国不会帮助中国，决定扩大战争。李鸿章在列国玩弄下，仓皇应战。

第三节　每战必败的新海陆军

1894年7月，驻守牙山的叶志超孤军无援，日军团团包围，李鸿章慌忙中急调卫汝贵、马玉昆、左宝贵、丰伸阿率领四军驰援。日本买通天津电报生探得船讯，埋伏三舰于丰岛外海，突袭护送援兵的中国海军。广乙、济远两舰受重创，向英国租借的运兵船高升号被击沉，死亡将士七百余人。李鸿章认为日军不宣而战，击沉英船，英国必会抗议，因此坐待英国干涉。但日本向英国赔偿谢罪后，根本无事，仍依计进攻牙山。叶志超外援断绝，只有逃跑求援，经过数千里的奔窜，兜了一大圈，如愿投靠了四大援军。李鸿章见叶志超保存实力，又能设计退敌（因为与日军相距甚远），连升

◉ 左宝贵（1837~1894），字冠廷，山东费县（今山东平邑县）人，回族。咸丰六年（1856）应募从军，投效江南军营。同治七年（1868）晋参将，赏加副将衔。光绪元年（1875），从刑部尚书崇实北上，以客军驻防奉天（今辽宁沈阳）。十五年（1889），升为广东高州镇总兵，仍驻留奉天。二十年（1894）春，日本发动侵朝战争，率部积极抗日，不幸被敌炮击中，壮烈殉国。追赐太子少保衔，谥忠壮。（上左）

◉《点石斋画报 · 高升号沉没图》，光绪末年上海东亚社石印本。（上右）

他三级，担任四军总统。

8 月，清政府下诏宣战，一万四千大军云集平壤。叶志超奉令总领平壤各军，四将不服，各持异心，叶志超乐得漫无布置，因此诸将日日置酒作乐，对下诏宣战一事置之不理。日兵则积极调兵部署，9 月，战机成熟，分兵四支，包围平壤。盛军（卫汝贵）与毅军（马玉昆）素来不和，互相轰击，日军乘隙攻入，切断清军后路。叶志超看日军前锋进至城郊，后路已断，又想施出看家本领，弃城逃走，左宝贵不许，派兵看守，防他逃跑，自己穿上官服，登上玄武门，准备死战。日军齐集牡丹台，猛攻平壤，左宝贵英勇抗战，终被炮弹击中，临死前犹高呼决战到底。左氏一死，叶志超在城上遍插白旗投降，希望日本放开一条生路，日本不许，叶志超还是那套本领，弃城逃亡，飞奔五百余里，一直过鸭绿江，逃入中国境内惊魂

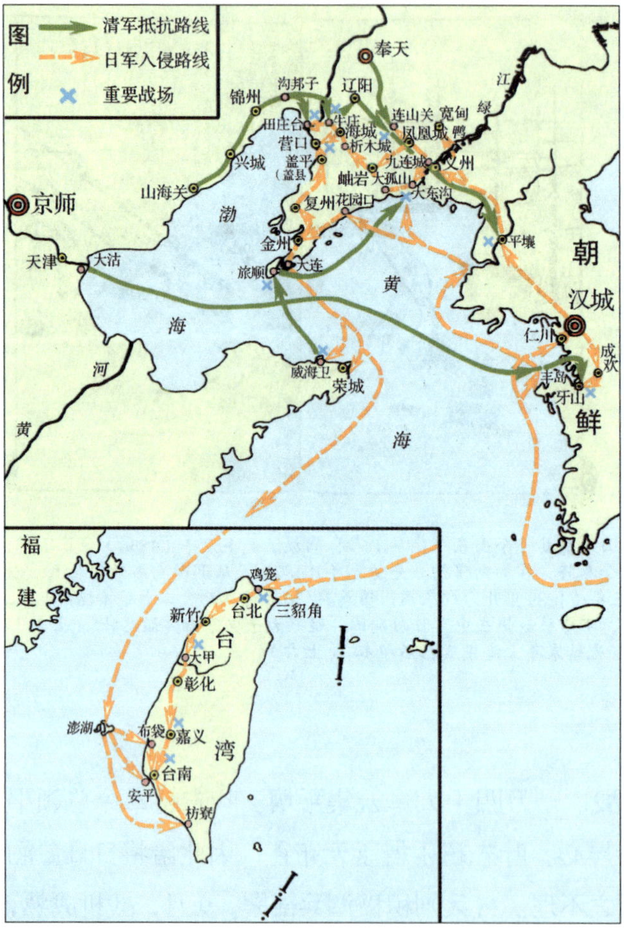

1894年7月，日本突然包围朝鲜王宫，强迫朝鲜国王邀日军驱逐在牙山的清军。迫于主战舆论压力，清廷雇用英国商船运兵两千增援牙山。7月25日，运兵船行至丰岛海面，被埋伏在此的日舰击沉。同日，日陆军袭击驻牙山清军，叶志超退守平壤。8月1日，清政府被迫对日宣战。9月15日，日军分四路进攻平壤，清军仓促应战。左宝贵指挥作战，不幸牺牲。叶志超弃城逃跑。两天后，日舰队侵入鸭绿江口大东沟海面，突袭刚完成运兵任务返回旅顺的中国军舰。清海军官兵浴血奋战，对日军造成巨大打击，虽失船较多，主力尚存，却接到清廷不准出海作战的命令，困守威海卫军港。10月下旬，日军分两路进军中国。一路从朝鲜义州渡鸭绿江，鸭绿江沿线清军闻风而逃，日军很快占领了九连城和安东（今辽宁丹东）。12月中旬，又相继占领了凤城、宽甸、岫岩、海城等地。另一路于10月底在花园口登陆，11月，大连、旅顺陷落。次年1月，日陆军从荣城登陆，从背面袭击威海卫，海军则从正面封锁海口。北洋舰队腹背受敌，全军覆没。3月，日本又在东北发动攻势，牛庄、营口、田庄台相继失陷，辽东战场清军全面溃败。

甫定，这一次没有退敌成功，被撤职查办。

陆军一败涂地，海军也绝不逊色。平壤战败后两天，海军提督丁汝昌统率的北洋舰队与日舰在黄海大东沟附近激烈大战，双方各有十二艘主力舰，旗鼓相当。海战开始时，中国方面指挥错乱，北洋舰遵守“保船第一，制敌第二”的战略方针，都不想首当其冲遭日海军围攻。致远舰中炮后，管带邓世昌鼓足马力猛撞敌舰吉野号，中鱼雷而沉，船上二百五十人全部

◉ 马玉昆（1827~1908），字景山，安徽蒙城人。初以武童从毅军宋庆参加对捻军作战，后擢升为总兵。道光二十七年（1847）与左宗棠部共同抗击阿古柏和沙俄侵略。在平壤保卫战中，指挥所部奋勇抗敌，重伤日军第九旅团，但因主帅叶志超贪生怕死，指挥失当，败回国内。光绪二十六年（1900）擢浙江提督，次年调还直隶。时八国联军入侵，率军抵抗。谥忠武。（上左）

◉ 丁汝昌（1836 ~ 1895），字禹廷，安徽庐江人。早年从刘铭传镇压捻军。光绪元年（1875）受命赴英国购置军舰，归国后总理北洋水师。十四年（1888）北洋舰队编成，任北洋水师提督。黄海海战爆发，率舰应战，负伤后仍继续督战，重创日舰“松岛号”。二十一年（1895）二月，日军攻略威海卫，其据守刘公岛，击沉敌舰七艘。而外籍军官与部分官兵以势孤难战，逼其投敌，被严词拒绝，于十二日殉国。（上右）

壮烈牺牲。经远舰管带林永升也鼓轮追撞日舰，中雷沉没，全船二百七十人一同殉难。黄海大战，中国损失战舰四艘，日本旗舰松岛等三艘受重创，鏖战五六小时，日舰无力再战，向南退去。但北洋海军经此一战，闻炮丧胆，避开日舰，坐困威海卫内。

10 月，日军分两路侵入中国，一路渡过鸭绿江攻占九连城、安东，另一路在辽东半岛东岸登陆，包抄大连、旅顺。旅顺是北洋海军的大本营，设有船坞、炮台，军储充足，但所有的炮位固定对准海上，后防空虚。日军侦查清楚，绕道后方登陆花园港，居民骇奔，六统领及海军无一过问。

◉“威远号”舰名牌（上）
◉邓世昌（1849~1894），字正卿，广东番禺（今广州海珠区）人。少时移居上海，从西方人学习算术、英语。后入福州船政学堂学习航海。甲午战争爆发后，他说“设有不测，誓与日舰同沉”。日军四舰围攻，其腿部受伤，致远号中鱼雷，全舰将士大部分牺牲，其义不偷生，自沉海底。（左）

11 月，进逼大连，守将早已逃走，日军不攻而取。旅顺守军纷纷卷款潜逃，剩下一些残卒败兵奋力抵抗，血战三日，旅顺陷落。日军进入旅顺，大肆屠杀中国军民，全市活口仅三十六名。1895 年 1 月，日军继续进攻威海卫，占领南北帮炮台后，与海军夹攻北洋舰队，定远、来远、威远相继沉没，丁汝昌仰药自杀，余员请降。十六年苦心经营的北洋海军竟是这样不堪一击的腐朽军队。

平壤大败后，淮军精锐尽失，湘军故将应命而出，山海关外驻扎湘军、楚军、豫军等百余营，湘系新领袖刘坤一亲率八十余营，吴大澂尤其高视阔步，亲书“某在此”，自称日兵见之，将丧胆而逃。自从曾国藩死后（1872），再一次得到扬眉吐气的机会。

2 月，日军出道辽西海域，大败满军。3 月，日兵分三路进攻牛庄，兵士请守将出战，守将李光久正醉在芙蓉床上，日军意外进城。湘军还有几

◉《火轮炮赶得急》，清末年画。此图描绘了甲午战争期间的辽东战场。图中的“宋老帅”即提督宋庆，“马统帅”为总兵马玉昆。

分骨气，与日兵进行巷战，死伤惨重。吴大澂在田庄台听到消息，乘夜逃走。田庄台是营口后路，宋庆在营口闻报，披星戴月退往田庄台。日军踏冰渡过辽河，乘宋庆手下睡眠中，截断后路，开炮轰击，二千余守兵无路可逃，全被烧死。驻守在山海关的刘坤一，早就买通西太后前红人荣禄，乞求回任（两江总督），没有遇难。这一次牛庄、田庄台全面溃败，粉碎了主战派的自我陶醉心理，主和派终能一吐不平之气了。

第四节　李鸿章在马关

主战派因战事惨败而失势，主和派却因此而得势，实际上是帝后两党争权，政治上的恩怨决定了战和的分立。

光绪帝是西太后栽培的儿皇帝，1889 年归政后，母子两意见相左。光绪帝久因西太后的禁制，早想出人头地。甲午战爆发，西太后一意主和，为的是怕她六十庆典沾染血气；光绪帝则极力主战，想耀武扬威，凭陵太

- 慈禧太后六旬圣寿旧照（上左）
- 光绪（1871~1908），爱新觉罗氏，名载湉，清朝第十一位皇帝。1875年即位，年号“光绪”，世称光绪皇帝。幼年时由慈禧太后垂帘听政，成年后曾在为期不长的亲政时间内试图改革，任用康有为变法维新，最终不敌慈禧太后等守旧派，被软禁瀛台至死。图为《光绪帝朝服像》。（上右）

后。两人藉战争夺权，朝廷里也分成主和与主战两派，随政争而夺势。主战派包括翁同龢、李鸿藻、张謇等人，只有依靠无权的皇帝与空洞的清议。主和派包括李鸿章、孙毓汶、徐用仪。西太后号称归政，事实上操持大计，当然会引起帝后两党的政争。西太后警告说：“今日令我不欢者，吾亦将令彼终身不欢。”主战派大惊，在翁同龢领导下，赶紧献礼贺寿，从西苑至颐和园沿途扎彩亭、彩棚，奏乐演戏，海军的经费就这样糟踏掉了。李鸿章去掉大患，开始积极谈和。

李鸿章谈和的对象是英、俄、德、美，事实上这些国家都各怀鬼胎，想乘机谋利。照日外相陆奥宗光的说法，俄国是幕后主角，英国是热心观众，都是危险人物。为避免列强干涉，日本暂时放弃独吞中国的计划。李鸿章也知道，中国败到某种程度，欧洲帝国定会出面。1894 年 11 月，他提出朝鲜独立和赔偿战费作为谈判的基础，当日军横扫辽东战场时，李鸿章也同样请求英、美、德、法、俄等国，进行和谈。陆奥宗光先下手为强，要美国出面，美国有利可图，何乐不为。李鸿章明知美国暗结日本，也只好踏上贼船。

1895 年 2 月，中国谈判代表张荫桓会同顾问美人福世德（John Foster）抵达日本。美国财团知道中国定要举债赔款，早与福世德秘密联系，只等日本开价，中国开口；造船业、军火商、铁路公司全都密切注意会议的进行。

◉ 甲午战争以中国的失败告终，并签订了丧权辱国的《马关条约》。此幅杨家埠年画，因作者消息闭塞，不了解时局，误以为因中方获胜而签订《马关条约》。

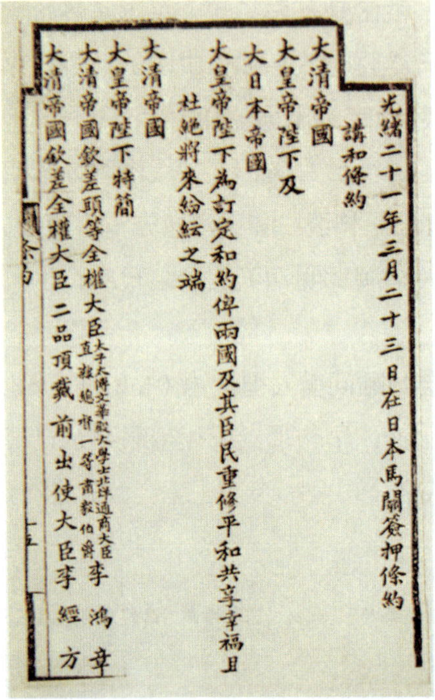

光緒二十一年三月二十三日在日本馬關簽押條約

講和條約

大清帝國

大皇帝陛下及

大日本帝國

大皇帝陛下為訂定和約俾兩國及其臣民重修平和共享幸福且

杜絕將來紛紜之端

大清帝國

大皇帝陛下特簡

大清帝國欽差頭等全權大臣太子太傅文華殿大學士北洋通商大臣直隸總督一等肅毅伯爵李鴻章

大清帝國欽差全權大臣二品頂戴前出使大臣李經方

◉《马关条约》局部

日本不愿利权外溢，藉口张氏未得全权委任状而拒谈，指明要谈和老手李鸿章才能谈拢。3 月，李鸿章亲自出马，带着大批中外随员到达马关，与伊藤博文、陆奥宗光展开谈判。

日本的野心贪欲，在甲午战后，原形毕露。据陆奥宗光的统计：海军部——割取台湾，陆军部——占领辽东半岛，财政部——赔款十万万两，强硬派——割让东三省及台湾，军费赔偿至少二万万日圆以上，还有其他不敢想象的欲望。总之要钱要地不要脸面，就是东邻之邦从明治维新以来从未改变过的面目。伊藤博文综合各方要求，提出“朝鲜独立、割让土地、赔款”等媾和条约十条，只等李鸿章来签字生效。老练的李鸿章看此事影响严重，不敢贸然签字。3 月 24 日，日本刺客小山丰太郎开枪射伤李鸿章。4 月，这个染有千千万万中国军民鲜血的《马关和约》在春帆楼签订。中国承认：一、朝鲜独立，二、割让辽东半岛，三、割让台湾及澎湖等岛，四、赔偿军费二万万两。五、日本在中国通商口岸城邑，任便设厂制造，六、开放沙市、重庆、苏州、杭州为商埠，日轮可任意驶入等条。日本的野心虽在纸上实现，但气势高涨的民间反日行动却在海南一角激烈展开。

第五节 台湾的抵抗

中法战后，台湾始建行省，分为台北、台南两部。首任巡抚刘铭传率领淮军四十余营保卫台湾，开发矿产，经营铁路，发展的趋势偏重于北部。继任者邵友濂是闽浙系统，把淮军裁撤一半，以福建水师接海防，从广东调来刘永福黑旗军两营，到台湾后扩充为八营，接任陆防。

1894 年 11 月，日军横行辽东，邵友濂怕日兵侵台，乞求调任湖南巡抚，台湾巡抚则由藩司唐景崧升任。唐与刘永福不和，密派干员回乡召募盗匪三千人组成广勇，自守台北，调刘永福守台南。台湾绅士林朝栋率台勇十营守彰化。林朝栋是将门虎子，刘永福是沙场老兵，都被唐景崧一一遣走，台北防务专倚广勇守卫。广勇纪律败坏，与闽省台胞常常发生冲突。

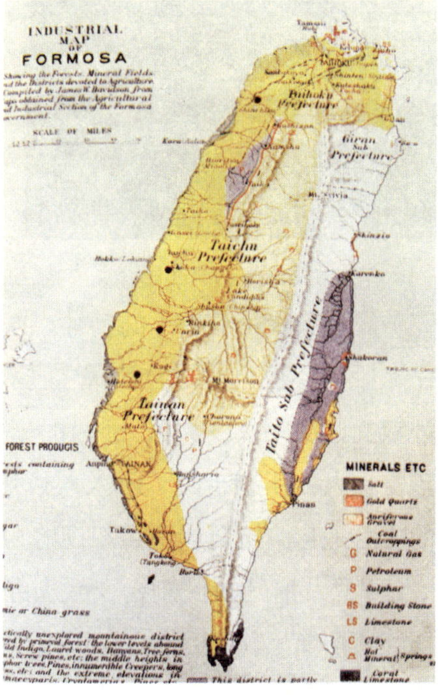

◉ 台湾矿产资源分布图。宝岛台湾位于祖国大陆东南端，气候宜人，物产丰富。从 19 世纪中期以后，英、法、美、日等帝国主义国家多次派人深入岛内非法勘察，搜集情报，将宝岛丰富的自然资源绘制成地图，以便更有针对性地开展侵略活动。

马关议和前，割台之说几成定局，台湾进士丘逢甲以“清廷虽弃我，我岂可复自弃”号召，倡议台湾自主，起草宪法，召开议院，制蓝地黄虎旗为国徽，坚决反抗割台。美国故态复萌，又想调停，建议把台湾抵押给日本，可得十万万两（马关赔款的五倍）。这等于变相割让，台胞义愤填膺，群起反对，台北鸣锣罢市，抗议清政府的出卖，宣告扣留饷银，

丘逢甲（1864~1912），字仙根，祖籍嘉应镇平（今广东蕉岭），生于台湾苗栗，光绪朝进士。他号召抗日保台，提出“人自为战，家自为守”的口号。倡议建立“台湾民主共和国”，年号“永清”，以示永隶清朝。率领义军与敌苦战二十余日，给日寇以沉重打击。后在日大军压境之下，不得不乘船渡海返回大陆。曾与康有为、梁启超会晤，后赞同维新保皇，逐渐倾向革命，掩护同盟会员开展反清活动。同时致力于兴办学校，推行新学，培植人才。宣统三年（1911）初，扶病南归，随即病故。

全台所有税收留供抗日，并以丘逢甲为首递上血书说：“万民誓不服倭，割亦死，拒亦死，宁先死于乱民手，不愿死于倭人手。”清政府不顾二百年来骨肉相连之情，发表内重外轻的谬论，说“台湾虽重，比之京师，则台湾为轻”，意思是说，台湾人民应有牺牲小我（台湾）成全大我（清朝）的精神。这种割肉补疮的行径，太伤台湾同胞的心，丘逢甲等决议自立“台湾民主国”，发表抗战檄文说，“我台民与李鸿章、孙毓文、徐用仪不共戴天”，把一腔孤臣孽子的悲愤化成坚强抗日的意志，昭告世人：所有台民，愿人人战死而失台，决不愿拱手而让台。这种悲壮的决心是台湾抗日最不可忽视的力量。

5月，清廷决议割台，派李经方（李鸿章子）为割台全权大臣，要巡抚监督所有官员全面撤退。唐景崧别有怀抱，说要相机自处，在“坚辞不获下，受台湾民主国总统之印”，他向皇帝解释说是不得已接受，仍然“尊奉正朔”。事实上他是想“藉外国保护”（主要为法俄），据地自雄，对于台湾得失，并不关心，等到局势不利，当然又要相机逃跑了。

5月底，日舰二十九艘，封锁了北台湾所有的出口，负责海防的福建水师，早已奉旨撤走，日军轻易登陆。台湾军民决计在陆上一决生死，日军向基隆开进，台勇采取游击战，据日本战报载：“敌人的抵抗意外顽强，或仅仅以数十名前来逆袭，或单独潜伏房屋竹丛中，待我通过后，加以狙击。”但是负责防守主力的广勇不战而逃，基隆失陷，丘逢甲乞请调林朝栋率台勇死守，唐景崧的亲信先把电线割断，唐则率先逃走，台北不战而陷。日军大举南下新竹苗栗。这一带是客家人迁台的大本营,民性强悍异常，日兵决定以大炮攻击，全面屠杀，客家同胞用他们的血肉写下了一页最悲壮的台湾抗日史。

10 月，战事迫近台南，刘永福孤军奋斗，立盟约死守。他在无饷的情况下，迫得只好印造银票，声明以后得利五倍，但是“所有全台资本家几去一空”，一千数百元的银票竟无人认购。彰化、云林军情告急，部将吴汤兴殉难，刘永福苦无对策，勉强搜得八千两以退前敌，南洋大臣张之洞汇银百万准备接济刘永福，被李鸿章半途截回。日本接收台湾总督桦山侦知刘军窘况，来书劝降，刘永福回信说：“台南一隅，虽属褊小，而余所部数十营，兼有义民数万，饮血枕戈，誓死前敌。”这样的大汉军魂，是以大和魂自恃的东洋民族无法理解的。日军恼怒，水陆大举，兵分五路，三面包围台南。台湾抗日军在这样严密的封锁下，不屈不挠地战斗着，粮饷尽失，终于敌不过士马饱腾的日军，台南陷落。日军也付出了惨重的代价，死亡四千八百余人，伤者更不知凡几。从此台湾落入殖民统治中。直到 1945 年，全国对日抗战胜利，才重回祖国怀抱。

第六节 三国干涉还辽与分赃冲突

《马关条约》缔结后，日本贪欲得偿，英美两国也跟着鸡犬升天，利益分沾；但在远东积极扩张势力的俄国却深受其害。俄国正在铺设西伯利亚铁路，极需一个不冻的出口港，目标就是辽东半岛的旅顺；对于日本进攻直隶，破坏了中俄的茶叶贸易，亦想阴谋报复。德国向与英国不和，准备联络俄国打击英国势力，同时又想浑水摸鱼，要清政府出卖舟山群岛，因此怂恿俄国东进，一边转移俄国对东欧的注意力，一边藉此接近俄国，离间俄法关系，解除德国将来两线作战的压力。法国在中国掠夺的目标也是台澎，一边扬言“华举台以让日，恐有某国不许”，暗示将要插手，一边向俄国大抛媚眼，表明绝不任日占华土地，明白表示要与俄携手同行。俄、德、法三国就在这样同床异梦下，决定联手干涉远东事务。

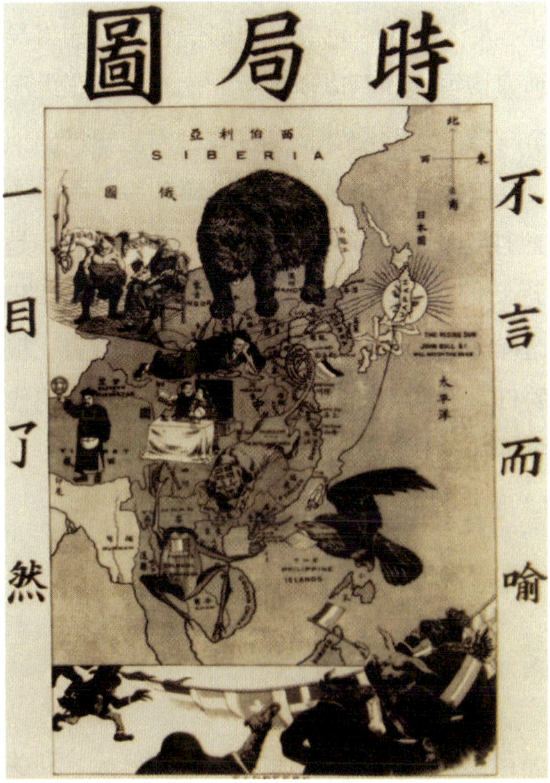

列强瓜分中国时局图。中国近代史上一幅著名的时事漫画，反映了19世纪末西方列强在中国的势力分布概况。图中的熊代表沙皇俄国，虎代表英国，肠（一说为蛇）代表德国，青蛙代表法国，鹰代表美国，太阳代表日本。图中还出现了五名中国人形象：一人手举铜钱，譬喻他搜刮民财的贪官；一人右手高举酒杯，左手拥抱女子，譬喻只顾寻欢作乐，耽于酒色，不顾民族安危的中国人；一人横躺地上，没精打采，譬喻吸食鸦片的吸毒者；一人在马旁举重练武，另一人在读书，书上写有“之乎者也”，两人皆陷入吸毒者罗网之中，譬喻文武状元（意指被清政府用科举考试等升官之途愚弄的人民）。

1895年4月，俄、德、法驻日公使同时向日外部劝告放弃辽东半岛，由中国提供赎金作为交换条件。俄国远东海军、德国太平洋舰队升火待发，准备三言不合，先下手为强。到手的辽东半岛，眼看又要飞掉，日本当然大怒，但是精疲力竭，如何相搏？只好向英美求助。英国见来者不善，严守中立，美国好作调停，但看三国联手来势汹汹，答应在局外中立之范围内协助，虚晃一招。日本被迫屈服，又不甘心，狮子大张口索价一万万两赎回，想吓住穷途潦倒的中国，变相占领辽东半岛。小鬼玩戏法骗不过老千，被俄国一口拒绝。三国交头接耳后，削减为三千万两。日本忍痛收钱出具一纸清单，内开“交还奉天省南边地方，包括所有堡垒、军器工厂及一切属公物件”。辽东半岛的百姓就在这张赎身契下劫后余生，幸免成为亡国奴。

还辽问题算是暂告段落，问题转化成帝国主义瓜分中国的竞争。俄国要求借地修路，看准东三省；德国借港泊船，看准胶州湾；法国要求西南权利，看准两广云贵，其他各国亦无不虎视眈眈。俄英德法等国为了讨好中国，主动借款，他们早知清政府负债累累，为了应付甲午战争已借了四次外债，总数超过四千万两，战后又骤增赔款二万万三千万两，第一期就要付一万万三千万两。清廷年收入不超过一万万两，除了大借外债外，绝没有偿还的能力。俄国先发动媚攻，表示提供一万万两，年利四厘（多诱人的低利）；英国不服气，降为三厘；德法财团联合争宠，出言警告见者有分。总之，只要中国开口，列强没有不点头的。结果向四国财团借了三万万两。清廷抵押的关税每年不足摊还，除了横征暴敛外，根本无法清偿。以两广为例，百姓增加了五分之一的负担。清政府拼命向外借，人民肚皮拼命向内缩，这样罪恶满盈的政府，人民还能不革命自救吗？

1896年3月，李鸿章率团从上海出发，庆贺俄皇加冕。英德法诸国闻讯，认为奇货可居，争派大员迎接，劝他先游欧洲。俄帝紧追盯人，半途拦截，抄水路送往俄国，诱使年迈老朽的李鸿章签订《中俄密约》，允许俄国在黑龙江、吉林地方，接造铁路以达海参崴，战时俄国军舰并可驶入中国所有口岸。俄国不费一兵一卒，夺得东三省的控制权，欧洲列强群起效尤，纷纷占领侵略基地：

德国：藉口相助之谊，租占胶州湾。

法国：藉口干涉还辽有功，要求割让云南猛乌、乌得两地，租占广州湾。

英国：藉口借款有功，强租九龙、威海卫。

俄国：继续南进，强租旅顺、大连。

各国以侵略基地为中心，自划势力范围：长城以北属俄，扬子江流域属英，山东属德，西南四省属法，福建属日。美国无地可据，索性提出门户开放政策，希望大家有福同享。各国间疯狂争夺，因分赃不均而勾心斗角的情景，就是戊戌变法、义和团运动以及更大规模的国民革命运动将要展开的先兆。

第八章

托命维新的保国运动——戊戌变法

甲午战争的惨痛失败和帝国主义瓜分中国的严重危机，迫使一批生活在传统中的知识分子联合起来，要求变法维新。他们在政治上高唱开议院、得民权，“以救中国四万万人为主”，产生了百日维新的改革与保种的运动。他们反对守旧派那种中学万能或西学皆源于中国的自大论调；也不同于洋务派“中学为体，西学为用”，提倡器物层面的改革；他们要求行政、教育、法律等全面的革新，在某种程度上，反映了民权自主的思想。但它最大的目的，只是想模仿日本，与明治维新走相同的路线，一边希望在既存的政治结构里改头换面，实行共和立宪，一边却又想爱国而不忠君。这便引起顽固守旧派的激烈反击，维新派的一场改革欢喜就在这样脚踏两条船中完全落了空。

第一节　清王朝危机四伏

中日战争后，沿海门户洞开，不仅国外商品大量倾销内地，帝国主义更凭藉不平等条约的保护，大肆投资，在通商口岸任意设立工厂，开发利源，垄断内河外洋航运，控制铁路的修建与运输。清王朝在列强利益瓜分下，支离破碎，已到了朝不保夕的地步。

欧美帝国主义的经济侵略，以商品输入为主。1895 年，外货输入总值高达一万万七千万两，且年年激增；到 1911 年辛亥革命时，达到空前的四万万七千万两，中国成为全世界最大的入超国，换句话说，就是新帝国主义最广大的销售市场。试看海关的统计（单位：百万两）：

	进口	出口	入超
1895 年	172	143	29
1896 年	202	131	71
1898 年	210	159	51
1899 年	265	196	69

到了辛亥年，入超的总值已增至一万万二百万两。列强为了尽情推销商品，控制运输工具，最有效的就是利用铁路。从 1894 年到 1911 年，全国铁路共有九千余公里，中国直接控制的只占百分之七。这些铁路密布如网，深入乡间，把外货也带入内陆各角落，使旧有的农村经济面临崩溃的边缘。以最显著的例子——洋布而言，1895 年输入总值为三千一百万两，到 1911 年增加至八千八百万两，农村中的穿着，奢侈品也罢、必需品也罢，十之八九来自外国。生长在浙江一个僻远小村的近代农业专家蒋梦麟，在幼小的时候就亲眼见到洋布倾销的惨重打击，使得无数的中国百姓无可避免地失去了谋生糊口的机会。

列强的经济侵略是无底洞，他们肆意设立各种工厂，无情地掠夺资源，从 1895 年到 1911 年，外资输入总额达一万万三百万元，资本额在十万元以上的工矿有一百三十余家。这些工矿无一不从中国掠取惊人的财富。以煤矿为例，据 1906 年的统计，全中国总投资额为二千八百万元，纯外资

◉ 洋商在华开办的制藤厂

占百分之四十，官僚资本加上外资占百分之四十五，真正由商民投资的只占百分之十五。因此绝大多数的利益都被列强夺取去了。这种情形反映在政治上，必然是民生凋敝，国势削弱。

1894年后，中国人口至少已有四万万人，平均每人仅分得五亩地。人多田少，农产有限，当然造成米贵的现象。以1897年为例，米每斤二十五文，比乾嘉时代涨了三倍。米是百物所本，因之社会上贫穷的情况日益严重。据张之洞的报告，当时贫民一日口食只得一二十文，中等人家也不过六七十文，黄河南北的百姓，百分之九十八以上不曾用过银两，每天辛苦挣扎在升斗之间，这是多么骇人的饥寒图。

再加上银价日贵，农村社会的破产更难以挽回了。从1866年到1903年，三十年内银价跌了三倍。如此狂跌，最吃亏的是中下层社会的百姓；政府提高税收，把货币贬值的差额负担也完全转嫁到人民身上。同时，战后赔款催讨甚急，银两不敷流通，只有从国外进口。据海关估计，从1880到1911年，中国白银净输入一万万六千万两，高收低出，吃了不少暗亏；以钱易银时，又得挨上折算的明亏，这样层层剥削，节节吸食，中国这个老

◉ 康有为（1858~1927），原名祖诒，字广厦，号长素，广东南海（今广东佛山南海区）人，进士出身。初受业于名儒朱次琦。光绪五年（1879）游香港，接触西方资本主义文化，慕其文明，渐思改革。十四年（1888）九月，曾上书光绪帝请求变法。十七年（1891），于广州设万木草堂，培养变法人才，着手著《新学伪经考》《孔子改制考》。二十一年（1895）发动"公车上书"，后在翁同龢等朝中重臣支持下，促成百日维新。变法失败后逃亡日本。辛亥革命后仍忠于清廷，并参与张勋复辟。（上左）

◉ 梁启超（1873~1929），字卓如，一字任甫，广东新会人，举人出身。光绪十六年（1890）从学康有为，参与编著《新学伪经考》等维新典籍。二十一年（1895）随康发动"公车上书"，继而主编《时务报》，以流畅的文笔大力宣传变法。二十三年（1897）任长沙时务学堂中文总教习，次年以六品衔专办京师大学堂译书局。戊戌变法失败后逃亡日本，先后主办《清议报》《新民丛报》。晚年在清华讲学。著有《饮冰室合集》。（上右）

弱残病之躯还能经得起多久折磨呢？那些生长在广东海滨，立志要解民倒悬做圣人的如康有为、梁启超之流，当然要忧愤迫切，惓惓痛哭，要起来着手推行变法维新的保种运动了。

第二节　酝酿变法

洋务运动在甲午战后宣告全面崩溃，使得一般有识见的士大夫认清，只讲求仿造器械的自强，并不能救活中国贫弱的躯体，并逐渐觉悟欧美帝国的富强，是由于学术的高明。必须改从政治、文化方面来寻求富强之道，因此他们又重温起甲午战前一批受过西方知识洗礼的人物曾做过的讲求变法自强的旧梦。例如冯桂芬著《校邠庐抗议》，主张废除八股取士之法，停止武试，设立翻译公所，学习西方语言文字，然后设学校习西学。比冯桂芬更彻底的是王韬，著有《弢园文录外编》等书，曾游历日本、英国，精通翻译与西洋科学，回国后在香港创办《循环日报》，自任主笔，鼓吹变法。所谓变法自强，他说急需改变的是“取士、练兵、学校、律例”四种旧法，急需要自强的是“讲求武备，整顿海防，慎固守御，改易营制，习练兵士，精制器械”六种洋务。他的言论对变法运动有很大影响。

甲午前后，陈虬、郑观应、何启、胡礼垣等进一步提倡变法，态度更明显。陈虬受冯桂芬影响，认为泰西富强之道，在有议政院，企图从制度上加以变革。自陈虬开始，变法维新论才算正式建立起来。郑观应更深刻，

◉ 王韬（1828 ~ 1897），字紫诠、兰卿，号仲弢、天南遁叟，江苏苏州人。曾应英国传教士麦都士之邀，到上海墨海书馆工作。后漫游法、英等国，对西方现代文明了解更深。同治十三年（1874）在香港创办《循环日报》，评论时政，提倡维新变法，影响很大。后任上海格致书院院长，直至去世。一生译著颇丰，在哲学、教育、新闻、史学、文学等领域都作出了杰出成就。（下左）
◉ 王韬译著作品（下右）

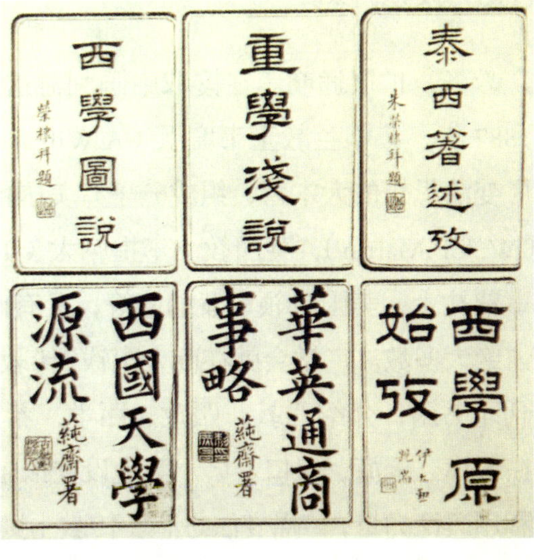

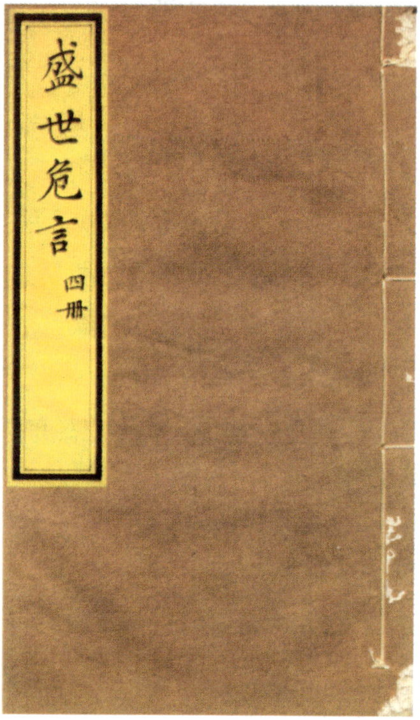

◉《盛世危言》书影，郑观应著，光绪十九年（1893）同文馆铅印本。

著《盛世危言》，主张君民共主，事实上就是君主立宪。郑观应是广东香山人，他的思想对两广地区的知识分子有很大影响。康有为承其余绪，提倡维新立宪，结果失败了。中山先生超越其思想，提倡民主革命，最后成功了。这说明了民权的获得，必须经过流血的道路。何启与胡礼垣合著有《新政论议》《新政始基》《新政变通》等书，总称《新政真诠》，都主张开议院、开铁路、广轮船等新政，希望在君主立宪制度下，大清帝国永保天下。

变法酝酿成熟更大的推动力，来自于英美的传教士、外交官与商人。他们向中国鼓吹变法改革，以便推广教务、扩展通商。在攫取中国利益这个总目标上，他们是三位一体的。1887年，苏格兰教士韦廉臣（A.Williamson）在上海组织广学会，作为推广变法思想的大本营，组成分子有美国传教士林乐知（Y.J.Allen）、丁韪良（W.A.P.Martin）、英国教士李提摩太（Timothy Richard）等，及英国副领事贾礼士、美国总领事廉纳德等，又有商人伯裴纽、多各尼等，其中商人占绝大多数。广学会就在商人出钱、传教士出力、外交保护权下，创办报纸，刊印书籍，介绍西教、西政、西学，希望“中国兴旺，商务有益”；分别在天津、上海、汉口、广州等地设立报馆，延聘中国维新名人，主持笔阵，利用舆论力量，传播变法思想。传教士则用华文写书，如李提摩太著有《泰

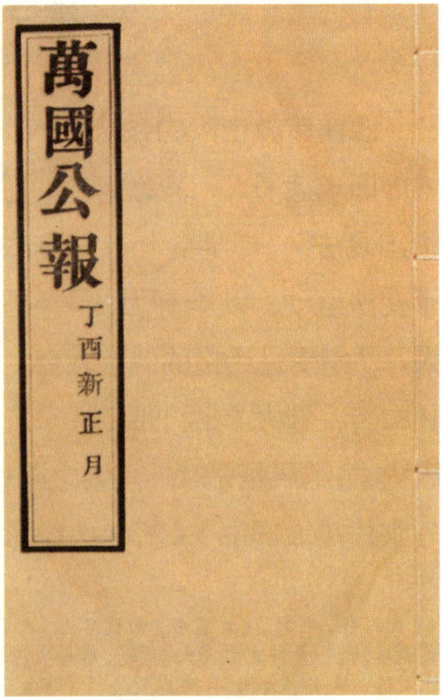

◉林乐知（Young John Allen，1836~1907），美国传教士，在华居留时间长达四十七年，以办报、办学、译书著称，对晚清的维新运动影响颇大。（上左）
◉《万国公报》书影。康有为于光绪二十一年（1895）六月二十七日创办，为双月刊，每册有论文一篇，除转录上海广学会及其它报刊外，多由梁启超、麦孟华等人撰稿，传播资产阶级先进的思想文化。（上右）

西新史揽要》《救世教益》《列国变通兴盛记》等二十余本，林乐知译著有《兴华新义书》《文学兴国策》等十余本，影响很大，都成为变法维新派的理论根据。1889 年，广学会的机关报——《万国公报》发刊，林乐知主编，以刊载西教、西学及时事新闻为主，改变了一部分士大夫对西方的成见；甲午战后，以刊载变法维新论为主，逐渐地把变法思想转化成政治上的一支生力军。

第三节　变政为国

西洋传教士大力鼓吹西教、西政、西学，使得那些生活在传统之中的中国旧式读书人，深受影响，“益知西人治术之有本”，“决然舍去旧学”，“变中国之法”。广学会开启了变法的大门，那些由守旧而维新的人士则推动了变法运动，以康有为、梁启超、谭嗣同等人为领导。康有为是广东南海人，幼年受过严格的儒家教育，1879 年后浏览过一些西学，思想逐渐转变。1882 年，他尽购西书阅读，如《万国公报》及声、光、化、电、重学及各国史志，结果是“对外求索之欲日炽，对内厌弃之情日烈”，暗伏下变法思想。后来作《大同书》《新学伪经考》《孔子改制考》；以西法为内容，以托古

◉《大同书》书影。《大同书》初稿名为《人类公理》。光绪十一年（1885），康有为开始撰著《人类公理》，成稿后，进一步补充成《大同书》，后屡次增补。此书充分展示了康有为的社会理想，他曾自豪地说：“吾既闻道，既定‘大同’，可以死矣。”（下左）
◉《时务报》书影。强学会遭封禁后，资产阶级维新派于光绪二十二年（1896）由黄遵宪、汪康年等在上海捐款创办。该报以救亡图存为宗旨，深刻抨击了封建专制制度。数月之间，风靡海内，销至万余份，为当时国内影响最大的刊物。张之洞以报中论说太新，频加干涉。百日维新期间，清廷允御史宋伯鲁之请，改《时务报》为官办，派康有为督办。光绪二十四年（1898）六月二十一日停刊，共出 69 期。后由汪康年改版为《倡言报》。（下右）

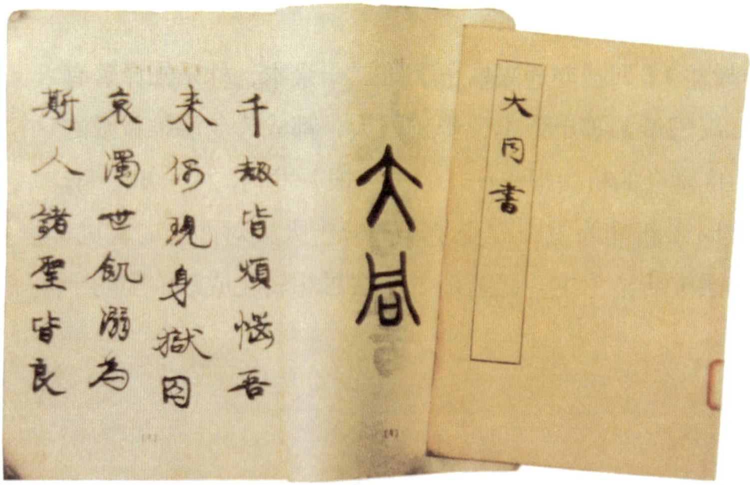

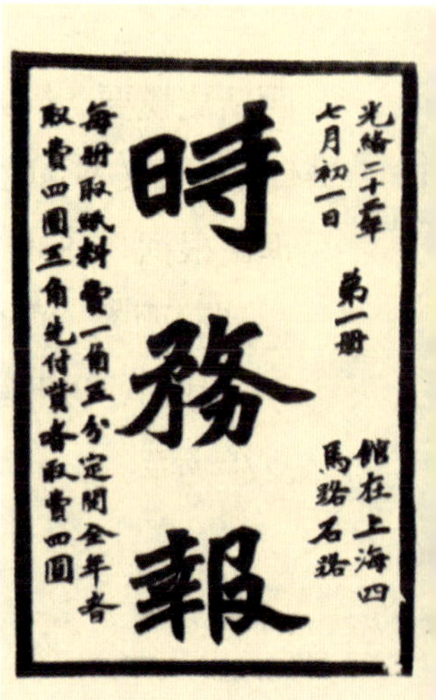
光緒二十二年七月初一日
第一冊
時務報
館在上海四馬路石路
每冊取紙料費一角五分定閱全年者取費四圓五角先付費者取費四圓

◉ 章炳麟（1869 ~ 1936），初名学乘，字枚叔，号太炎，浙江余杭人。近代民主革命家、思想家。曾主编同盟会机关报《民报》，在文学、史学、语言学等方面都有建树。结集有《章氏丛书》。（上左）
◉《变法通议》书影。北京故宫博物院藏。（上右）

改制为手段，成为变法运动两个不变的方针。梁启超是广东新会人，少年时还沾沾自喜对训诂词章颇有所知，但拜康长素为师后，这些无用的旧学被一举摧陷。徬徨无依下，尽购江南制造局翻译的西学，逐渐兴起变法思想。1895 年，他担任强学会书记，数月之中，“尽览会中所译西书”，态度更坚定。次年到了上海，主编《时务报》，与维新名士马良（相伯）、严复、容闳、章炳麟往来，写成《变法通议》《西学书目表》，阐述中国变法的必要性，俨然成为变法运动中的掌旗大将。谭嗣同是湖南浏阳人，与康梁一样都是接受西方思想影响后，幡然觉悟维新变法的需要，不过，他的勇气超越康梁之上，变法失败后，毅然走上以身殉道的路途。

甲午战争中，帝国主义的丑态一览无遗。英俄在欧亚的冲突，焦点集

谭嗣同（1865 ~ 1898），字复生，号壮飞，湖南浏阳人。光绪十八年（1892）入新疆巡抚刘锦堂幕。甲午战争后，倡导变法维新，与唐才常创办浏阳算学馆。戊戌政变时拒绝出逃，与杨锐、刘光第、康广仁、杨秀深、林旭一同遇害，史称“戊戌六君子”。

中于中国，短兵相接，纷争时起。俄国与德法勾结，连哄带骗夺取了胶州湾与旅、大。英国在这次国际斗争中吃了窝心拳，猛烈反击，想拉拢中国捞点油水，俄国当然不肯放松。在甲午战后的国际斗争舞台上，中国又变成了英、俄的抢夺目标。

英国最怕中国落入俄国掌握，一方面以广学会为大本营，发动宣传攻势，一方面联合变法维新派，鼓吹中英联盟。1896 年，《万国公报》登出俄国彼得大帝的遗命十四条，揭发俄国对华的野心。李提摩太说：中国好比婴儿，正睡在俄国母亲的怀中，生死操于俄手。1897 年，英国建议组织中英日同盟，吹嘘中国因此能保疆土，英国则能保商利。维新派康有为、麦孟华、康广仁都主张联英、日，以对抗俄、德。康有为虽明知帝国主义是一丘之貉，但“与其为波兰之屠割（俄德的手法），不如为印度之箝制（英国的手法）”，因此主张联英。

广学会的宣传，影响了维新派；维新派的努力，则说动了光绪帝与翁同龢，并组成拥帝党，声势日渐浩大。

俄国自然恐慌，一方面用银弹攻势，引诱李鸿章订立《中俄密约》，打着军事同盟的招牌，示好中国；一方面也发动宣传攻势，说英美日等七国打着助华变政的旗帜，骨子里却是要扶汉灭满。俄国知道光绪帝虽号称亲政，政权还是在西太后等守旧派手中，只要西太后出山，“即使有新主张、新政见，也做不成什么事功”（李鸿章告李提摩太语）。任何新改革如果危害了旧政权，必然遭受严厉的打击，只有推翻旧政权，才能建立新中国。戊戌变法失败的原因在此，国民革命成功的原因也在此。

俄国便抓住李鸿章，李鸿章迎合守旧派，组成以俄国为靠山的拥后党，与拥帝党不可避免地发生了冲突。

甲午战后，显然亲俄派得势，亲英派看正是机会，派李提摩太到北京，谒见在朝显要，鼓吹变法；托翁同龢向光绪帝进呈“新政策”，指出中国维新应办之事有九条，主要在聘请西人来筹划新政，包括兴学、办报、借款、练军等，这样明目张胆来控制中国的新政。翁同龢当然不敢送呈光绪帝过目，但对李提摩太十分倾心，态度转向变法。在这个传教说客的如簧之舌下，亲英派的孙家鼐、文廷式、张之洞都同情变法了。

万木草堂旧照。康有为于光绪十七年（1891）到二十一年（1895），在广州长兴里万木草堂聚徒讲学，宣传变法思想。以《新学伪经考》《孔子改制考》为讲学的主要内容，不仅讲授儒学、佛学等诸家之学，还向学生传授西方国家的哲学、社会学、政治学等内容，宣扬托古改制，培养了一大批学生。其中梁启超、麦孟华、徐勤等人都是戊戌变法的骨干。

李提摩太播下变法的种子，却无法栽培，因为他不是同根生，因此希望交棒给康梁。1888 年，康有为上光绪帝书，请求变法自强，但因人微言轻，无人愿意代奏。他多次参加考试，也都被刷退，名气反而日大。1891 年，讲学于万木草堂，大弟子陈千秋、梁启超慕名来学，讲学五年，完成变法的理论基础。签订《马关和约》时，梁启超、麦孟华代表广东举人一百九十余人，上书力言不可割台，各省纷纷响应。康有为屡次举试不第，想在政治上另寻出路，正好藉这鼓动变法维新的机会作为进身之阶，联合十八省举人一千三百余人，上万言书，请求“迁都练兵，变通新法，以塞和款”，特别着重变法，这就是名噪一时的“公车上书”。所上之书虽然仍未上达皇帝，康、梁却名满天下，这次会试，康有为被取为进士，授职工部主事，开始踏入政治圈。未到任前，又上变法万言书，终于得到皇帝眷顾，表示嘉许。康有为接着又上一书，被工部守旧派阻挡。但维新派势力也不小，康梁创办《中外公报》，每日发行三千份，分送达官显要，流风所及，

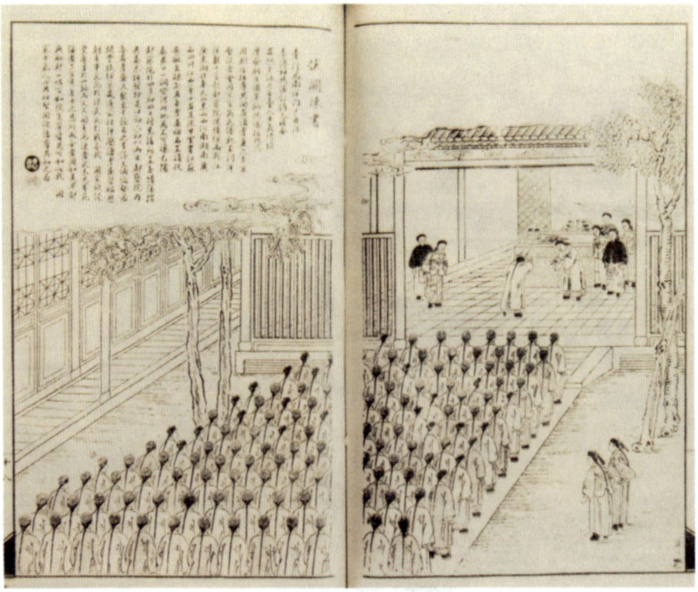

◉《点石斋画报·公车上书图》，光绪末年上海东亚社石印本。

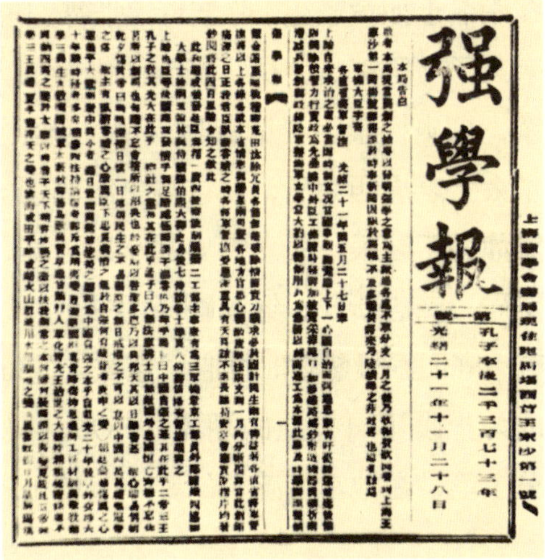

强學報

第一號

孔子卒後二千三百七十三年

光緒二十一年十一月二十八日

本局告白

◉ 强学会是资产阶级维新派早年发起的政治团体，又名译书局，于光绪二十一年（1895）七月由康有为发起，开明朝臣文廷式出面组织，成立于北京。强学会成立后，“先以报事为主”，发行《万国公报》，后改为《中外纪闻》，宣扬资产阶级维新思想。次年御史杨崇伊弹劾强学会“私立会党，将开处士横议之风”，遂遭清廷封禁。图为强学会旧址。（上左）

◉《强学报》。上海强学会的机关刊物。光绪二十一年（1895）十一月二十八日，由康有为创办于上海，并作序倡言“学则强，群则强”。其论说以倡导维新变法，主张开设议院“以通下情”，以孔子纪年。张之洞恐获罪清廷，当月即下令封禁，共出三期。（上右）

同情变法的文廷式、陈炽、曾广钧（曾国藩孙）等亦组成强学会，康梁欣然加入，成为主要分子。会员还有袁世凯、翁斌孙（翁同龢孙）、张权（张之洞子）等，英美公使也赠送大量西书仪器，表示赞助。李提摩太见机参加，广结善缘，康梁等人对这位说客的高论，佩服不迭，梁启超自愿担任他的私人秘书，康有为的变法奏折等于李提摩太言论的中文版，李提摩太自然视康长素为最理想的接棒人。亲英的张之洞慷慨捐助五千两充当强学会公费，翁同龢也答应从户部拨款，孙家鼐则准备公馆。在英美外交的支持及传教士的西学领导下，拥帝党的声势非常浩大。

拥后党自不甘坐视，徐桐首先上奏参劾，康有为首当其冲被迫南下，到上海成立强学会分会。分会在两江总督张之洞支助下，会务蒸蒸日上，江南名士如黄遵宪、陈宝琛、张謇、陈三立、岑春煊、汪康年、左孝同（左宗棠子）等都是会员，把变法维新的火花散布到大江南北。守旧派继续追杀，御史杨崇伊奏请查封，说维新派“私立会堂，干犯我朝例禁”，惊动了太上老虎西太后，北京与上海的强学会都遭到封闭的命运。翁同龢、孙家鼐并不屈服，授意御史胡孚辰上奏，请将强学书局改为官书局，换一个字号，老店新开，继续翻译西书。

守旧派虽然暂时抑制了京城内的维新运动，但变法的思想已流布各省，成为一股不可抑止的潮流。1896 年《时务报》在上海创刊，梁启超担任总主笔，在他常带感情的笔端宣传下，《时务报》发售至全国七十余县市、一百零九处，行销万余分，全国闻风兴起的更多，仅上海、南京两地便出现学会、报纸不下三十种，舆论界呈现一片百家争鸣的景象，梁启超尤其是天之骄子，声名远播。1897 年，他到湖南时务学堂任总教习，更把维新变法风气推广到湖南。在湖南巡抚陈宝箴、按察使黄遵宪、唐才常策划下，创办电线、轮船、矿务、铸钱、银行、武备学堂、化学堂、煤油公司、火柴公司、方言学会等，湖南顿呈新政发皇的气象。梁启超主讲时务学堂，谭嗣同、唐才常为助教，学生有林圭、蔡松坡等四十人，“所言皆当时一派之民权论”，蔡松坡后来组护国军讨伐袁世凯称帝，正是这种教育成功的

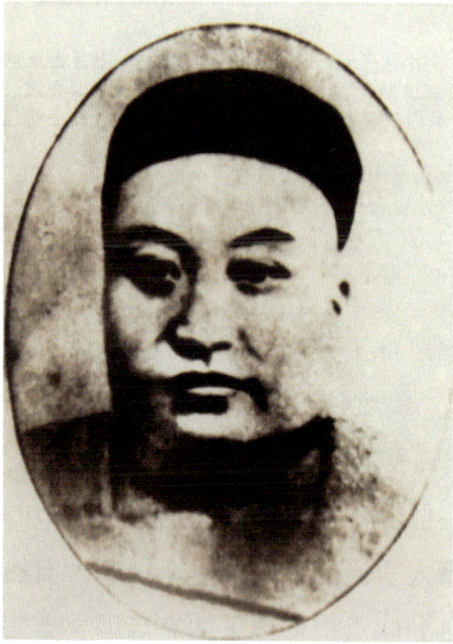

唐才常（1867~1900），字黻丞，又字佛尘，湖南浏阳人，贡生出身。光绪二十一年（1895）与谭嗣同在浏阳办算学馆，后在长沙主编《湘报》和《湘学报》，参与创办时务学堂等。戊戌政变后逃亡日本，回国后组织正气会，筹组自立军。二十六年（1900）举事失败后，就义于武昌紫阳湖畔。著有《觉颠冥斋内言》等。

最好说明。中国传统的君主制度绝不容民权的发展来分享它的权力，要还权于民，革命是唯一的道路。

可惜梁启超想错了，他虽然善于宣传，政变后却跟随康有为保皇，与革命派一次又一次的冲突，在历史上留下了不少污点。

时务学堂的维新教育当然激起了湖南守旧党的顽强抵抗，双方争斗愈演愈烈，说明了戊戌变法确实撼动了一部分顽固守旧派的立足点，变法虽然失败，这个功绩是不可抹煞的。

康有为在澳门与何穗田创办《知新报》，传播西学，流传甚广，据梁启超估计，强学会封禁后，维新机关遍设全国，共有学会二十四，学堂十八，报馆六，书局一（实际当然不止此数），主要散布在江苏、湖南、广东三省。从这三省出发，“各省风从，州县并起，不可指数”，守旧派已经阻挡不住这个为保国保种而澎湃开来的汹涌潮流了。

第四节　政变为清

维新风潮愈高涨，守旧党愈惊骇，最顽固的徐桐公然表示：宁可亡国，不可变法，因为变法者汉人之利，满人之害。这一系守旧党的极端派，包括荣禄、刚毅等。他们反对变法的唯一理由，就是革命派领导人中山先生说的“明知自己不能有为，恐怕天下失到汉人手里”，因此坚持屠杀“戊戌六君子”及其他维新人士，来保住那个恶贯满盈的清政府，除了这种专制政治的奴性与种族政治的残暴性外，任何理由也不能解释他们这样做的原因。另一系是守旧党的骑墙派，包括张之洞、刘坤一、袁世凯，最善于观风色。康梁组织强学会，得英美资助，声势惊人，他们出钱出力抢着加入。西太后下令封闭强学会，他们发现处境危险，立即退出。他们不变的原则就是梁启超说的“虽分割后，亦当有小朝廷，终不失为小朝廷之大臣也”，因此从个人利害出发，以官位为重，向主政者摇尾乞怜，十足墙头草的模样。另一系是守旧党的附从派，以王先谦、叶德辉为代表，他们钻埋在八股取士的成规里，依傍“中学为体”之说，以求青云直上。维新派倡议西学变法，首先就要废八股，这些人失去安身立命的所在，当然与其势不两立。守旧党这三派各自维护的利益不同，但奉西太后为总理则一，只要西太后有一口气在，他们当然效命驰驱。

维新派主张“全变则强，小变仍亡”，而且“缓变不可，必当速变”，一心一意想模仿明治维新，认为大变百度，非皇帝乾纲睿断不可，因为变法维新，上行而下效，比较容易。他们没有想到，西太后把持政权，视光绪如同虚器，根本不能变法。因此维新党希望全变、速变时，守旧党早已布下天罗地网，准备全杀、速杀。

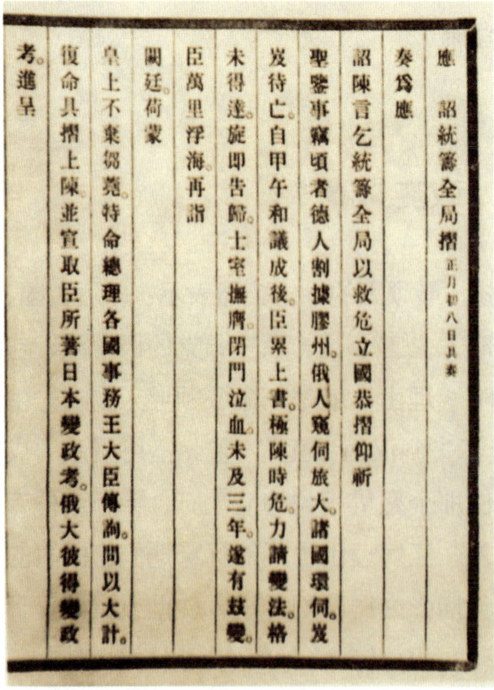
應　詔統籌全局摺 正月初八日具奏
奏爲應
詔陳言乞統籌全局以救危立國恭摺仰祈
聖鑒事竊頃者德人割據膠州。俄人窺伺旅大。諸國環伺。岌
岌待亡。自甲午和議成後。臣累上書。極陳時危。力請變法。格
未得達。旋即告歸。士室撫膺。閉門泣血。未及三年。遂有膠變。
臣萬里浮海。再詣
闕廷。荷蒙
皇上不棄芻蕘。特命總理各國事務王大臣傳詢。問以大計。
復命具摺上陳。並宜取臣所著日本變政考。俄大彼得變政
考。進呈

《应诏统筹全局折》印本

1897年11月，德国悍然占领胶州湾，夺据青岛炮台。康有为进京上书，向光绪呈献中国自强上中下三策，认为只有学日本变政、俄国大彼得变政的上策可以强，其他集会商议变政为中策，以及听任督抚各自变法的下策充其量自保不亡而已。由于工部守旧分子的阻挠，直到第二年2月，光绪帝才看到，肃然动容，要康有为

尽情献计。本来康有为几次上书，未获重视，对上位者十分失望，早想携囊归园；翁同龢秘密拜访，坚请留下（是不是光绪帝授意不知道），康有为因之奉旨上折统筹全局，仿照日本维新要政：一、大集群臣于天坛大庙，以定国是。二、设上书所于午门，以广言路。三、设制度局于内廷，以行新政。四、设民政局于各道，以行地方自治。经过十年（1888 ~ 1898）七次上书的努力，康有为终于将维新运动与光绪帝结合在一起。

1898 年以后，以胶州湾事件为始，外患接踵而至，维新派人士纷纷组织学会，湖南有南学会，京城中有粤学会、蜀学会（杨锐）、闽学会（林旭）、陕学会（杨深秀），又有保滇会、保川会、保浙会等，意在团结各省志士，亡国后保卫地方。康有为发起组织保国会，标举“保国、保种、保教三事”，在北京、上海设保国总会，各省各县各府皆设分会，准备从事自立民权活动。他是想玩弄两面手法，一边上书，希望入直政局，施展变法，这样救国等于救清；一边开会，希望联合各省志士，进行维新民权，则保种不一定保清。守旧党极端派抓住康有为的矛盾心理，群起攻击，宣传康梁是要“保中国不保大清”，众口铄金，造成牢不可破的证据。康有为投鼠忌器，不敢从事自立民权之路。保国会开会三次，以后不再开会，专心倒向第一条路，把光绪帝当成孔子，进行托“古”改制。

1898 年 6 月，光绪帝颁《定国是诏》，召见康有为，问变法步骤，康有为建议自制度、法律先为改定，废八股，广言路，用人才，筑铁路，练民兵，购铁舰，设学堂。翁同龢怀疑康有为心术不正，想夺拥帝党的领导权，处处不合作，光绪帝毅然将翁开缺，显示变法决心。西太后最希望新党闹派系，好分头击破，自然落井下石，调旧党王文韶补翁缺，以亲信荣禄为直隶总督，统率聂士成（武毅军）、董福祥（甘军）、袁世凯（新军）三军，又命二品以上京官，及各省将军督抚授新职，向太后具折称谢，掌握军政调度大权，透露了政变的决心。

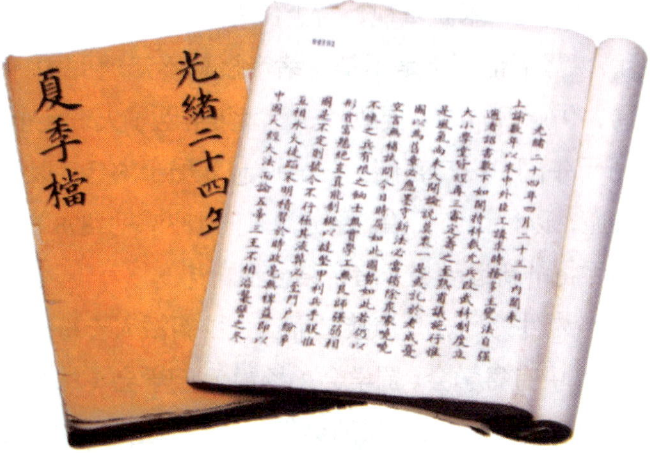

◉《明定国是诏》，中国第一档案馆藏。

所谓百日维新，即从 1898 年 6 月 11 日至 9 月 21 日，共一百零三天。维新党拥着光绪帝，发出新政诏谕一百余件，重要措施如下：一、废八股，改试策论。二、裁撤京内外大批衙门及冗员。三、准旗人习农工商业，自谋生计。四、裁减八旗、绿营。五、删减各部衙门则例，革礼部六堂官。这些是革除旧法的命令。关于新政命令有：一、设立学堂，首先筹办京师大学堂，并有译书局。二、振兴农学，设农工商总局。三、奖励新著作、新发明。四、设官报，鼓吹新政，书籍报纸概予免税。五、设矿务铁路总局。六、设茶务学堂，蚕桑公院，奖励丝茶出口，争取外汇。七、广开言路，不论官民皆可上书言事。八、编制国家总预算表，按月刊报。

维新党提倡民权，给予人民相当的权利自由，得到不少赞赏；但急于除旧，在短期内造成大批失业官僚与失意军人，也遭到深刻的怨恨。荣禄说，“姑俟其乱乃闹数月，使天下共愤，罪恶贯盈，不亦可乎”，密谋不动声色发动政变，彻底毁灭维新党。京内京外都在进行摧毁新政的阴谋，光绪帝预感形势危急，密谕康有为设法相救，康有为的办法就是找袁世凯商量营救。

维新党推行新政，实际上只有起草上谕权，守旧党掌握军权，有恃无恐。康有为密派谭嗣同劝说聂士成与董福祥倒戈，计划武装夺权。聂是淮系大将，李鸿章的亲信，当然不可能拔刀相助。董是西太后的护驾军，绝对服从西太后的命令。康有为念及袁世凯曾参加强学会，有兄弟交，或可说动。谭嗣同密访，出示康有为伪造的光绪帝衣带诏。袁世凯知道守旧党密锣紧鼓准备推翻新政，维新党毫无希望（他也许不知是伪诏），但他机诈百出，假意慷慨承诺，怒目视诏曰："若皇上在仆营，诛荣禄如杀一狗耳。"另一方面，他却向荣禄告密。荣禄急报西太后，旧党杨崇伊（李鸿章亲家）早已捷足先登，两下证据确凿，不等天亮，西太后就直入光绪寝宫，大肆搜查，囚禁光绪；接着临朝训政，百日维新宣告结束。康有为武装夺权的美梦，就在袁世凯卖"友"求荣后幻灭。

政变后，康有为得英国保护，逃往香港，梁启超得日本保护，逃往横滨。谭嗣同说，"自古非流血不能变法"，遂慷慨就义，杨锐、林旭、刘光第、杨深秀、康广仁也一同殉难，号称"戊戌六君子"。西太后训政，一切反改守旧政策，刚毅掌权，"往往以一己之私意，阴行其颠倒之权"。这种盲目疯狂的守旧政治，充分显示了"满洲政府一日不去，中国一日不能自立，瓜分原因一日不息"（《民报》），只有国民革命是唯一救国保种的路线。

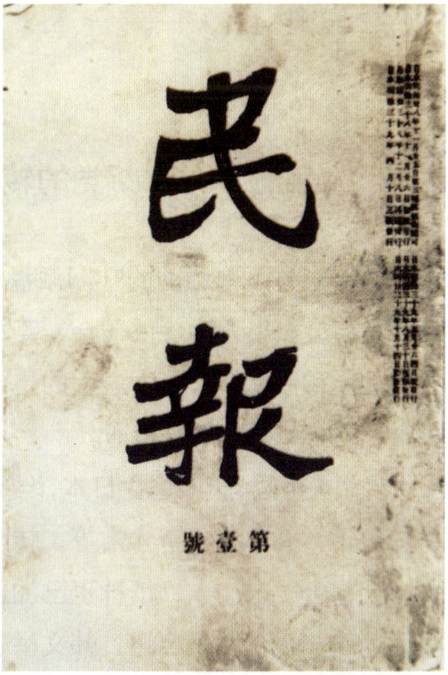

◉《民报》创刊号

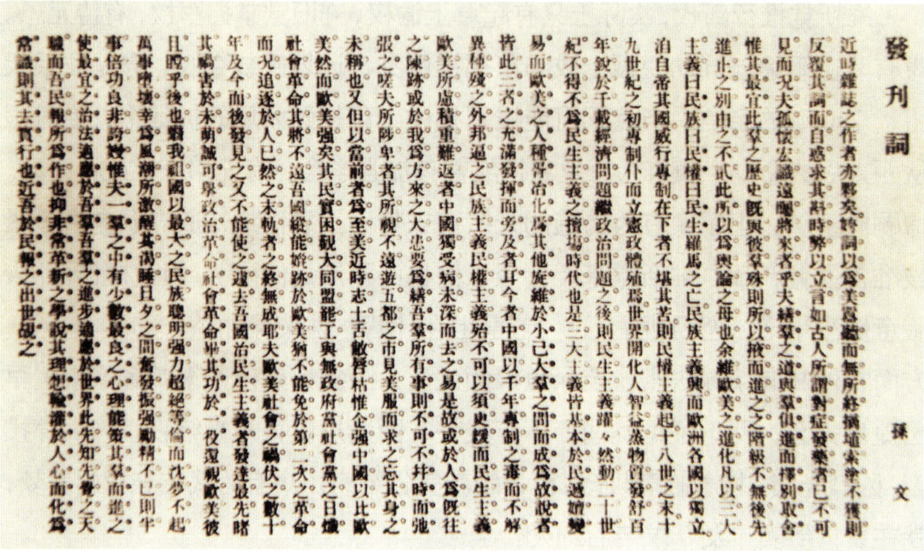

發刊詞

孫文

近時雜誌之作者亦夥矣婷詞以為美囂聽而無所終摘埴索塗不獲則反覆其詞而自惑求其斟時弊以立言如古人所謂對症發藥者已不可見而況夫孤懷宏識遠矚將來者乎夫繕羣之道與羣俱進而擇別取舍惟其最宜此羣之歷史既與彼羣殊則所以掖而進之之階級不無後先進止之別由之不貳此所以為輿論之母也余維歐美之進化凡以三大主義曰民族曰民權曰民生羅馬之亡民族主義興而歐洲各國以獨立洎自帝其國威行專制在下者不堪其苦則民權主義起十八世之末十九世紀之初專制仆而立憲政體殖焉世界開化人智益蒸物質發舒百年銳於千載經濟問題繼政治問題之後則民生主義躍々然動二十世紀不得不為民生主義之擅場時代也是三大主義皆基本於民遞嬗變易而歐美之人種胥冶化焉其他旋維於小己大羣之間而成為故說者皆此三者之充滿發揮而旁及者耳今者中國以千年專制之毒而不解異種殘之外邦逼之民族主義民權主義殆不可以須臾緩而民生主義歐美所慮積重難返者中國獨受病未深而去之易是故或於人為既往之陳跡或於我為方來之大患要為繕吾羣所有事則不可不並時而弛張之嗟夫所陟卑者其所視不遠遊五都之市見美服而求之忘其身之未稱也又但以當前者為至美近時志士舌敝唇枯惟企強中國以比歐美然而歐美強矣其民實困觀大同盟罷工與無政府黨社會黨之日熾社會革命其將不遠吾國縱能媲跡於歐美猶不能免於第二次之革命而況追逐於人已然之末軌者之終無成耶夫歐美社會之禍伏之數十年及今而後發見之又不能使之遽去吾國治民生主義者發達最先睹其禍害於未萌誠可舉政治革命社會革命畢其功於一役還視歐美彼且瞠乎後也翳我祖國以最大之民族聰明強力超絕等倫而沉夢不起萬事墮壞幸為風潮所激醒其渴睡旦夕之間奮發振強勵精不已則半事倍功良非誇嫚惟夫一羣之中有少數最良之心理能策其羣而進之使最宜之治法適應於吾羣吾羣之進步適應於世界此先知先覺之天職而吾民報所為作也抑非常革新之學說其理想輸灌於人心而化為常識則其去實行也近吾於民報之出世覘之

◉《民报》发刊词

第五节　维新党的转向革命——自立军起义

湖南一方面有顽固的守旧派盘踞不去，一方面有秘密会党星罗棋布，例如大刀会、小刀会、侠刀会、英雄会、三合会、三点会等。历史最久的是天地会和白莲会，势力最大的是哥老会，有会员十二万，全国各地都有分会，向与革命派气息相通。

变法失败后，康梁逃亡日本，维新党开始分化。以湖南为根据地的一派，如毕永年、秦力山、唐才常等，转回革命派，毕、秦二人偕往横滨，加入兴中会，唐虽未加入，精神也已加盟，与康有为逐渐貌合神离。以日本为根据地的一派，如梁启超、韩文举、欧榘甲等，态度亦倾向革命派。另一部分如康有为、徐勤、麦孟华等，则鞠躬尽瘁，力谋勤王，把维新与保皇混为一谈，坚决反对革命。康有为从力主变法维新转变为顽固死硬的保皇派，完全是沉醉在他一手捏造的衣带诏梦中，一方面藉此招骗世人，说“今上圣明，必有复辟之一日”，幻想变法与保皇是一而二、二而一的关系；一方面藉此自愚，说“余受恩深重，无论如何不能忘记”，所谓保种、保教的大目标，竟成了他报恩的玩物。他这种两面作风，一方面鼓吹变法维新的可能性，一方面与变法的对象——清廷妥协，就是促使维新党分裂、转向革命派的最大推动力。

1899 年冬，唐才常、梁启超、秦力山、林圭、吴禄贞等决议在长江沿岸各省起兵，计划运动会党及防军，先袭取武汉为根据地。兴中会会员史坚如、毕永年，分赴长江中下游联络会党。毕永年率领两湖哥老会数十人至港，与陈少白率领的两粤三合会大佬会合，归附兴中会，公推中山先生为总会长。这是湖广革命团体的大结合。梁启超见革命派人多势众，想两面投机，劝康有为退休，再与革命派合作，这就是他所谓的继往开来。唐才常与林圭准备回国起事，梁启超设筵欢送，兴中会领袖中山先生及陈少白等都在座，约定合作，互祝胜利。兴中会在长江中下游的会员及会党势力，都被介绍给唐林二人，掩护活动。

唐林到上海，发起组织正气会，唐才常手定会章，序文中有革命派的论调，又有“君臣之义，

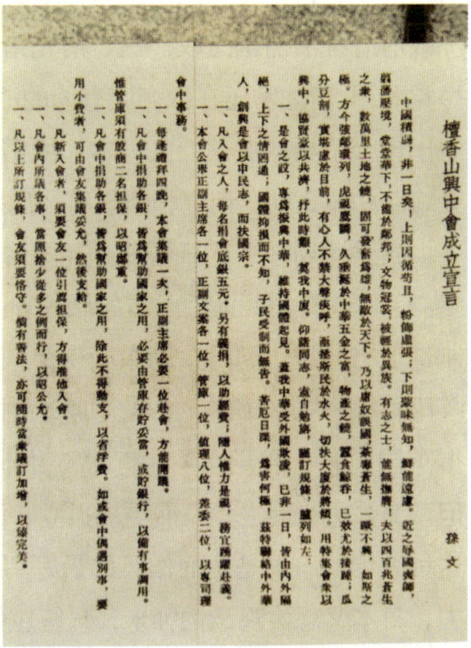
檀香山興中會成立宣言

孫文

中國積弱，非一日矣！上則因循苟且，粉飾虛張；下則蒙昧無知，鮮能遠慮。近之辱國喪師，翦藩壓境，堂堂華夏，不齒於鄰邦；文物冠裳，被輕於異族。有志之士，能無撫膺！夫以四百兆蒼生之衆，數萬里土地之饒，固可發奮爲雄，無敵於天下。乃以庸奴誤國，荼毒蒼生，一蹶不興，如斯之極。方今強鄰環列，虎視鷹瞵，久垂涎於中華五金之富、物產之饒，蠶食鯨吞，已效尤於接踵；瓜分豆剖，實堪慮於目前。有心人不禁大聲疾呼，亟拯斯民於水火，切扶大廈於將傾。用特集會衆以興中，協賢豪以共濟，抒此時艱，奠我中夏。仰諸同志，盍自勉旃，謹訂規條，臚列如左：

一、是會之設，專爲振興中華，維持國體起見。蓋我中華受外國欺凌，已非一日，皆由內外隔絕，上下之情罔通，國體抑損而不知，子民受制而無告。苦厄日深，爲害何極！茲特聯絡中外華人，創興是會，以申民志，而扶國宗。

一、凡入會之人，每名捐會底銀五元。另有義捐，以助經費；隨人惟力是視，務宜踴躍赴義。

一、本會公舉正副主席各一位，正副文案各一位，管庫一位，值理八位，差委二位，以專司理會中事務。

一、每逢禮拜四晚，本會集議一次，正副主席必要一位赴會，方能開議。

一、凡會中捐助各銀，皆爲幫助國家之用，必要由管庫存貯妥當，或貯銀行，以備有事調用。惟管庫須有殷商二名担保，以昭鄭重。

一、凡會中捐助各銀，皆爲幫助國家之用，除此不得動支，以省浮費。如或會中偶遇別事，要用小費者，可由會友集議妥允，然後支給。

一、凡新入會者，須要會友一位引薦担保，方得准他入會。

一、凡會內所議各事，當照捨少從多之例而行，以昭公允。

一、凡以上所訂規條，會友須要恪守。倘有善法，亦可隨時當衆議訂加增，以臻完美。

兴中会宣言

如何能废”等保皇党的词句，这种自相矛盾的两面作风，是梁唐等不可救药的致命伤。毕永年、章太炎等严厉反对，劝唐断绝与康有为的关系，唐坚决不从。中山先生不敢信其真能合作，便急流勇退。梁启超被康有为所迫，利用中山先生的关系，打着“名为保皇，实则革命”的旗号，在兴中会的海外根据地檀香山，诈取华侨捐银十余万元。这种投机欺骗的行为，大为革命派不齿。康有为在新加坡向华侨募得军费二十余万元，大部分私吞自肥，少数接济党人。唐才常原想向保皇党要钱，向革命派借人，因此才脚踏两条船。结果，人饷皆失，两头落空。

唐才常受康梁指示，改正气会为自立会，勤王军为自立军，以欺人耳目。1900年9月，藉八国联军攻陷北京，力谋挽救危局为名，邀集上海维新人士在张园召开中国国会，公推容闳为会长，严复为副会长，唐才常为总干事，对外发表宣言：一、保全中国自立之权，成立新政府。二、决定不承认满洲政府有统治清国之权。三、清光绪帝复辟。章太炎、吴禄贞劝唐勿受保皇党利用，唐才常还在依恋康有为的汇款接济，不肯听从。章太炎当众剪辫，退出国会，吴禄贞愤而去日本。所谓自立军，还是玩弄两面手法，竟要把光绪帝和清王朝、自立和新政府一肩挑起来。

康梁计划联络英日两国。英国希望中国四分五裂，以便图利；在北方参与联军，打击西太后为首的顽固守旧派，又联合法日等国策动归政光绪，制造北方分裂，同时扶助东南自保，阴谋制造中国南北分裂。康有为幻想英国再插一脚，事实上，英国吃软怕硬，暗示张之洞绝不保护。张之洞征得英国同意，展开捕杀。唐才常并不知康勾结英国失败，他想两面讨好，但革命派见义而去，反而更加孤立；保皇党见利而去，结果是被完全出卖。这种悲惨的下场是两面作风的最好写照。梁启超想勾结日本，雇东洋兵助力，日本又想偷鸡又怕蚀米，只答应供给弹药。

1900年7月中旬，自立军苦候接济不来，勉强发难，被蓄势以待的张

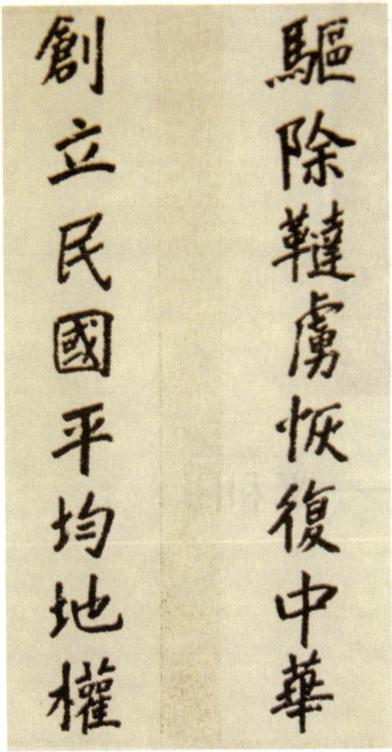

同盟会十六字宣言

同盟会会员证

之洞等立即镇压，捕杀唐才常、林圭等二十余人，唐才常壮烈牺牲。张之洞在湖北大杀维新人士，仅武汉三镇即达数百人，湖南、江苏、安徽、广东也跟着展开捕杀。

自立军失败，使维新党与革命派发生重大变化：第一、保皇党彻底失败，从此不再谈兵勤王事。第二、维新派转向革命派，林圭、傅慈祥等与湖北革命党孙武、蒋翊武、宋教仁、张难先等联合，这些都是辛亥革命中的敢死英雄。第三、革命派声势高涨，美洲及海外华侨纷纷投入革命阵营中。据冯自由统计，自 1900 年自立军失败，到 1905 年同盟会成立为止，海内外著名团体有广东独立协会、支那亡国纪念会、爱国学社等十余个，各地出版的革命书报，在日本有《国民报》《新广东》等十余种，上海有《苏报》《国民日日报》等十余种，香港、檀香山、旧金山、新加坡、缅甸等地都有，充分说明了海内外有志之士都团结在革命排满的旗帜下了。

第九章

托命拳脚的救清运动——义和团

洋务自强运动、变法维新运动都在顽固守旧派不同程度的反对打击下落了空，满政府希望起死回生的美梦也跟着整个幻灭。在病急乱投医的心态下，只有依赖迷信，幻想假托神灵的拳脚功夫可以救活垂死之躯。他们满以为死马当活马医，现出了一线生机，结果正相反，却是一拳毙命。

第一节　北中国的乱象

19 世纪 70 年代后，帝国主义的经济侵略深达中国内陆，大江以北的受害情形远超过江南。例如河南省，在 1870 年时，据传教士李奇霍芬（F.Von Richthofen）的估计，每一天的棉花交易量是一万两。当时在华北的外国报纸形容说，中国的妇女们把每天空闲的时间都用在纺织上，纺车和投梭的声音深夜可闻，这是多么忙碌而令人欣喜的农村图。但是，洋纱输入后，列强在华北通商口岸建造大纱厂，大量倾销洋布，农村里织机的声音几乎中断了。河南的土布销售中心——南宫县，产品原来外销到内外蒙古，后来却不出里门，只有赶集时零星售卖。不仅河南省如此，其他各省莫不如此。据薛福成估计，到1890年代，因洋布洋纱的畅销，中国每岁耗银三四千万两，中国农村妇女束手坐困的何止千百万人。农妇的大量失业，必然导致家庭经济的破产。再看下列稻米入口的统计（单位：万担，价值：万两）：

	量	值
1890年	758	1 145
1893年	948	1 297
1895年	1 001	1 562
1900年	621	1 138

农村中以稻米生产为主，但从1888年后，必须大量进口，显示出农村生产力的衰退与农村经济的全面破产。中国向来以农立国，男耕女织的经济方式，在帝国主义侵略下，面临崩溃的命运。

然后，又遇到交通运输的大变动，整个社会结构更趋瓦解。鸦片战后，贸易中心从广州转移到上海，原来仰为运输命脉的湘江、赣江顿形没落，沿岸数百万工人与商业人口骤临失业边缘，使得南中国的社会结构大变，这也是造成太平天国革命的一个重要推动因素。甲午战后，外资大量兴造铁路，加上海运事业的发达，原来担当南北漕运的大动脉——运河逐渐落伍，两岸居民不下数十万家，生计大受打击，北中国的社会结构因而大变，这是义和团的兴起不可或缺的因素。以华北的转运站通州为例，据联军统帅瓦德西记载，从前有人口十五万，因帆船装卸货物，中国工人得有挣钱机会，但到1900年义和团运动前，尚未亲眼见过五十位华人，这些失业工人都是大动乱发生不可缺的力量。清政府病入膏肓，对社会经济变动毫无所觉，继续压榨剥削民脂民膏以尽人事。

◉ 瓦德西，德国陆军元帅，生于普鲁士的波茨坦。1900年晋升为陆军元帅。同年夏天，八国联军攻占大沽、天津之后，竞相争夺联军统帅之位，终为德国所得。瓦德西于是年8月专程来华，9月正式就任联军统帅，11月抵京，指挥侵略军作战。（上左）

◉ 上海徐家汇教堂旧照（上右）

清政府无厌的榨取，是农民反抗最直接的因素。以直隶来说，每年征收的税额，比道光时代增加了四五倍，下等人家已有饿死鬼，中等人家只好弃地逃亡。官府只顾无情劫掠，并不顾及百姓生活，饥民于是啸聚作乱，四出索食，最普遍的如山东省，百十人一起，每到一村，按户派捐，只要一宿两餐就把当地吃光了，然后又转移阵地。这种民不聊生的惨况，不只出现在山东一地，全国各省都能见到。

祸不单行的是，人祸加上天灾，老百姓就更吃苦了。以直、鲁、豫三省为例，从1898年起，黄河连年溃决，运河两岸的灾民达数十万之多。据当时的报纸记载，直隶省出现了卖女的惨剧，十余岁的稚女只卖十几元；山东一带的难民找到草根树皮当成山珍奇品，吃得津津有味；河南省更是惨绝人寰，饿殍遍野，有抓住死人吸其骨髓的，有抱着人脑沾盐就食的。这幅惨不忍睹的饥民图，就是清政府恶贯满盈的如山铁证。

饥寒交迫的农民，早已满腔愤怒，光绪年间在华北各地接二连三起而反抗。他们在生存边缘挣扎，最痛恨的是享有特权的教士与教民。教士依恃条约保护，教民依恃信教为护符，他们都藉着教堂的庇荫——教堂则躲在坚船利炮的武力屏障下——招摇撞骗，横行乡里，尤其在农村中更是胡作非为，欺凌农民，又能免派徭役，免除杂税。这种特权与不公，使得农民无可忍受。光绪年间华北各地教案迭起，不约而同汇成一股广大的反教力量。

西方的宗教，不论是天主教或基督教，事实上都成了帝国主义侵略的工具。英法两国号称护教，实际是把教务与商务合而为一，处处动用炮舰来保护传教活动，最后是强迫订立不平等条约，倚仗特权传教，公然违抗中国法令。他们毫不掩饰地说：是把教民和他们的广大同胞分开，使他们成为外国人保护下的独立王国。这样的传教，对中国该是何等的威胁。

教士为了想多收乡民为信徒，不惜违法偷入内地传教。但中国社会深受儒、释、道三教的影响，要他们放弃祭祀祖先、崇敬鬼神，专拜一个上帝，是绝对办不到的。于是教士就别走蹊径来招收教徒。第一种方法是招

◉ 北京西什库教堂主教和教徒合影旧照

诱愚民，用厚利作饵。这类教民是宗教的盲从者，唯教士之命是从，在思想上自认与洋人无异，态度上当然脱离与祖国的联系。第二个方法是招纳顽民，如无赖、土豪、大盗，用特权作饵，所谓“一入教中，即成化外”，官府都对他无可奈何。这类教民是宗教的盲动者，恃教士为护符，包揽诉讼，鱼肉乡民，思想上自认与教士有同样特权，态度上自是有恃无恐，无恶不为。他们活跃在农村社会中，号称洋绅，势力比旧绅还大，因此作恶也更多端。当时俗谚说，“未入教，尚如鼠；既入教，便如虎”，实在是活生生的写照。这些盲从与盲动的教民，排除了真正的信教者，与教士、教堂相互为虐，使得全国无处不发生教案。清政府胆小怕事，应付的方法不外赔款、查办（从无教士、教民被办之事），更使得民教相仇的空气愈来愈浓重。

黄河泛滥，迫使华北农民流离失所，清政府的压榨，更使得民不聊生。在帝国主义经济侵略的狂潮下，农村破产，农民生不如死，再受到教士、教民的欺凌迫害，为求生存，只有反抗。义和团宣称“神发怒，佛发愤，派我下山把法传”，赢得农村社会的普通信赖，认定“不下雨，麦苗干，教堂恨民阻老天”，仇教的星星之火，势成燎原的灭洋运动。

第二节　民间的反抗洋人

义和团本质上是假借神灵作为排外的工具，以拳术为扶清灭洋的武器，所谓“神出洞，仙下山，扶助人间把拳玩；兵法易，助学拳，要摈鬼子不费难”。神灵与拳术都来自民间，自然吸引人民狂热地参与。他们单纯地以为只要“中原不准有洋人”，就可免于被割据；迷信义和拳得到神助，不畏枪炮，能将洋人都杀尽，“大清一统庆升平”。他们一心扶清灭洋，当然投合顽固守旧派的心理，在西太后的授意包庇下，义和团就是用这种落后迷信的形

◉ 义和团团旗

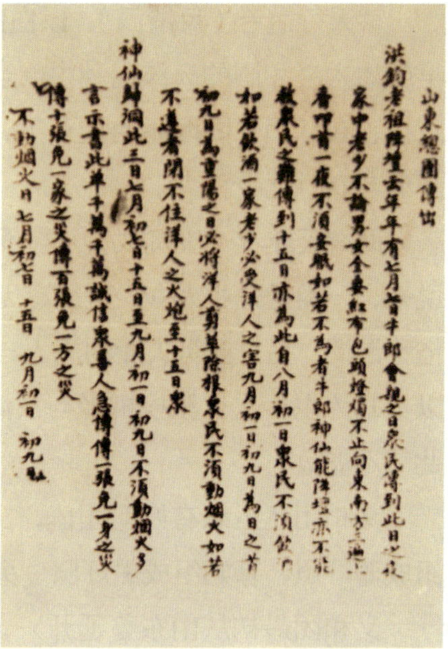

山東總團傳出
洪鈞老祖降壇云今年有七月七日牛郎會織女之日衆民傳到此日之夜
家中老少不論男女全要紅布包頭燈燭不止向東南方[illegible]
叩首一夜不須要眠如若不為者牛郎神仙能降壇亦不能
救衆民之難傳到十五日亦為此自八月初一日衆民不須飲[illegible]
如若飲酒一家老少必受洋人之害九月初一日初九日為日之首
初九日為重陽之日必將洋人剪草除根衆民不須動煙火如若
不遵者閉不住洋人之火炮至十五日衆
神仙歸洞此三日七月初七日十五日至九月初一日初九日不須動煙火多
言示書此單千萬千萬誠信衆善人急傳傳一張免一身之災
傳十張免一家之災傳百張免一方之災
不動煙火日 七月初七日 十五日 九月初一日 初九日

◉ 义和团反帝传单

式来表现“忠心爱国”。

义和团虽是乌合之众，却表现了相当规模的群众力量。它集合了华北地区各种民间反抗的团体，有反清的白莲教与天地会，有仇教的大刀会，有保家抗官的梅花拳，还有其他各种零星的反抗团体。尤其 1899 年办团令下，民间各种反抗队伍，都打着义和团的招牌，汇集在灭洋仇教的洪流中，更显龙蛇杂处。义和团没有从上到下一统的组织号令，只是在积怨之下轰然爆发的排外运动。它有奉旨团练之旗、替天行道之旗、助清灭洋之旗，旗号不同，代表的群众基础也不同：

奉旨团练者（扶清派）：以农民为主流，村镇为单位，穿着窄袖短衣，腰间束上红巾。这些人一意排外，戮力王室，相信灭洋即能扶清，当然是顽固守旧派绝不能放弃的力量。

替天行道者（反清派）：以白莲教各派为主，基本宗旨是反清复明，很早就渗入义和团的灭洋运动中。当义和团围攻北京使馆时，想乘机推翻清政权，在顽固守旧派驱使捕杀下，无法积极活动，但反清的思想仍渗透到江淮各农村之中。

助清灭洋者（投机派）：这一派分子最复杂，外表形式也最混乱。大致说来，一类是失业大众，包括有无业游民、京师无赖子弟，还有津地土棍，俗称混混；另一类是失业的旗人与兵丁；第三类是乘机而起的盐枭、马贼，以抢劫为主。这一派投机者与扶清派最大的不同，是没有倚神灵为助，因此势不能敌。

义和团还组织有妇女团体，少女组成红灯照，少妇组成花灯照，老妇组成蓝灯照，寡妇组成黑灯照，另有沙锅照，由乞丐组成，都有神降体。

义和团最初从山东蔓延开来，因为这一带向来神怪帮会最流行，大部是白莲教的支流。山东白莲教的首领朱红灯，自称明裔，受不了清廷无情的压榨统治，打着反清复明的旗帜，纠众起事，曹州一带的秘密帮会跟随响应，声势十分浩大。

1894年，德国郎神父在河北梨园屯传教，拆毁玉皇庙，修建教堂。不论是白莲教各支或帮会各派，无不托神灵庇佑，洋教这种狭隘的排他行为，激起众人愤慨，村民告入县署，官府畏惧外人势力，偏袒教徒，义和拳十八魁领导乡民拆毁教堂，展开大规模的反教运动。朱红灯号召反清复明，是在民族主义的范畴内进行种族革命，究竟不似义和拳纯粹是民族感情的爆发，那样大张旗鼓，深获人心。因此白莲教与义和拳一旦结合在反抗洋教的旗帜下，气势更为高涨，一般乡民久怒教士的欺凌，纷纷加入，称义和拳为义士党。清政府对付这样愤怒的民情，办法不出两个：第一，噤不敢问；第二，“出资设席，两解拳教”。两任的山东巡抚——李秉衡和张汝梅，都是义和拳的同情者。李秉衡是守旧派，素恨洋人，奖许仇教的精神，

自任为义和拳的第一魁首。在李的袒护下，义和拳从行藏诡秘的秘密帮会，转成以村镇为单位，合法公开的乡团组织，反教活动也成了合法公开的行为。

德国正想占领胶州湾，于是贿赂大刀会杀害二教士，作为下手强占的藉口，然后一口咬定李秉衡纵使乡民仇教，要求开革李秉衡，这就是帝国主义藉宗教烟幕达到侵略目的的手法。从 1895 年到 1900 年，山东省的教案达一千余件，民教相仇愈烈，拳民愈为团结，势力更加扩张。继任的张汝梅不敢开罪德人，因为有丢官的危险；又不敢制裁拳民，因为义和拳声势浩大。官兵不能敌，只有承认义和拳是合法的民团，希望招抚拳民，排除与清政府为敌的白莲教众。朱红灯善观风色，改提“扶清灭洋”的口号，拉拢义和拳，声势大壮，扩展到曹州、兖州、沂州、济南之间，教案也随着蔓延开来。张汝梅曾向朝廷谎报民教相安，当然不敢据实入奏，也不敢请兵镇压，最后被申饬拿问。继任的毓贤是顽固守旧派，迷信灭洋即能扶清，加意扶植义和拳，自任为第二魁首，制毓字旗，张挂于所有被焚毁的教堂

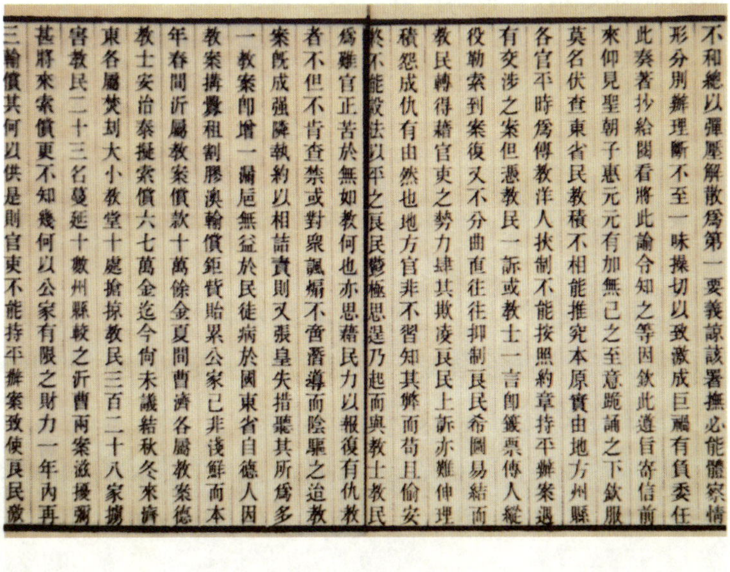
不和終以彈壓解散爲第一要義諒該署撫必能體察情
形分別辦理斷不至一味操切以致激成巨禍有負委任
此奏著抄給閱看將此諭令知之等因欽此遵旨寄信前
來仰見聖朝子惠元元有加無已之至意跪誦之下欽服
莫名伏查東省民教積不相能推究本原實由地方州縣
各官平時爲傳教洋人挾制不能按照約章持平辦案遇
有交涉之案但憑教民一訴或教士一言卽籤票傳人縱
役勒索到案復又不分曲直往往抑制良民希圖易結而
教民轉得藉官吏之勢力肆其欺凌良民上訴亦難伸理
積怨成仇有由然也地方官非不習知其弊而苟且偷安
終不能設法以平之良民鬱極思逞乃起而與教士教民
爲難官正苦於無如教何也亦思藉民力以報復有仇教
者不但不肯查禁或對衆詆煽不啻嚮導而陰驅之迨教
案既成強鄰執約以相詰責則又張皇失措聽其所爲多
一教案卽增一漏卮無益於民徒病於國東省自德人因
教案搆釁租割膠澳輸償鉅貲貽累公家已非淺鮮而本
年春間沂屬教案償款十萬餘金夏間曹濟各屬教案德
教士安治泰擬索償六七萬金迄今尚未議結秋冬來濟
東各屬焚刧大小教堂十處搶掠教民三百二十八家擄
害教民二十三名蔓延十數州縣較之沂曹兩案滋擾彌
甚將來索償更不知幾何以公家有限之財力一年內再
三輸償其何以供是則官吏不能持平辦案致使良民激

◉《袁世凯关于山东省“民教之争”的奏议》

上，改义和拳为义和团，期望他们像湘军一样从团练起身，立下大功，对西太后效忠。山东省的仇教活动，在毓贤的包庇下，如火如荼地展开。法国教士最受威胁，向总署抗议施压，毓贤被调往山西。但义和拳保清的忠心，则是顽固守旧派不能抗拒的诱惑。

在英法德力保下，袁世凯被派往山东接任巡抚。他知恩图报，诱杀朱红灯，向顽固派与帝国主义邀功。肥城接着发生教案，英国教士卜鲁克被六名拳民杀害。袁世凯讨好帝国主义，杀了六名拳民，仍不足表明他的心意，他还要处罚当地甲保，命所有乡民出银五百两立碑纪念（在自己国土上纪念被杀的洋人），并赔给教堂建造费九千两，建地五亩。这就是他所谓的“以调和公断为治本之计”。

袁世凯有自练的军队，决意主剿，义和团无法在山东立足，投奔山西。毓贤与顽固守旧派大臣裕禄、刚毅达成默契，义和团逐渐向直隶、津京一带扩展势力，“上自主公卿相，下至倡优隶卒，几乎无人不团”，这表示民间的反抗开始与朝廷的反动结合在一起，投向扶清灭洋的大目标，连西太后都不能不向这种形势迁就屈服。

第三节　两种反动——朝廷的灭洋扶清与疆臣的东南自保

义和拳在山东是利用民教相仇的矛盾来扩张势力，主要的意义是代表民间的反抗。转移到津京一带的发展，则是利用大清宫闱对帝国主义的矛盾，主要意义在于扩大成朝野的总反动。

戊戌政变后，后党完全控制政权，光绪被幽禁在瀛台，与世隔绝，但名分尚在，对顽固守旧的后党来说，仍是一大威胁。因为太后已经六十三

囚禁光绪帝的瀛台旧照

岁了，光绪还在盛年，太后死后，光绪必然复政，后党轻者丢官，重者丢命，都极有可能。要未雨绸缪，只有趁太后在时，斩草除根，废立皇帝。

西太后原想下毒害死光绪，宗室亲王怕得报应，极力反对，于是采取不闻不问隔离法，使光绪产生心魔，因病致死，帝位自废。顽固守旧派在北方进行废帝，拥帝党则在南方，尤其在海外，踊跃活动保皇。康有为在东南亚鼓动华侨纷纷电请"皇上复辟"，梁启超在美洲募款资助勤王军（自立军），并在日本创办《清议报》，专门揭露后党的疮疤，歌颂光绪的德政。在南方的拥帝党活动拉拢英法帝国，阻止废立。西太后衔怒外人包庇帝党，但也感觉光绪并不孤立，密电南方疆臣征求意见。张之洞见风转舵，拥后第一。刘坤一受帝党策动，通电说：中外之口宜防。刘坤一拿列强的大帽子来压太后，代表湘军的势力，在南方影响力很大，后党投鼠忌器，不得

大阿哥溥儁旧照

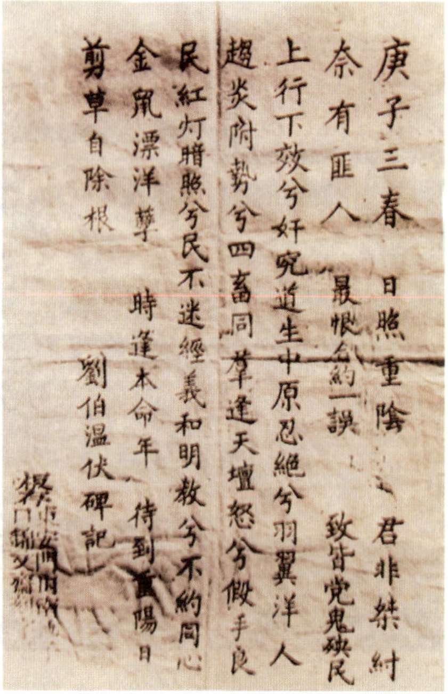

庚子三春 日照重陰 君非桀紂
奈有匪人 最恨合約一誤 致皆党鬼殃民
上行下效兮奸究道生中原忍絶兮羽翼洋人
趨炎附勢兮四畜同群逢天壇怒兮假手良
民紅灯睛照兮民不迷經義和明教兮不約同心
金鼠漂洋孽 時逢本命年 待到重陽日
剪草自除根 劉伯温伏碑記

北京义和团的揭帖

不考虑。受到这些阻力，废立阴谋被迫延搁。

废立不成，顽固守旧派又向西太后献计，“立大阿哥，徐篡大统”。这种狸猫换太子的伎俩骗不过各国使馆，大使们群表反对，激起西太后与顽固守旧派的愤怒。西太后恼羞之下，孤注一掷，决意废帝，立端王载漪子溥儁为大阿哥，预定庚子年元旦光绪帝让位，溥儁接统，继续保持母子君臣的形式。她要李鸿章暗示各国使臣入贺，遭到全体拒绝。海外保皇党纷电反对，加紧准备武装勤王。张之洞忠心耿耿，拥后到底，但刘坤一威胁说，若有废立事，两江人民必起义愤。更大的阻力当然还在各国使馆。顽固守旧派一让再让，对外人的仇恨也就更深一层，这正是义和团高张灭洋旗帜仇杀西人的时候，遂激起利用义和团报复泄恨的念头。

义和团进入直隶境，立刻与顽固守旧派联络。神团魁首张德成与曹福田，在直隶总督裕禄扶植下，天津一带“旬日之间，神坛林立”，“业冶铁者，家家铸刀，丁丁之声，日夜相续”。这种热烈的情势，预示天津的教士与洋人终将陷于血海中了。

华北地区的洋人多聚京城，顽固守旧派恨之入骨，纵容义和团进京。刚毅向西太后力保义和团忠心有神护体，绝对可以灭洋。载漪痛恨外人阻止溥儁接统，使他丧失帝父的名位，因之他对外人的仇恨在顽固守旧派中也最深切。刚毅想巴结载漪，与荣禄争宠，因此两人合作，灭洋排外。荣禄拥有重兵，是西太后跟前的红人，戊戌政变由他主谋，立大阿哥出于他的密计，只有一直效忠西太后，才能挣得更大前程；太后想报复洋人，他的军队用不上，他虽不赞成义和团的神术，却也想利用义和团讨好西太后。徐桐年已八十，是旧学大师，日诵《太上感应篇》，最

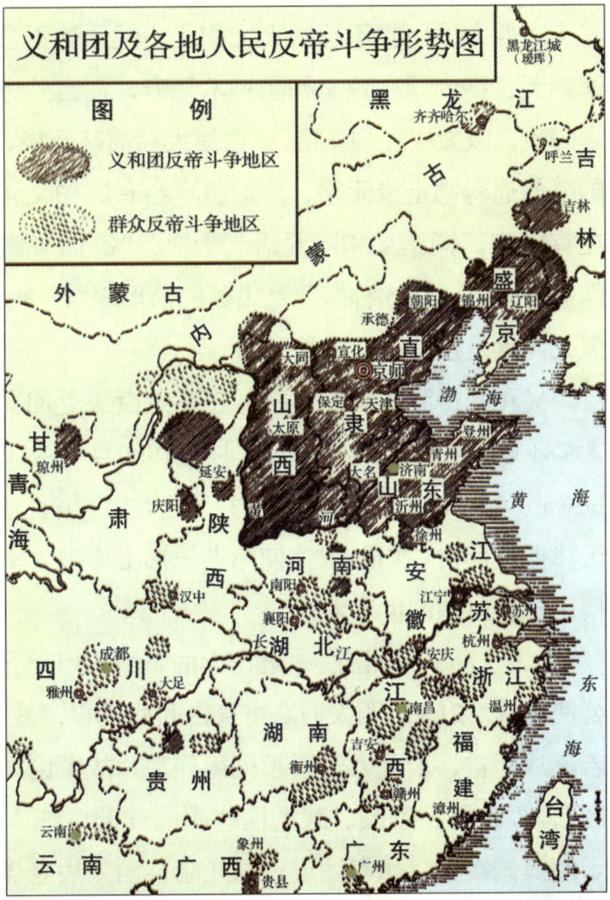

义和团及各地人民反帝斗争形势图

恨西学，每见洋楼，必绕道而过。西太后尊老敬学，请他做溥儁的老师。他认为义和团一出，士农工商，怨愤能消。在他教导下，溥儁穿拳衣练拳脚，真是名师出高徒。

顽固守旧派分占政府要位，环绕西太后左右，日日进言，西太后将信将疑：信的是义和团藉神怪灭洋，顽固大臣都言之凿凿；疑的是她向来镇压民间反抗，义和团聚众滋事，谁能确保一直忠心扶清？袁昶、许景澄反对义和团盲目仇外，建议格杀勿论，西太后怀疑袁、许是帝党，授意捕杀。其实，西太后何尝不想杀灭义和团，但形势不容许她不低头。顽固派拉拢李莲英，在内廷吹嘘义和团神术无穷，在宫外进呈外交团照会，说“请太后归政，以大权让与皇帝”，这使太后愤怒至极，不问真假，誓必报之。外国公使逼得她走投无路，才幻想真会有庇护义和团的神灵来助她报复。她在宫中每日诵读义和团咒语七十次，“每诵一遍，李莲英在旁高呼‘又亡洋夷一名’”。从这种病急乱投医的情形来看，她未必相信义和团真能扶清，但灭洋确是投其所好的最大诱惑。

义和团得到政府的奖励，在北京街头更加猖狂，北京各使馆无不感觉大势不妙，纷电天津驻兵前来保护。1900年6月10日，英海军提督西摩尔（Sir Edward Seymour）率领英、德、俄、法、美、意、日、奥联军二千人，自天津抵达杨村。次日，日本使馆书记杉山彬被甘军杀害。朝野总反动的结果，换来一场血腥的世界大战。

6月17日，八国联军进占大沽，清政府召开四次御前会议，限令各国公使离京。21日，西太后高声宣告迎战决心，“战亦亡，不战亦亡，同一灭亡，若不战而亡，未免太对不起列祖列宗，故无论如何，不得不为背城借一之图”，派载勋、刚毅、载澜这些顽固守旧派统率义和团出京迎敌。载漪急于使溥儁接位，想率团进宫杀光绪，西太后老谋深算，识得利害，怕激起保皇党与东南疆抚告变，腹背受敌，阻使不行。

◉ 德国驻华公使克林德，在义和团运动期间，欲往总理各国事务衙门交涉，为虎枪营士兵所杀。战后，清政府根据与十一国共识签订的《议和大纲》内容规定，为克林德树碑立坊，直到 1918 年一战结束后，该牌坊才被拆除。图为克林德牌坊落成典礼旧照。

6 月 20 日，德国公使克林德被甘军杀害，德国大怒，派大军一万余人远征。英、俄、日、美深知枪多即利大，唯恐落后，纷派大兵，声势更壮。清兵听说敌军增强，潜逃不少，“惟团匪则日见甚多”，这一点倒说明了义和团灭洋的无畏勇气。7 月 14 日，联军攻陷天津，清军败退。津城近郊无一中国兵。

天津保卫战一月，城中遭遇空前劫难。据日人佐原笃介的记载：统合各国士兵抢得不过数十万金。事实上，当然不止此数。一位中国官员描述，天津市内各大户、典当业、官府库银都被洋兵所得。这种抢法，在繁华的天津市里，不会只抢得数十万金。德国的瓦德西就老实承认：“抢劫时所发生之强奸妇女、残忍行为、随意杀人、无故放火等事，为数极属不少。”劫财已经足够残忍了，还要跟着劫人，这就是八国联军在华共同的面目。

联军攻破天津，西太后感到恐慌，命李鸿章北上，暗示有谈和的转向。荣禄奉命保护使馆，连日送去粮米、水果等，预留谈和的余地。这在顽固守旧派看来，确是生死存亡的问题，急驱义和团猛攻使馆。8 月 4 日，联军四万余人从通州分两路进攻北京，清军溃逃，联军进抵北京城下，顽固守旧派这才知道倚靠拳脚法术是扶不住政权的。西太后急派李鸿章全权议和，然而联军绝不因清廷乞和而延缓行动，反而决心攻陷北京，以达到征华的最后目的。8 月 14 日，联军进入北京，西太后出奔，“团民弁勇，皆杀无赦，王侯邸第，被劫一空，城中一片瓦砾”，这就是帝国主义对清朝野总反动报复的结果。

八国联军号称为保护使馆而兴兵，其实他们怀有更大的侵略野心。从鸦片战争以来，他们就不断利用各种混乱情况，趁火打劫。试看他们的自供：

德国：“欲在山东扩大权利，更望能置手烟台上。”

英国：“甚愿中国南北分办，有意以南京为东南各省都城。”

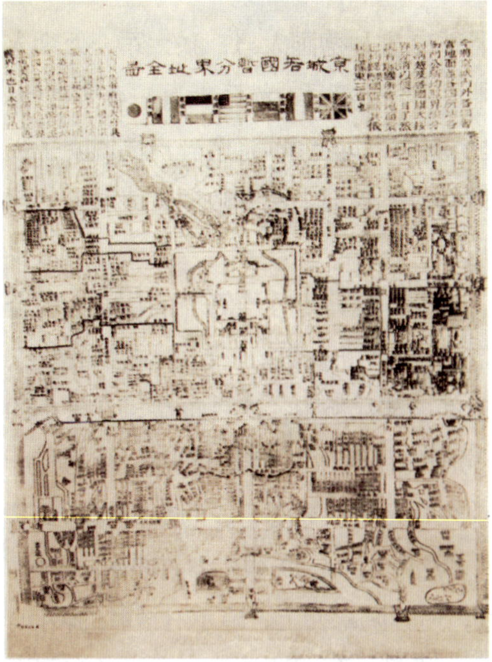

◉八国联军占领北京后，将北京划分为俄、英、日、美、法、德几个占领区，实行军事殖民统治。在这幅《京城各国暂分界址全图》上，标出了帝国主义分区占领北京城的势力范围。

法国：“为自保起见，亦不能不有事于滇粤之边。”

美国：“主张开门共利。”

日本：“须于福建、浙江保存势力。”

俄国：“须力保不再肇事，方肯将满洲交还。”

他们各怀奸谋，有的企图制造政治分裂（英法），有的妄想霸占领土（俄日），有的以谋取商业利益为目的（德），联军分成俄德法与英日两大阵营，勾心斗角。这些不同的目的，合成了和议大纲的总敲诈。

1900 年 6 月，宣战诏下，西太后对顽固派说：现在全国一心，敌忾同仇，必能战胜无疑。这完全是梦呓，因为东南各省在英、美、日、法等国支持下，与朝廷并非站在同一战线。这些疆臣多少了解一些洋务，知道凭义和团那种落后的办法，绝不可能灭洋，更无法抵抗帝国主义对南中国的侵略；与列强妥协，至少可保住现状。他们敢于违抗西太后，原因即在于此。

侵略南中国的国家，以英国为首。鸦片战后，英俄南北对峙，互别苗头。甲午战后，德日势力侵入南中国，英国颇受打击。庚子拳变起，俄国乘机占领东三省，英国藉口帮助弹压，占领长江流域，法国跟着要求保护滇粤，德国要求保护山东，日本要求保护福建，等于是要实现瓜分中国的初步计划。

盛宣怀在上海，最了解列强动态，向刘坤一建议自认保护，张之洞立即响应。7 月，自保条约成立，以“上海各租界归各国共同保护，长江及苏杭内地，均归各督抚保护，两不相扰，以保全中外商民人命产业为主”。英国本想支持自立军起义，为了保存长江的利益，转与刘张合作，事情很显然，东南自保实际就是在外国支持下的东南自立。

李鸿章坐镇两广，与北方不和，英国也想利用李与朝廷的矛盾，推动两广独立，同时抵制法国入侵。李鸿章老于官场，未确定西太后崩溃前，不敢表现肯定态度，后来“清帝母子出亡无恙”，果然“不再谈据粤自主事”，老官僚的眼光毕竟高人一等，因之他能受清廷重用。

袁世凯据守山东，形势最危险，一方面山东是义和团发迹地，一方面德国恨公使被杀，想夺烟台作为补偿。袁世凯对外人说要严办义和团，派兵保护教堂；对顽固守旧派虚与委蛇，两头取媚。西太后下令勤王，袁世凯藉口山东海防重要，没有分兵，保存了实力，成为辛丑以后中国唯一的劲旅。他后来收拾清室，玩弄民国，所恃无他，就在于这些枪杆子。

李袁二人都参与了自保运动。这个运动对中国来说，使得长江以南免于兵祸与瓜分，尤其使中下游的会党得以保存，对于武昌革命的爆发有不可忽视的影响。对于清政府来说，这是一次政治上的分裂，但西巡以后的开销，主要还是依赖东南供给，也不能说全然无利。不过，这种分裂，并不因拳祸结束而弥合，相反，更加深扩大。民国以后，在帝国主义的继续操纵下，各省军阀割据，造成全国分裂的局面。

第四节　大清帝国日暮途穷

八国联军之役的结果恰像任何一次战争一样，除了乞和外，别无他途，也同样是李鸿章收拾残局，由奕劻领衔共同善后。

拳变后，大权还在西太后手中。革命派以推翻清朝统治为目的，当然反对西太后继续执政。保皇派旨在拥护光绪复辟，更要激烈反对。联军也不赞成，逼迫西太后归政。英国露骨地表示，“惟望大皇帝早日能复

◉《辛丑条约》原件旧照

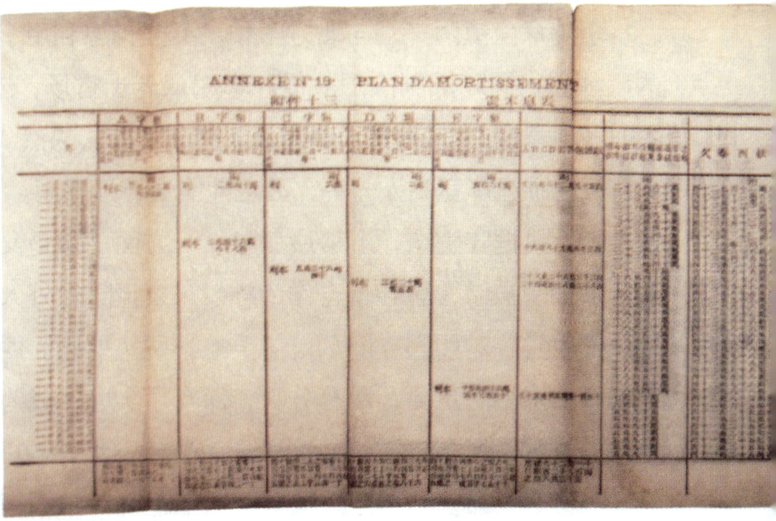

◉《辛丑条约》利息表

《辛丑条约》签字时各国公使合影

回实权”，日本与英国是同一阵线。美国是中间派，着重实权政府，维持安定。俄国因为占领东三省，希望获得亲俄的西太后政府承认，是联军中唯一的反对派。英俄在归政与否这一不同的主张上，又对立起来。俄国为达到目的，向德国密告英国想独占长江流域的利益，促使德国离英亲俄。日助英法，德助俄，归政交涉宣告失败，表示保皇运动的中止。10 月，英德却同以东三省问题反俄。俄国本来乘拳乱时占领东三省，事后声称：这是对中国侵略行为而发的自卫行动。在中国领土上说中国侵略，这种利令智昏的丑态，说明了俄帝狂妄的侵略野心。清政府不敢签约承认，各国力表反对，日本利害相关，反对尤为激烈。俄国感到孤立，不得不与各国妥协，才得公布和议大纲十二条。辛丑年（1901）进行签订和约，大体按照这个大纲。

《辛丑和约》是中国有史以来签订的最耻辱的不平等条约。1901 年 9 月 7 日，奕劻、李鸿章代表清政府，与德、奥、比、西、美、英、法、意、日、荷、俄十一国代表签订。主要条款如下：第一，对德日谢罪，惩办祸首。第二，

载沣赴德谢罪出行时旧照，上海历史博物馆藏。

赔款四万万五千万两。第三，使馆驻兵。第四、各国于北京、山海关间驻兵。依据这个和约，中国完全落到次殖民地的地位。第一、赔款按人头计算，一人罚银一两，加上利息与英镑折算，共达九万万三千万两。向来当作赔款抵押的关税，只够还旧债，再加上新债，根本还不出。清政府用军饷充数，造成大量的失业军人，更危及国防。强迫各省分摊，税上加税，捐上加捐，都转嫁到农民身上，农村益加困穷，社会经济益形破败。第二、国防主权丧失，门户洞开。山海关至北京沿途有洋兵，京城使馆内设有重兵，等于国中有国。第三、和约规定永禁仇外会，官吏若伤害帝国人民，即行革职，永不叙用。依据这个条款，列强可以肆无忌惮加强侵略，中国人民必须忍气吞声，不得反抗，倘使反抗，不必洋人动手，中国官吏就必须先动刀拿斩，清政府官吏从此媚外第一。“今日地方一有事故，内外衮衮诸公莫不函电交驰，曰：‘伤洋乎？’不问民。”这种丧尽天理的统治与压迫，中国近代史上屡次改革失败的事实可以证明：只有国民革命才能完全解救中国。

第五节　革命浪潮澎湃海内外

在北中国动荡纷扰的同时，兴中会所领导的革命行动也在南中国展开。1900 年 6 月，革命党决议由郑士良在惠州发动起义，史坚如、邓荫南在广州策应，杨衢云、陈少白在香港担任后援，中山先生坐镇台湾指挥。10 月，郑士良、黄福率领敢死队八十人发难，清军溃不能敌，革命军连战皆捷，声威大振，连清军都不得不承认“横厉无比，戕杀弁勇，各路同时并举，云集响应”。革命军所以有这样声势，是因为得到广大人民的拥戴，从惠州新安县转战博罗，“各处乡民皆燃爆竹迎送，各地同志求投者数千人”，足见革命军是与广大的国民深深结合在一起的，就是清政府也不敢否认，“（革命军）附胁日众，分路包抄，我军被困，阵亡勇丁数十人。”究竟谁获得民心拥护，不是很明显的吗！

惠州革命军，因为枪械接济不上，被迫解散，但这次革命确实震动了南中国与海外华侨的人心。中山先生回忆说：“当初次之失败也（指 1895 年广州革命），举国舆论莫不目予辈为乱臣贼子……惟庚子失败后，则鲜闻一般人之恶声相加，而有识之士，且多为吾人扼腕叹息，恨其事之不成矣。”中国人民接受了太平天国革命、义和团运动的痛苦教训，觉悟到用落后狭窄的宗教迷信与传统旧式的起义是无法救国的，必须转向经过反省自觉的民权民主运动，才能雄飞天下。不到十年，中国便走上了三民主义的革命道路。